JN222438

商業集積と
小売業の動態

2000年代からアフターコロナまで

南方建明
Minakata Tatsuaki

晃洋書房

は し が き

　日本の小売業売上高は，バブル期の1991年に約146兆円を記録して以降，現在に至るまでわずかな増加にとどまっている．この間，長期にわたって消費者物価が安定していた反面，所得水準は伸び悩み，さらに「消費のサービス化」の進展により，限られた小売業向け需要をめぐって小売業態間競争が厳しさを増している．電子商取引の進展，また大型店の進出により小規模小売店が著しく減少し，さらに百貨店や総合スーパーの衰退，コンビニエンスストア，ドラッグストア，専門店チェーンの発展など，小売業態構造の変化が進んでいる．

　これらの様々な小売業態は必ずしも単独で存在するのではなく，商業集積のもつ「集積効果」のもとで存在することが多い．中心市街地商業などの地域商業，およびショッピングセンターは，自然発生的に形成されたのか，計画的に形成されたのかという相違があるにせよ，単独で立地するよりも大きな売上高が期待できる「集積効果」があるからこそ，形成されてきた．

　本書の目的の1つは，様々な小売業態が集積し，「集積効果」を発揮してきた中心市街地商業とショッピングセンターの動向について，その「集積効果」に着目して明らかにすることである．

　本書のもう1つの目的は，2020年の初頭から3年以上におよんだコロナ禍において顕在化し，小売業態構造や消費者の買物行動に与えた影響について明らかにすることである．コロナ禍における小売・外食業態の動向について，それぞれの業態の商品部門別の売上動向，また売上高を客数と客単価に分解する形で分析する．さらに，コロナ禍における一過性の動向ではなく，小売業態構造や消費者の買物行動に影響を与えつつあるドラッグストアの成長，および冷凍食品市場の成長に着目して分析する．

　本書は，中心市街地や商店街の疲弊が進む中での再生の可能性，コロナ禍を契機とした小売業態構造の変化，消費者行動の変化が進む中での今後の小売業のあり方を示唆する内容であると自負しており，小売業関係の研究者はもとより，小売業の実務に携わる方々にも手に取っていただければと願っている．

　本書の執筆にあたり，多くの先学の研究成果を参考にさせていただいた．しかし，筆者の見識不足ゆえ，誤解している点や理解が不十分な点もあるかもし

れないが，その点についてはお叱りやご教授をいただければと願っている．

　最後に，本書は「令和6年度大阪商業大学出版助成費」を受けて刊行されたものである．筆者に研究と教育の場を与えていただいている大阪商業大学学長の谷岡一郎先生，副学長の西嶋淳先生および孫飛舟先生，本書の執筆にあたり貴重な示唆をいただいた加藤司先生をはじめとした同僚の皆様，また長年にわたり未熟な筆者に励ましの言葉をいただいている谷岡学園理事の片山隆男先生，出版事情の厳しき折，出版の労を取っていただいた晃洋書房に心から感謝申し上げる．

　　　2024年7月

　　　　　　　　　　　　　　　　　　　　　　　　　　南 方 建 明

初 出 一 覧

　本書は，下記の論文の一部をもとに構成しているが，本書の執筆にあたり全面的に書き改めたものである.

序　章　小売業における集積効果の現状と，コロナ禍で顕在化した小売業の動向（書き下ろし）

第1章　中心市街地活性化政策の変遷とその成果——中心市街地商業に着目して——
　　　　「中心市街地活性化政策の変遷とその成果——中心市街地商業に着目して——」『消費経済研究（日本消費経済学会）』第13号，2024年6月.

第2章　SCの特性とその動向—— SCとそのテナントの動向，売場効率の分析——（書き下ろし）

第3章　大規模小売店と小規模小売店・商店街の動向——大規模小売店舗の出店と商店街における零細小売店の減少——
　　　　「地域商業集積の集積効果の現状と再生の可能性」『日本商業施設学会第22回研究発表論集（令和5年度全国大会）』，2024年3月.

第4章　コロナ禍の小売・外食業態の動向——コロナ禍からアフターコロナまで——
　　　　「小売・外食業態，主要企業の営業利益の動向」『日本商業施設学会第21回研究発表論集（令和4年度全国大会）』，2023年3月.

第5章　加工食品をめぐる小売業態間競争——ドラッグストアの成長に着目して——（書き下ろし）

第6章　加工食品市場における冷凍食品の動向（書き下ろし）

第7章　統計からみる消費者の買物行動——全国家計構造調査，社会生活基本調査より——
　　　　「『社会生活基本調査』からみる買物動向」『日本商業施設学会第21回研究発表論集（令和4年度全国大会）』，2023年3月.

終　章　小売業における集積効果の行方と，アフターコロナの小売業（書き下ろし）

目　　次

序章 小売業における集積効果の現状と，コロナ禍で顕在化した小売業の動向

　現在の日本のまちは，どこの駅に降り立っても似たような光景が広がっている．駅周辺の商店街の多くはシャッター通りと化し，またほとんどの中心市街地は疲弊している．そして，周辺のロードサイドにはナショナルチェーン店や郊外型大型店，ショッピングセンター（以下，「SC」という）が立ち並び，今どこのまちにいるのか分からなくなるほど同質的なまちが広がっている．まちには，それぞれ地域の文化・歴史を反映した個性があったはずである．しかし，商店街や中心市街地の個性が失われていくにつれて，まちの個性も色あせたものになってきている．

　他方，1990年代以降に急速に増加した SC は，コロナ禍で打撃を受けたとはいえ，成長を続けている．SC は，主として自動車での来店客を対象に，広大な駐車場をもち，都市の郊外部を中心に出店してきた．都市郊外への SC の出店により，中心市街地商業は急速に疲弊していった．

　中心市街地は，交通の拠点でもあり，さらに業務機能や行政機能など様々な都市機能が集中し，人が集まりやすい立地条件を活かして百貨店や総合スーパー，多くの専門店などの商業機能が集積し，中心市街地商業を形成してきた．他方，SC は百貨店や総合スーパーを核店舗とし，デベロッパーによって計画的に形成された商業集積である．

　中心市街地商業においても SC でも，多数の店舗が集積することにより，単独で立地している場合よりも大きな売上高が期待できる「集積効果」が存在するからこそ形成されてきた．

　筆者は近年，百貨店，総合スーパー，食品スーパー，コンビニエンスストア，ドラッグストア，ホームセンターなど小売業態間の競争，それに伴う小売業態構造の変化について研究してきた（拙著『日本の小売業態構造研究』2019年，『現代小売業の潮流——統計データによる検証——』2023年）．しかし，様々な小売業態は単独で存在するのではなく，商業集積の下で存在することも多く，商業集積のもつ集積効果に着目した分析が必要であると考えている．

　本書の目的の 1 つは，様々な小売業態が集積し，「集積効果」を発揮してきた中心市街地商業と SC の動向について，その「集積効果」に着目して考察することである．

　第 1 章「中心市街地活性化政策の変遷とその成果——中心市街地商業に着目して——」では，中心市街地商業に着目して，中心市街地活性化政策の変遷とその成果，今後の中心市街地商業活性化の可能性について考察する．まず中心市街地活性化政策の変遷について整理する．そして，新中心市街地活性化法において，「選択と集中の論理」の下で，より人口規模の大きな都市に取組みが集中していく状況，および中心市街地商業に着目して中心市街地活性化の成果について検証する．次に，中心市街地商業を含む地域商業の集積効果が生まれる条件について，先行研究を踏まえて考察する．さらに，中心市街地商業で集客の核となっていることが多い総合スーパーおよび食品スーパー，また小規模小売店において中心市街地商業地区立地の優位性が未だ存在しているか否かについて検証する．最後に，エリアマネジメント手法である「地域再生エリアマネジメント負担金制度」「歩行者利便増進道路（ほこみち）」「滞在快適性等向上区域（まちなかウォーカブル区域)」を活用した中心市街地商業活性化の可能性について考察する．

　第 2 章「SC の特性とその動向—— SC とそのテナントの動向，売場効率の分析——」では，SC の特性とその動向について考察する．まず，SC の特性に関する先行研究について整理する．次に，SC 数，店舗面積，売上高の推移，および立地の動向について明らかにする．さらに，SC テナントの業種別割合の推移，「キーテナント」と「一般テナント」，「一般テナント」の業種別の動向について分析する．また SC の売場効率について，代表的な小売業態と比較し，それらの時系列的な変化について明らかにする．

　そして，第 3 章「大規模小売店と小規模小売店・商店街の動向——大規模小売店舗の出店と商店街における零細小売店の減少——」では，中心市街地商業や SC で集客の核となっている大規模小売店舗，および中心市街地商業や商店街など自然発生的に形成された地域商業において，その集積効果の下で存続してきた小規模小売店に焦点をあてて考察する．まず，大店法時代の大型店出店規制の変遷と大規模小売店舗届出件数の推移，および大店立地法下での店舗面積 $1000 \mathrm{m}^2$ 以上の大規模小売店舗の開店数の推移を店舗面積規模別・小売業態別に明らかにし，さらに大規模小売店舗に出店する小売業態・小売企業につい

て分析する．次に，地域商業を構成する店舗の多くを占める零細小売店，および商店街の動向について，時系列的に明らかにする．零細小売店としては「従業者数 2 人以下」「売場面積50 m² 未満」「単独店」について分析する．次に，商業集積立地の優位性がどの程度存在しているかについて売場効率に着目して分析する．さらに，中小企業庁「商店街実態調査」に基づいて，商店街の景況，商店街が抱える問題点について明らかにする．

　本書の目的のもう 1 つは，2019年の初頭から 3 年以上におよんだコロナ禍において顕在化し，消費者の買物行動や小売業態間競争に与えた影響について考察することである．

　第 4 章「コロナ禍の小売・外食業態の動向――コロナ禍からアフターコロナまで――」では，コロナ禍における小売・外食業態の動向について考察する．まず，コロナ禍当初にみられた一過性の変化と，逆にコロナ禍を経て構造変化の兆しがみえてきているものを明らかにする．これらは供給側からの分析であるが，需要側の分析として，同時期の電子商取引支出額および家計消費動向についての分析も併せて行う．次に，営業利益ベースで小売業態間競争の動向と上場小売企業の動向を分析するとともに，コロナ禍が上場小売企業および上場外食企業の営業利益に与えた影響について分析する．さらに，売上高を客数と客単価に分解し，コロナ禍以前からの長期的な動向を踏まえてコロナ禍における特徴的な動向について明らかにする．

　第 5 章「加工食品をめぐる小売業態間競争――ドラッグストアの成長に着目して――」では，近年最も成長力が高い小売業態であり，かつコロナ禍でもその成長を加速させたドラッグストアにおいて，急速に売上高を増やしている加工食品に着目し，加工食品をめぐる小売業態間競争について考察する．まず，加工食品の主な取扱業態である「食品スーパー」「コンビニエンスストア」「ドラッグストア」の成長過程について分析する．次に，「ドラッグストア」が加工食品に力を入れる背景，および加工食品の販売において競争力をもちうる要因について，商品部門別の粗利益率，商品回転率に着目して分析する．次に，「ドラッグストア」の加工食品の販売価格は確かに低価格といえるのかについて検証する．ここまでは，小売業サイドからみた分析であるが，最後に消費者サイドからみた分析として，加工食品を購入する小売業態が「ドラッグストア」にシフトしつつあることを確認する．

　第 6 章「加工食品市場における冷凍食品の動向」では，コロナ禍の中で急速

に市場を拡大した「冷凍食品」に焦点をあてて考察する．コロナ禍により，居酒屋など酒類提供店の売上高は大きく減少，また外出機会の減少やインバウンド需要の激減により，化粧品など百貨店の売上高も大きく減少した．その一方で，家庭内での飲酒や，外食を避け家庭内で食する内食回帰傾向を受けて需要が拡大した分野もある．これらの多くの変化は，アフターコロナ時代を迎えた今日，消失しつつあるが，「冷凍調理食品」は，コロナ禍1年目に大きく増加，コロナ禍2年目以降は増加率が縮小したとはいえ，増加を続けている．食品冷凍技術の進化も追い風となり，コロナ禍の一過性のものではなく，食生活において重要な位置を占めるようになってきている．そこで，本章では「冷凍食品」に焦点をあて，その動向を明らかにする．

　このように本書の目的は，1つは様々な小売業態が集積し，「集積効果」を発揮してきた中心市街地商業とSCに焦点をあてた考察，もう1つはコロナ禍において顕在化した小売業の動向に焦点をあてた考察である．

　これらは，主として供給側（小売業側）からの分析であるが，最後の第7章「統計からみる消費者の買物行動──全国家計構造調査，社会生活基本調査より──」は需要側（消費者側）からみた分析である．まず，「全国家計構造調査（全国消費実態調査）」を用いて，小売業態別購入割合の推移，一般小売店での購入割合が大きな商品の抽出，世帯類型別にみた食品の買物行動，および年齢階層や世帯年収からみた洋服の買物行動に焦点をあてて明らかにする．次に，「社会生活基本調査」を用いて，女性の就業が買物時間に及ぼす影響について，曜日別の買物時間の推移，女性の就業と買物時間との関係について分析する．さらに，ライフステージと買物時間との関係，モータリゼーションの進展が買物行動に及ぼす影響，そして東京都と大阪府を比較した買物時間帯の差異に焦点をあてて明らかにする．

第1章 中心市街地活性化政策の変遷とその成果
——中心市街地商業に着目して——

はじめに

　中心市街地活性化法は，大店立地法，改正都市計画法からなる，いわゆる "まちづくり3法" の1つとして，1998年7月に施行された（以下，「旧中心市街地活性化法」という）．その正式名称は，「中心市街地における市街地の整備改善及び商業等の活性化の一体的推進に関する法律」であった．法律名にも "商業等の活性化" という文言が含まれ，中心市街地商業活性化はその目標の大きな部分を占めていたといえる．その後，改正法が2006年8月に施行された（以下，「新中心市街地活性化法」という）が，その正式名称は「中心市街地の活性化に関する法律」と改められ，商業という文言がなくなるとともに，中心市街地商業活性化という目標は大きく後退することとなった．

　中心市街地の疲弊は進むばかりであるが，中心市街地商業の当事者あるいは地方公共団体においても，一部の地域を除いて "あきらめ" が目立つ．さらに，中心市街地の商業機能に着目した研究も近年減少している．中心市街地商業に限らず，広く商店街に関する研究も，地域のコミュニティ形成の場など，まちづくりの担い手しての役割に着目する研究[1]，外部環境に適合する目標を掲げる新しい商店街像の研究[2]，既存の商店街組織による活動にとどまらず，商店街組織と多様な外部組織との連携[3]，既存商店街組織に代わる新たな商業者組織の形成に着目する研究[4]などはなされているものの，商店街がもつ商業機能に焦点をあてた研究は少なくなってきている．

　このように商業機能に着目した中心市街地活性化への関心が薄れていく中で，これまで中心市街地商業活性化に取り組むにあたって常に問題となってきたフリーライダーを排除する仕組みとして，2018年6月に日本版BID[5]といわれる「地域再生エリアマネジメント負担金制度」が導入された．さらに，エリアマネジメントという観点から，まちづくり組織が都市再生推進法人制度や指定管

理者制度を活用して自主財源の確保に取り組む例も増えている。また、2020年になって、歩行者空間を整備し、賑わいを創出するための「歩行者利便増進道路（ほこみち）」「滞在快適性等向上区域（まちなかウォーカブル区域）」制度が導入された。

そこで本章では、改めて中心市街地の商業機能に焦点をあて、エリアマネジメント手法を活用した中心市街地商業活性化の可能性について考察する[6]。ここで、どのような状態になることを中心市街地商業が活性化されたとみるかについて、「中心市街地商業地区の販売額が増加すること」と考える。販売額増加の要因として、大規模小売店舗の出店、空き店舗対策等による新規出店の増加、観光客も含めた来街者の増加などがあげられるが、その理由は問わず販売額が増加した状態と捉える[7]。

本章では、まず中心市街地活性化政策の変遷について整理する。そして、新中心市街地活性化法において、「選択と集中の論理」の下で、より人口規模の大きな都市に取組みが集中していく状況、および中心市街地商業に着目して中心市街地活性化の成果について検証する。次に、中心市街地商業を含む地域商業の集積効果が生まれる条件について、先行研究を踏まえて考察する。さらに、中心市街地商業で集客の核となっていることが多い総合スーパーおよび食品スーパー、また小規模小売店において中心市街地商業地区立地の優位性が未だ存在しているか否かについて検証する。最後に、エリアマネジメント手法である「地域再生エリアマネジメント負担金制度」「歩行者利便増進道路（ほこみち）」「滞在快適性等向上区域（まちなかウォーカブル区域）」を活用した中心市街地商業活性化の可能性について考察する。

I. 中心市街地活性化政策の変遷

(1) 旧中心市街地活性化法 (1998年7月施行)

「旧中心市街地活性化法」は、空洞化の進行している中心市街地の活性化を図るため、地域の創意工夫を活かしつつ、「市街地の整備改善」「商業等の活性化[8]」を柱とする総合的・一体的な対策を関係省庁、地方公共団体、民間事業者等が連携して推進することにより、地域の振興と秩序のある整備を図り、我が国の国民生活の向上と国民経済の発展を図ることを目的とする（旧中心市街地活性化法第1条）。

中心市街地活性化対策は，次の要件に該当する都市の中心市街地が対象となる（旧中心市街地活性化法第2条）．

1）当該市街地に，相当数の小売商業者が集積し，及び都市機能が相当程度集積しており，その存在している市町村の中心としての役割を果たしている市街地であること．

2）当該市街地の土地利用及び商業活動の状況等からみて，機能的な都市活動の確保又は経済活動の維持に支障が生じ，又は生ずるおそれがあると認められる市街地であること．

3）当該市街地において市街地の整備改善及び商業等の活性化を一体的に推進することが，当該市街地の存在する市町村及びその周辺の地域の発展にとって有効かつ適切であると認められること．

本法に基づいて中心市街地活性化に取り組む場合は，まず市町村が中心市街地活性化基本計画を作成する．次に基本計画に記載された中小小売商業高度化事業について，地元商業の状況に精通すると考えられる一定の者（商工会議所・商工会，特定会社，公益法人等）が中小小売商業高度化事業に関する総合的かつ基本的な構想である「TMO構想（中小小売商業高度化事業構想）」を作成する．作成されたTMO構想については，基本計画に照らして適切なものか等を市町村が判断し，その構想が適当である旨の認定を行う．TMO構想に盛り込まれた具体的な中小小売商業高度化事業を実施する者が作成する「TMO計画（中小小売商業高度化事業計画）」は，市町村が意見を付したうえで「経済産業大臣による認定」[9]を受けて事業を実施するというスキームである．そして，「市街地の整備改善」と「商業等の活性化」を柱とする総合的・一体的な対策を関係府省庁，民間事業者等が連携して推進することにより，中心市街地の活性化を図ろうとするものであった．

新中心市街地活性化法が施行される直前の2006年7月現在で，606市町村690地区において中心市街地活性化基本計画が策定され，中心市街地活性化に向けた取組みが進められた．人口規模別にみると，10万人未満が約3分の2となっている．中でも，5万人未満の市と町村が全体の半数近くを占めており，人口規模が小さくなるほど，中心市街地活性化基本計画を作成し，その活性化に取り組もうとしたといえる．人口規模の小さな市町村ほど，中心市街地空洞化・衰退の影響が深刻であったことを物語っている[10]．

　しかし，中心市街地活性化の成果が得られた事例は少なく，中心市街地の疲弊は進むばかりであった．中心市街地商業の状況を商業統計調査からみると（プロジェクト実施前1991～1997年，プロジェクト実施後1997～2004年），商店数は「プロジェクト実施前」中心市街地▲1.20％（全国▲2.03％），「プロジェクト実施後」中心市街地▲4.50％（全国▲1.94％），小売販売額は「プロジェクト実施前」中心市街地▲0.61％（全国0.63％），「プロジェクト実施後」中心市街地▲6.91％（全国▲1.46％）となっており，全国平均と比べても中心市街地における減少が目立つ．

　空き店舗数をみても，基本計画作成年度と2004年度を比べて増加している地区は60.6％，逆に減少している地区は39.4％，歩行者通行量では，同期間に平日通行量増加地区は18.3％，休日通行量増加地区は15.7％にとどまっており，中心市街地活性化プロジェクト実施の成果は十分ではなかったといえる[11]．

(2)　新中心市街地活性化法 (2006年8月施行)

　新中心市街地活性化法の主な改正点は，次の4点である[12]．第一に，法律名が「中心市街地における市街地の整備改善及び商業等の活性化の一体的推進に関する法律」から，「中心市街地の活性化に関する法律」に変更されたことである．これは，従来までの「市街地の整備改善」「商業等の活性化」に加えて，「街なか居住」や「都市福利施設の整備」等の支援措置を追加することにより，中心市街地における「都市機能の増進」や「経済活力の向上」を図る総合的な支援法に改められたためである．そして，これら4つの目標すべてに新規事業を盛り込むことが必要とされ，目標の達成状況を的確に把握できるよう定量的な目標指標を設定すること，計画期間中は毎年フォローアップを行うことが求められるようになった．

　第二に，基本理念と国・地方公共団体・事業者の責務が明確化されたことである．

　第三に，国による基本計画の認定制度が創設されたことである．旧中心市街地活性化法（1998年7月施行）では，市町村が作成する中心市街地活性化基本計画は「公表」のみで足り，前述したようにTMO構想の段階で「市町村による認定」，そして中小小売商業高度化事業を実施する者（TMO）が作成する具体化されたTMO計画は，市町村が意見を付したうえで「経済産業大臣による認定」を受けて事業を実施することとなっていた．しかし，市町村が作成する中

心市街地活性化基本計画には，具体的な実施の見通しが立たない事業までも総花的に盛り込んだ実効性の低いものもみられた．このような状況を受けて新中心市街地活性化法では，国（内閣総理大臣を本部長とする中心市街地活性化本部）が「中心市街地活性化基本方針」を作成，これに基づいて市町村が基本計画を策定し，これを中心市街地活性化本部の長である内閣総理大臣が認定する（認定中心市街地活性化基本計画）というスキームとなった．

　第四に，中心市街地活性化協議会が法制化されたことである．旧中心市街地活性化法（1998年 7 月施行）においては，商工会議所・商工会等が TMO に認定されることが多く，その活動は商業の活性化に偏ったものであり，中心市街地の活性化を総合的に推進していく体制は十分ではなかったといえる．その反省を踏まえて，新中心市街地活性化法では商業者のみならず，中心市街地整備推進機構やまちづくり組織，商工会・商工会議所等が中心となり，地権者など中心市街地活性化に密接な関係を有するもの，地域住民等も含めた多様な主体によって組織される「中心市街地活性化協議会」が法制化された．

　新中心市街地活性化法（2006年 8 月施行）の下では，「選択と集中の論理」の下で認定市町村数は大きく減少し119市155計画の認定にとどまった（2014年 6 月現在）．しかし，同法においても，いくつかの問題点が指摘されている[13]．

　第一は，中心市街地活性化基本計画に盛り込むべき事項として，「市街地の整備改善」「都市福利施設の整備」「居住環境の向上」「商業の活性化」の 4 事項すべてについて新規事業を盛り込むことが必要とされたことである．

　第二に，2012年度末までに基本計画が終了した30の市町村が設定した目標指標のうち，達成されたものは全体の27％にすぎず，特に販売額，空き店舗率等の商業の活性化に関する指標の達成率が低いことである．

　第三に，中心市街地区域内への大規模小売店舗の出店件数や出店店舗面積は依然として少なく，ロードサイドを含めた中心市街地区域外や隣接市町村への出店が増加していることである．

　第四に，中心市街地区域内の居住人口や事業所数・従業員数が減少，空き店舗率も増加していることである．

　第五に，新中心市街地活性化法によって，中心市街地活性化協議会が法定化されたが，経済産業省の調査によると，開催頻度が年 1 回以下の協議会が約 4 割となっており[14]，単に市町村の意向を伝達する場であったり，既定方針を追認する場であったりという実態が明らかになっている．

(3) 改正中心市街地活性化法（2014年7月施行）

　以上のような問題点を踏まえて，新中心市街地活性化法の改正法（以下，「改正中心市街地活性化法」という）が2014年7月に施行された．主な改正点は次の3点である[15]．

　第一に，これまでは「市街地の整備改善」「都市福利施設の整備」「居住環境の向上」「商業の活性化」の4事項すべてについて新規事業を記載することが必要とされていたが，新たな事業を必要としない事項は，合理的な理由が示されれば記載する必要はないとされたことである[16]．

　第二に，特定民間中心市街地経済活力向上事業（中心市街地への来訪者を増加させるなどの効果が高い民間プロジェクト）の認定制度が創設されたことである．認定事業者に対しては，補助金，税制優遇措置，無利子融資，大店立地法の特例などの支援措置が講じられた．

　第三に，中心市街地の商業活性化に資する事業（小売業の顧客の増加や小売事業者の経営の効率化を支援するソフト事業）の認定制度（民間中心市街地商業活性化事業）[17]が創設され，中小企業基盤整備機構によるソフト事業に係る情報提供や中小企業投資育成（株）による出資などの支援措置が講じられた．そして，認定を受けた基本計画に対して，オープンカフェ等の道路占用許可，中心市街地に限って活動が認められる特例通訳案内士制度など規制の特例が創設された．

2．新中心市街地活性化法（2006年8月施行）による取組み状況

(1) 中心市街地活性化の課題と活性化に向けた取組み

　内閣府が都道府県および全市を調査対象として，2023年3〜4月にかけて実施したアンケート調査結果に基づき，地方公共団体の中心市街地活性化に対する認識について確認しておきたい[18]．まず，中心市街地の状況について，『現在大きな課題となっている』とする割合は，「空き店舗・空き家・空き地等の遊休施設・遊休地の拡大」60.0％，「若者の流出」57.9％，「来街者の減少」55.2％，「居住人口の減少」54.2％，「賑わいの空間としての魅力の低下」53.3％，「小売業等商業機能の低下」52.5％など，商業機能の低下にかかわる課題および若者の流出・居住人口減が上位を占めている．

　中心市街地活性化のために『今後特に重点的に取り組む必要がある施策』をみると，【経済活力の向上】では，「起業・創業の促進」43.3％，「マルシェ等

の商店街活性化イベントの実施」20.2％，【市街地の整備改善等】では，「リノ
ベーションまちづくり（空き店舗等の活用）」23.3％，【各種都市機能の増進，街
なか居住の推進，にぎわい再生】では，「移住・定住の促進」55.3％，「子育て
支援サービスの充実」39.4％，「若者に魅力あるしごとづくり」36.3％などと
なっている．

　今後の中心市街地に期待される役割については，「多様な都市機能が集積し
たコンパクトシティの拠点」57.3％，「居心地が良く，行ってみたい・滞在し
たいと思う場」51.9％，「若者・女性・高齢者等の多世代が暮らし，働く場」
51.5％，「郊外等とも連携した地域経済をけん引する拠点」42.9％と続き，「小
売業等の商業の拠点」は39.3％にとどまっている．

　国の中心市街地活性化制度を活用していない理由としては，「中心市街地活
性化に取り組むための人材確保が難しい」33.6％，「中心市街地活性化に取り
組むための財源確保が難しい」32.7％と続き，「そもそも中心市街地活性化に
取り組んでも効果が期待できない」も5.4％みられる．『そもそも中心市街地活
性化に取り組んでも効果が期待できない』と回答している割合を人口規模別に
みると，「5万人未満」7.9％，「5万人以上10万人未満」7.7％，「10万人以上
20万人未満」1.1％，「20万人以上」0.0％となっており，10万人未満の市にお
いてその割合が高い．

　また，国の中心市街地活性化支援制度の今後の活用意向は，全体では「今後
とも継続して認定を受けたい」5.9％，「今後新たに認定を受けたい」1.3％と
なっており，積極的に取り組もうとする割合は7.2％にとどまっている．人口
規模別にみる積極的に取り組もうとする割合は，「5万人未満」3.7％，「5万
人以上10万人未満」3.6％，「10万人以上20万人未満」11.0％，「20万人以上」
16.5％となっており，特に人口10万未満の市では中心市街地活性化への "あき
らめ" もみられる．

　このように新中心市街地活性化法を活用した取組みが停滞し，また取り組ん
でいても十分な成果が得られない事例が多いことに鑑みて，中心市街地活性化
本部では中心市街地再生方策検討会を開催し，2020年3月に「中心市街地活性
化促進プログラム」を策定した．その中で，「社会経済情勢の変化と進展を踏
まえた中心市街地の役割の再認識」として，次の3点を指摘している[19]．

　第一に，人口減少時代に対応して，小売業の生き残りを図るといった視点に
とどまらず，若者，特に女性の定着・移住の施策の受け皿にもなることで，若

者・子育て世代・高齢者等の多世代が，安心して歩いて暮らすことができる環境を提供するという役割を認識する必要がある．

第二に，都市のスポンジ化などの様々な課題を踏まえ，多様な都市機能，生活機能及び経済機能を提供してきた役割を再認識する必要がある．この点，引き続き，住民や事業者に対しまとまった便益を提供していくためには，民間の力も取り入れながら，これらの機能の維持・高度化を図っていくことが重要である．

第三に，地域経済をけん引する拠点及び創業拠点としての役割を再認識すべきである．このため，訪日外国人旅行者の増加など時代の変化を捉えつつ，地域が誇る歴史や文化，観光資源や特色ある農林水産物などの地域資源を活かして，地域価値の向上や新たな産業創出・創業等により稼ぐ力を向上させることが重要である．その際，広域的な視点から周辺地域や大都市圏と連携することで，中心市街地の外からの需要を取り込む一方，周辺地域への波及効果も及ぼすという視点を持って，地域の稼ぐ力の核としての役割を果たしていくことが重要である．そのためには，場合によっては中心市街地の特に重点的な地域に投資を行いつつ，中心市街地の活性化に取り組むことも検討すべきである．

(2) 認定基本計画数の推移

表1-1は，「新中心市街地活性化法」（2006年8月施行）によって，国による中心市街地活性化基本計画の認定制度が開始された2006年度以降の認定基本計画数の推移をみたものである．2023年4月現在で，第1期から第4期までの累計で，153市町276計画が認定されている．

中心市街地活性化法の下で新たに認定された第1期の数は，2008年度の45計画がピークであり，2010年度以降は一桁となり，2020年度以降は毎年度1計画にすぎない．第2期のピークは2014年度の16計画，第3期のピークは2019年度の7計画となっている．第4期は，2022年度に3計画（金沢市，富山市，高岡市），2023年度に6計画（岐阜市，藤枝市，豊田市，鳥取市，熊本市，大分市）が認定されている．

表1-2は，中心市街地活性化基本計画が認定された市町を人口規模別にみたものである．これによると，「100万人以上」は2市（16.7%）にすぎない．大都市であるため，業務機能をはじめとした中心市街地機能を維持している場合が多いこと，また多くの都市には複数の中心市街地があり，特定地域に取組

表1-1 中心市街地活性化基本計画認定数の推移

	第1期	第2期	第3期	第4期	計	計画期間中（年度末）
2006年度	2	0	0	0	2	2
2007年度	30	0	0	0	30	32
2008年度	45	0	0	0	45	77
2009年度	23	0	0	0	23	100
2010年度	7	0	0	0	7	106
2011年度	3	7	0	0	10	107
2012年度	8	13	0	0	21	107
2013年度	4	13	0	0	17	99
2014年度	6	16	0	0	22	91
2015年度	8	12	0	0	20	86
2016年度	8	2	4	0	14	96
2017年度	3	4	6	0	13	96
2018年度	1	5	2	0	8	87
2019年度	5	3	7	0	15	87
2020年度	1	2	6	0	9	80
2021年度	1	1	4	3	9	67
2022年度	1	3	1	6	11	52

（注）網掛けは，それぞれのピークを示す．
（出所）内閣府地方創生推進事務局「認定された中心市街地活性化基本計画一覧」より作成．

みを集中させるコンセンサス形成が難しいこと等によるものと考えられる．中心市街地活性化基本計画が認定された市町について，人口規模別にみた認定割合は，「50〜100万人」64.7%（11市），「30〜50万人」55.8%（24市），「20〜30万人」38.5%（15市），「10〜20万人」30.6%（48市）となっており，「50〜100万人」の認定割合が最も高く，人口規模が小さくなるほどその割合は低下している．基本計画が認定された153市町のうち，人口10万人以上は100市（全体の65.4%）と，約3分の2を占める．ちなみに，県庁所在地において中心市街地活性化基本計画が認定されたのは32市，68.1%に達している．

　次に，中心市街地基本計画認定市町数に対する3期以上認定された市町の割合を人口規模別にみると，「50〜100万人」の45.5%（5市）が最も高く，「30〜50万人」37.5%（9市），「20〜30万人」26.7%（4市），「10〜20万人」23.4%

表1-2　人口規模別中心市街地活性化基本計画認定市町村割合

人口規模	市町村数	中心市街地基本計画認定市町数	認定市町村割合(%)	3期以上認定市数	認定市数に対する3期以上の割合(%)
100万人以上	12	2	16.7	0	0.0
50〜100万人	17	11	64.7	5	45.5
30〜50万人	43	24	55.8	9	37.5
20〜30万人	39	15	38.5	4	26.7
10〜20万人	157	48	30.6	11	23.4
5〜10万人	272	30	11.0	0	0.0
5万人未満	1,188	23	1.9	0	0.0
計	1,728	153	8.9	29	19.0
(県庁所在地)	47	32	68.1	15	46.9

(注1) 人口規模は，2010年10月現在の国勢調査人口.
(注2) 県庁所在地で未認定は次の15都市（札幌市，仙台市，宇都宮市，前橋市，さいたま市，東京都特別区，横浜市，津市，京都市，大阪市，岡山市，広島市，福岡市，佐賀市，那覇市）.
(出所) 内閣府地方創生推進事務局「認定された中心市街地活性化基本計画一覧」，および総務省『国勢調査報告2010年』より作成.

（11市）となっており，「100万人以上」および「10万人未満」では皆無である.

　表1-3は，2023年4月末までに中心市街地活性化基本計画が認定された153市町276計画について，何期目の計画かによって整理するとともに，「取組み中の計画」と「計画期間終了の計画」に区分したものである．第3期および第4期計画に取組み中は29市，うち半数以上の15市は県庁所在地である．また，取組み実施中の計画数は2009〜2012年度には100を超えていたが，その後は減少傾向にあり（表1-1参照），2023年4月末現在で取組み実施中のものは52市町（うち県庁所在地18市），計画期間終了のものは101市町（同14市）となっており，全体の66.0%（同43.8%）は計画を終了している.

(3)　中心市街地活性化と都市計画法・大店立地法

①　中心市街地活性化と都市計画法

　2007年11月施行の改正都市計画法により，大規模集客施設（劇場，映画館，店舗，飲食店等の用途に供する建築物でその用途に供する部分の床面積の合計が1万 m² を超えるもの）が店舗面積の制限なく立地できるのは「商業地域」「近隣商業地域」「準工業地域」のみとされた．また，2006年8月施行の新中心市街地活性化法を受けて改正された「中心市街地活性化基本方針」では，3大都市圏および政

表1-3　中心市街地活性化基本計画認定市町

153市町（累計276計画）（2023年4月末現在）

4期認定 9(6)	3期認定 20(9)	2期認定 52(9)	1期認定 72(8)	2023年4月実施中 52(18)	計画期間終了 101(14)
富山市，高岡市，金沢市，岐阜市，藤枝市，豊田市，鳥取市，熊本市，大分市	帯広市，八戸市，石巻市，山形市，福島市，高崎市，長岡市，飯田市，大垣市，静岡市（静岡・清水），姫路市，伊丹市，川西市，松江市，倉敷市，山口市，高松市，松山市，高知市，鹿児島市	岩見沢市，富良野市，青森市，弘前市，十和田市，盛岡市，久慈市，遠野市，秋田市，鶴岡市，酒田市，上山市，長井市，白河市，須賀川市，水戸市，土浦市，川越市，柏市，八王子市，福井市，大野市，越前市，甲府市，長野市，上田市，中津川市，浜松市，掛川市，豊橋市，伊勢市，大津市，長浜市，草津市，守山市，東近江市，福知山市，高槻市，明石市，丹波市，米子市，三原市，広島県府中市，周南市，久留米市，唐津市，長崎市，諫早市，佐伯市，豊後高田市，沖縄市	函館市，小樽市，旭川市，北見市，稚内市，滝川市，砂川市，黒石市，三沢市，大仙市，会津若松市，いわき市，石岡市，鹿嶋市，日光市，大田原市，蕨市，寄居町，志木市，千葉市，木更津市，青梅市，東京都府中市，小田原市，新潟市，十日町市，上越市（高田），敦賀市，塩尻市，高山市，沼津市，島田市，名古屋市，安城市，東海市，田原市，伊賀市，堺市，茨木市，神戸市（新長田），尼崎市，宝塚市，奈良市，和歌山市，田辺市，江津市，雲南市，津山市，玉野市，下関市，宇部市，岩国市，徳島市，西城市，四万十市，北九州市（小倉・黒崎），大牟田市，小城市，基山町，大村市，熊本市（植木），八代市，山鹿市，益城町，別府市，竹田市，宮崎市，日南市，小林市，日向市，奄美市	帯広市③，八戸市③，黒石市，十和田市②，石巻市③，山形市③，長井市②，福島市③，須賀川市②，水戸市②，土浦市，鹿嶋市，高崎市③，志木市，木更津市，八王子市②，長岡市③，富山市④，高岡市③，金沢市④，飯田市③，岐阜市④，大垣市③，中津川市②，静岡市（静岡・清水）②，島田市，藤枝市②，豊田市④，伊勢市②，草津市②，東近江市②，茨木市，姫路市③，伊丹市③，川西市③，鳥取市④，倉吉市②，松江市③，倉敷市，三原市②，宇部市，山口市③，周南市②，徳島市③，高松市③，松山市③，高知市③，長崎市②，熊本市④，益城町，大分市④，鹿児島市③	函館市，小樽市，旭川市，北見市，岩見沢市②，稚内市，滝川市，砂川市，富良野市②，青森市②，弘前市，三沢市，盛岡市②，久慈市，遠野市②，秋田市②，大仙市，鶴岡市②，酒田市②，上山市②，会津若松市，いわき市，白河市②，石岡市，日光市，大田原市，川越市②，蕨市，寄居町，千葉市②，柏市②，青梅市，東京都府中市，小田原市，新潟市②，十日町市，上越市（高田），福井市②，敦賀市，大野市②，越前市，甲府市②，長野市②，上田市②，塩尻市，高山市，浜松市②，沼津市，掛川市②，名古屋市②，豊橋市②，安城市，東海市，田原市，伊賀市，大津市②，長浜市②，守山市，福知山市，堺市，高槻市，神戸市（新長田），尼崎市，明石市，宝塚市，丹波市，奈良市②，和歌山市②，田辺市，米子市，江津市，雲南市，津山市，玉野市，広島県府中市，下関市，岩国市，西城市，四万十市，北九州市（小倉・黒崎），大牟田市②，直方市，飯塚市，唐津市②，小城市，基山町，諫早市，大村市，熊本市（植木），八代市，山鹿市，別府市，佐伯市②，竹田市，豊後高田市②，宮崎市②，日南市，小林市，日向市，奄美市，沖縄市②

（注）網掛けは県庁所在地．熊本市は，「熊本市」と「熊本市（植木）」の2つの計画が認定されているため，「熊本市」の計画について網掛けした．表頭のカッコ内の数字は県庁所在地の数．市町名の後の丸数字は，何期目の計画かを示す．表示がないものは1期目の計画である．

（出所）内閣府地方創生推進事務局「中心市街地活性化基本計画認定市町村一覧」より作成．

令指定都市を除く地方都市においては，準工業地域に「特別用途地区」を設定し，大規模集客施設の立地制限を行うことが明記された．

　会計検査院の検査結果（2006年8月の新中心市街地活性化法の施行から，2016年度までに認定を受けた141市211計画のうち実地検査を実施した90市の検査結果[20]）によると，90市のうち特別用途地区を設定して大規模集客施設の立地制限を実施している市は12市にとどまっている．そして，2006〜2016年度の期間に中心市街地区域外に出店した店舗面積3000 m^2 超の大規模集客施設（以下，「大型店」という）数は90市の合計で302店（「3000 m^2 超5000 m^2 以下」119店，「5000 m^2 超7000 m^2 以下」79店，「7000 m^2 超1万 m^2 以下」42店，「1万 m^2 超」62店）に達したという．90市のうち，中心市街地区域外に立地する1万 m^2 以上の大型店の店舗面積が増加した市は26市（全体の28.9％，特別用途地区設定都市12市のうち2市16.6％，同未設定都市78市のうち24市30.8％）となっている．特別用途地区を設定している市も含めて商業機能の郊外化が続いているものの，特別用途地区未設定都市では中心市街地区域外に立地する1万 m^2 以上の大型店の店舗面積が増加したとする割合が大きい．

② 中心市街地活性化と大店立地法

　大店立地法によると，大規模小売店舗を新設する者は，都道府県に当該店舗の所在地や店舗面積等を記載した書類を届けるとともに，届出から2か月以内に，当該届出に係る店舗の所在する市町村内において，届出書類の内容を周知させるための説明会を開催する．都道府県は届出を受けてからその書類を4か月間の縦覧に供するとともに，市町村から大規模小売店舗の周辺の地域の生活環境保持の見地からの意見を聴くことと規定されている．そして，都道府県は市町村等からの意見に配意して大規模小売店舗の新設を届け出た者に対して周辺地域の生活環境の保持の見地から意見を書面により述べる．大規模小売店舗の新設を届け出た者は，届出の日から8か月を経過した後でなければ，当該届出に係る大規模小売店舗の新設をしてはならないとされている．

　他方，2006年8月に施行された新中心市街地活性化法第37条の規定においては，大店立地法第5条の規定等に基づく大規模小売店舗の新設に関する届出等に関して，その手続を実質的に適用除外する特例が定められた．大店立地法の特例措置は，認定基本計画を実施する市町村の中心市街地区域の一部又は全部において，都道府県が特例区域を設定した場合，それ以降，特例区域に大規模小売店舗の新設を行おうとする者に対して，大店立地法における新設の届出を

不要とするものである.

　会計検査院の検査結果によると[21], 大店立地法の特例措置を活用した都市は実地検査を実施した90市のうち25市（27.8％）, 活用していない都市は65市（82.2％）となっている. 中心市街地区域内の5000 m^{2}以上の大型店の店舗面積が増加したとする市は19市（全体の21.1％）, 特例措置を活用している市では25市のうち8市（32.0％）, 活用していない都市では65市のうち11市（16.9％）となっている. 特例措置を活用している市の方が中心市街地区域内の5000 m^{2}以上の大型店の店舗面積が増加したとする割合が高い.

(4)　新中心市街地活性化法（2006年8月施行）による取組みの成果

　表1‒4は, 2022年度までに最終フォローアップを実施した220市町222計画の中で目標指標として掲げられた706指標について, 目標の分野によって分類した目標指標の数と, 現況（実績値）が計画当初の状況（基準値）より改善している目標指標の割合を示したものである.

　目標として掲げられた706指標の分野別内訳は, 「にぎわいの創出」376指標（全指標のうち53.3％）, 「まちなか居住の推進」142指標（同20.1％）, 「経済活力の向上」138指標（同19.5％）, 「公共交通利便の増進」22指標（同3.1％）などとなっている.

　そして, 目標指標のうち, 現況（実績値）が計画当初の状況（基準値）よりも改善している割合は, 目標指標計では52.3％, 分野別にみると「経済活力の向上」60.1％, 「公共交通利便の増進」54.5％, 「にぎわいの創出」52.1％, 「まちなか居住の推進」43.7％にとどまっている[22]. 「経済活力の向上」に着目すると, 2010年代前半までに実施されたフォローアップでは販売額増加を目標とする指標も多かった（**表1‒5**参照）が, 2010年代後半以降は空き店舗の減少を目標指標とするものが多くなっている[23]. 後述するように, 「販売額の増加」は目標達成事例が少ないのに対して, 「空き店舗の減少」は家賃補助等の方策によって, 一時的とはいえ目標を達成しやすいことによるものとみられる.

(5)　販売額増加を目標とする指標の現況（実績値）からの改善状況

　表1‒6は, 販売額の増加を目標とする指標数と, その改善・悪化状況を示したものである. まず, 販売額の増加を目標とする指標を掲げる市町は, 2014年度最終フォローアップ以降はほとんどみられなくなっている. 販売額増加を

表1-4　目標指標数，および現況が計画当初より改善している目標指標割合（2011-2022年度最終フォローアップ）

	経済活力の向上			にぎわいの創出（通行量，施設入込数等）	まちなか居住の推進（居住人口等）	公共交通利便の増進（公共交通機関利用）	その他	目標指標計	計画数
	販売額等	空き店舗等	計						
2011年度	20.0(5)	33.3(3)	25.0(8)	63.6(22)	50.0(10)	75.0(4)	83.3(6)	58.0(50)	14
2012年度	8.3(12)	70.0(10)	36.4(22)	66.7(48)	41.2(17)	100.0(2)	83.3(6)	56.8(95)	30
2013年度	10.0(10)	100.0(3)	30.8(13)	44.2(43)	37.5(16)	100.0(1)	44.4(9)	41.5(82)	27
2014年度	14.3(7)	100.0(3)	40.0(10)	54.1(37)	28.6(14)	0.0(2)	0.0(1)	43.8(64)	25
2015年度	50.0(2)	—(0)	50.0(2)	64.3(14)	33.3(6)	—(0)	—(0)	54.5(22)	11
2016年度	—(0)	100.0(2)	100.0(2)	65.0(20)	62.5(8)	100.0(3)	—(0)	69.7(33)	11
2017年度	100.0(1)	72.7(11)	75.0(12)	62.9(35)	42.9(14)	75.0(4)	—(0)	61.5(65)	21
2018年度	0.0(1)	71.4(7)	62.5(8)	73.9(23)	37.5(8)	—(0)	—(0)	64.1(39)	11
2019年度	0.0(2)	100.0(15)	88.2(17)	59.0(39)	50.0(14)	0.0(2)	0.0(2)	60.8(74)	21
2020年度	100.0(1)	86.7(15)	87.5(16)	42.1(38)	20.0(10)	0.0(1)	0.0(1)	48.5(66)	20
2021年度	0.0(1)	83.3(12)	76.9(13)	23.3(30)	46.2(13)	0.0(2)	50.0(2)	40.0(60)	15
2022年度	0.0(1)	64.3(14)	60.0(15)	14.8(27)	75.0(12)	0.0(1)	100.0(1)	41.1(56)	16
計	16.3 (43)	80.0 (95)	60.1 (138)	52.1 (376)	43.7 (142)	54.5 (22)	57.1 (28)	52.3 (706)	222

（注）数字は現況（実績値）が計画当初の状況（基準値）より改善している目標指標割合（％），カッコ内の数字は目標指標数.
（出所）内閣府地方創生推進事務局編（2015年1月までは内閣府地域活性化統合事務局編）「中心市街地活性化基本計画最終フォローアップ報告」（各年度版）より作成.

表 1‑5　中心市街地の小売販売額増加を目標とする計画とその評価──現況が計画当初より改善しているか──

		目　標	目標指標	評価
2011年度最終 フォローアップ	青森県青森市	中心市街地の商業の活性化	小売業年間商品販売額	C
	熊本県八代市	中心商店街の活性化	中心商店街の売上額の増加	C
	千葉県千葉市	経済活力に満ちたまち	年間小売販売額	C
	静岡県浜松市	魅力ある商業空間の形成	小売販売額	C−
	兵庫県宝塚市	商業・サービスが充実した「暮らしやすい」コンパクトなまち	小売業年間販売額	A−
2012年度最終 フォローアップ	岐阜県岐阜市	商業活性化の増進	小売業年間商品販売額	C−
	山口県山口市	人々を惹きつける中心市街地の形成	小売業年間商品販売額	C
	香川県高松市	商業・サービスの魅力強化	年間商品販売額	C
	北海道砂川市	商店街活性化	小売業年間商品販売額	C
	鹿児島県鹿児島市	商店街活性化	小売業年間商品販売額	C−
	岩手県盛岡市	賑わいあふれる中心市街地	中心市街地の小売年間販売額	C−
	兵庫県神戸市（新長田）	賑わいのある商業空間つくり	年間小売販売額	C
	兵庫県尼崎市	商業活性化の推進による魅力あふれるマチ	小売業年間販売額	C
	高知県四万十市	商店街の再生による魅力あるまちづくり	小売業年間商品販売額	C−
	大分県大分市	こだわりに出会える価値観の高い商業の再生	小売業年間商品販売額	C
	大分県別府市	まちなか商業の活性化	小売商業年間販売額	A−
	熊本県山鹿市	商業施設等の充実	年間小売販売額	C
2013年度最終 フォローアップ	青森県三沢市	国際色を楽しめる賑わいあふれる中心市街地	小売業年間商品販売額	C
	千葉県柏市	商業の活性化を図る	中心市街地における小売年間販売額	C−
	奈良県奈良市	活力のあるまち	小売業年間商品販売額	C
	福岡県北九州市（黒崎）	経済活力のあるまち（商業の活性化）	中心市街地の小売年間商品販売額	C
	栃木県大田原市	地域特性を踏まえた商業の振興	小売業年間商品販売額	C−
	群馬県高崎市	高崎都市圏の地域活性化を牽引する，経済活力に満ちたまち	小売業年間商品販売額	A
	新潟県上越市	商店街の魅力の向上	年間商品小売販売額の増加	C
	静岡県静岡市（静岡）	「人」が集まる，魅力・にぎわいのまち（集客・交流機能の魅力向上）	年間小売販売額	C
	愛知県名古屋市	魅力と賑わいあふれる商業地の形成	年間商品販売額	C

フォローアップ年度	市区町村	目標（テーマ）	指標	評価
2014年度最終フォローアップ	愛知県豊橋市	商業の活性化	小売業年間商品販売額	C
	秋田県秋田市	商店街の活力による賑わいづくり	小売業年間商品販売額	C
	三重県伊賀市	魅力と集客力のある店の創出	小売商業年間販売額	A−
	山梨県甲府市	近隣商業と都心型商業が共存する商店街の再生	小売販売額	C
	愛媛県松山市	街なかの商業活性化	中心市街地の小売年間商品販売額	C−
	佐賀県小城市	魅力的な暮らしやすい都市商業活性化	中心市街地商店街の年間小売販売額	C−
	大阪府高槻市	商業の質の向上による、商業集積の増進	小売業年間商品販売額	C
	兵庫県川西市	魅力的で活気のある商店街の「かわにしのせぐち」の創造	年間商品販売額（小売業）	C−
2015年度最終フォローアップ	熊本県熊本市（楮本地区）	商業集積の再編による商店街の活性化	商店街の年間小売販売額	A−
2016年度最終フォローアップ	栃木県日光市	誰もが安心して暮らすための生活サービス・生活環境の享受と商業活性化	小売年間販売額	C
2017年度最終フォローアップ	なし			
2018年度最終フォローアップ	大分県大分市	激変する商業環境へのエリアマネジメントによる経営戦略の構築	小売業年間商品販売額	A
2019年度最終フォローアップ	千葉県柏市	にぎわいのあり暮らしやすいまち	中心市街地における小売年間商品販売額	A
2020年度最終フォローアップ	群馬県高崎市	高い集客力を生かした経済活力にあふれるまち	小売業年間商品販売額	C
2021年度フォローアップ	長崎県長崎市	商業の活性化	小売業年間商品販売額	C
2020年度フォローアップ	広島県三原市	商業の活性化	小売事業所数および売年間商品販売額	A
2021年度フォローアップ	東京都府中市	経済活力の向上（商業の活性化）	大規模商業施設年間販売額	C
2022年度最終フォローアップ	東京都八王子市	買い物をすることが楽しくなるまち	小売業年間商品販売額	C

（注1）評価欄の「A」は計画した事業が概ね予定どおり進捗・完了し、かつ現況（実績値）が計画当初の状況（基準値）より改善しているもの。「C」は計画した事業が概ね予定どおり進捗・完了せず、かつ現況（実績値）が計画当初の状況（基準値）より悪化しているものを示す。「C−」は計画した事業が概ね予定どおり進捗・完了しなかったが、現況（実績値）が計画当初の状況（基準値）より改善しているもの。「A−」は計画した事業が概ね予定どおり進捗・完了したが、現況（実績値）が計画当初の状況（基準値）より悪化しているものを示す。

（注2）2021年度フォローアップのうち、「やませ土風館」（観光交流館と物産館からなる複合施設）の販売額増加の10分の8を目標とする岩手県久慈市を除く。

（出所）内閣府地方創生推進事務局編（2015年1月までは内閣府地域活性化統合事務局編）「中心市街地活性化基本計画最終フォローアップ報告」（各年度版）より作成。

表1-6　販売額増加を目標とする指標数と現況からの改善・悪化状況

最終フォローアップ年度	販売額増加を目標とする指標数	現況が計画当初より「改善」した指標数			現況が計画当初より「悪化」した指標数		
		関連事業が概ね予定通り完了	関連事業が予定通り完了せず	改善計	関連事業が概ね予定通り完了	関連事業が予定通り完了せず	悪化計
2011年度	5	0	1	1	3	1	4
2012年度	12	0	1	1	7	4	11
2013年度	10	1	0	1	7	2	9
2014年度	7	0	1	1	4	2	6
2015年度	2	0	1	1	1	0	1
2016年度	0	0	0	0	0	0	0
2017年度	1	1	0	1	0	0	0
2018年度	1	0	0	0	1	0	1
2019年度	2	0	0	0	2	0	2
2020年度	1	1	0	1	0	0	0
2021年度	1	0	0	0	1	0	1
2022年度	1	0	0	0	1	0	1
計	43	3	4	7	27	9	36

（注1）現況（実績値）が計画当初の状況（基準値）より「改善」したものは，2011年度最終フォローアップ兵庫県宝塚市，2012年度大分県別府市，2013年度群馬県高崎市，2014年度三重県伊賀市，2015年度熊本県熊本市（植木地区），2017年度大分県大分市，2020年度広島県三原市のみである．

（注2）2012年度フォローアップのうち，「やませ土風館」（観光交流館センターと物産館からなる複合施設）の販売額増加のみを目標とする岩手県久慈市を除く．

（出所）内閣府地方創生推進事務局編（2005年1月までは内閣府地域活性化統合事務局編）「中心市街地活性化基本計画最終フォローアップ報告」（各年度版）より作成．

　目標とした指標43件のうち，現況（実績値）が計画当初の状況（基準値）より「改善」したのは7件（16.3％）にすぎず，逆に「悪化」が36件（83.7％）に達している．現況（実績値）が計画当初の状況（基準値）より「改善」したとする7件のうち，関連事業が予定どおり完了したものが3件，関連事業が予定通り完了していないものが4件となっており，販売額の増加は必ずしも中心市街地活性化への取組みの成果とはいえないものも多い．

　さらに，改善されたとする7件も，**表1-7**に示すように詳細に検証すると，必ずしも「改善」とは評価しがたいものも含まれており，中心市街地活性化への取組みによる販売額の増加は，かなり難しい状況になっている．

表 1 - 7　販売額増加を目標とする指標のうち「改善」とする市の状況

最終フォローアップ年度		目標指標	目標指標の測定方法	基準値	実績値	増加率 (％)
2011年度	宝塚市	小売業年間販売額	中心市街地内大型店舗	411億円	430億円	4.6
2012年度	別府市	小売商業年間販売額	計画区域内の大型施設	282億円	341億円	20.9
2013年度	高崎市	小売業年間商品販売額	中心市街地内の小売業店舗	970億円	1,190億円	22.7
2014年度	伊賀市	商店活性化重点軸（本町通りなど）の小売商業年間販売額	＊	25億円	＊	＊
2015年度	熊本市 （植木地区）	商店街の年間小売販売額	ショッピングプラザ「ウェッキー」販売額及び植木商店街店舗数より推計	37億円	41億円	10.8
2017年度	大分市	小売業年間商品販売額	中心市街地大型商業施設及び商店街団体加盟店	804億円	863億円	7.3
2020年度	三原市	小売業事業所数および小売業年間商品販売額	中心市街地事業所数中心市街地小売業年間販売額	196事業所 222億円	210事業所 184億円	7.1 ▲17.1

（注１）伊賀市の「最終フォローアップ報告書」は確認できない（2023年12月末現在）．なお，経済産業省『商業統計表（立地環境特性別統計編）』によると，中心市街地活性化基本計画のエリア内にある同市の「本町通り商店街」の年間販売額は2007年14億8900万円，2014年11億900万円（2007年比▲25.5％）と減少している．

（注２）三原市は事業所数では7.1%の増加であるが，年間販売額では▲17.1%減少しており，事業所数および年間販売額の両方の改善を目指す目標指標全体としては改善されたとはいえない．

（出所）各市「最終フォローアップ報告書」より作成．

３．地域商業の集積効果

(1)　地域商業の集積効果に関する先行研究

　石原武政は，商店街の集積効果の限界について次のように指摘している．SCは共通コンセプトを受け入れ，経営意欲にあふれた商業者から形成され，テナント契約時に管理運営の方法や共同事業の範囲が明確化された「仲間型組織」として成立する．一方，「所縁型組織」として形成された商店街は，構成員の入れ替えを行うことはほとんど禁止的であり，店舗配置の変更さえ不可能なことが多い．この商店街が共同事業の主体にまで昇華することには困難がつきまとう[24]．

　他方で，石原武政は商店街が高い集積効果を得るメカニズムについて次のよ

うに述べている．個店レベルでは，商業集積を形成することによってより広い範囲で売買集中の原理を体現する．そこでは各商人の品揃え物が互いに他を補完しあいながら，時に競争関係に立つことになる．これを「依存と競争」という言葉で表現する．品揃え物は相互に関係しあい，影響を及ぼしあう[25]．商店街はある中心的な地点から外に向かって発展してきた．それは，競争の原理に従いながら，原則として既存の中心地の機能を補完し，強化する方向で店舗密度を高め，中心街区そのものを拡大してきた．その過程は無計画ではあったが，逆にそれゆえにこそ，こうした外への拡大が可能であった[26]．

　また，加藤司は「依存と競争のメカニズム」に関して，次のように指摘している．商業集積の需要が拡大傾向にあるときには，内部の競争関係が最適な業種構成や品揃えに向かうメカニズムを作動させるのに対して，需要が縮小傾向にあるときには逆の力が働き，商業集積全体として魅力的でない品揃えを招く．前者を『拡大均衡モード』，後者を『縮小均衡モード』とよぶ[27]．

(2)　地域商業の集積効果が生まれる条件
①「SC」と比較した「地域商業」の優位性

　商業集積は，自然発生的に形成された「地域商業」（ここでは中心市街地商業を含む商店街）と，計画的に形成された「SC」に分けることができる．「地域商業」の特性を「SC」と比較すると，「個々の店舗が保有すべき機能」と「環境変化への対応の柔軟性」という点に，その差異を見出すことができる．本来は，地域商業の方が高いポテンシャルをもっていたといえる[28]．

　「個々の店舗が保有すべき機能」に関して，地域商業は物販機能以外の飲食，対個人サービスなどの機能を外部に依存できるし，物販機能においても集積全体として多様な消費者ニーズを充足できる．さらに，中心市街地では，これら物販，飲食，対個人サービス業に加えて，行政機関，金融機関，オフィス，遊戯施設等のレジャー関連サービス業なども集積している．一方，「郊外型SC」は不採算な機能も含めて様々な機能を内部化する必要があり，また物販機能でもSC単独で多様な消費者ニーズを充足しなければならない．

　「環境変化への対応の柔軟性」に関して，「地域商業」においては，個々の経営主体が環境変化を踏まえて行動することにより，集積全体では環境変化に柔軟に対応していくことが期待できる．十分な競争が確保されている地域商業では，新たな商店の参入や既存商店の対応により，消費者ニーズの変化に柔軟に

応える新しい商品やサービスの提供がなされるであろう．他方，「SC」は様々な機能を一定の空間の中で充足する必要があるため，テナント間の競争関係よりも補完関係の方が優先されて計画される．SC としての環境変化への対応は，環境変化に直面している個々の経営主体であるテナントではなく，デベロッパーの意思決定にゆだねられ，柔軟な対応が困難という問題がある．もちろん，このような地域商業がもつ特性は，その理想的な姿であって，外部に依存しうる機能が充足されていない，あるいは喪失してしまった地域商業も多い．さらに，個々の経営主体の自律的行動によって地域商業全体が環境変化に柔軟に対応するという点でも，そうした意欲や対応能力に欠ける商店が限られたスペースを占拠し，円滑に進まないという問題もある．

②「依存と競争のメカニズム」からみた地域商業の実態

　地域商業において集積効果がもたらされるためには，「依存と競争のメカニズム」が有効に機能し，「拡大均衡モード」となることが必要といえる．ここで，地域商業において「依存と競争のメカニズム」が有効に機能するためには，次の 2 つの条件が充足される必要があろう[29]．第一は，地域商業のそれぞれの店舗の責任者（経営者や店長）が，地域商業に出向する消費者のニーズと地域商業内店舗の品揃え情報を収集し，自らの意思決定で品揃えを調整できるという「個店の自律性」である．第二は，競争に敗れた店舗が過渡的に存在するのではなく，速やかに退出し，その後に新たな競争者が参入してくるという「新陳代謝[30]」である．

　前者の「個店の自律性」という点では，地域商業は 2 つの問題を抱えている．1 つは，「高いリスクをとってまでは成長しようと考えない経営者意識」，すなわち生業志向の店舗の存在である[31]．もう 1 つは，資本家的志向に基づいて店舗を運営している場合でも，レギュラーチェーンやフランチャイズチェーンなど，当該店舗の責任者である店長やオーナーが自律的に品揃えを決定できない店舗が増加しているという問題である．

　後者の「新陳代謝」という問題では，自己所有の土地・建物で営業し，かつ家族労働力に依存しているために存続しているが，賃借料や人件費を支払っては採算がとれない店舗も多く存在している．さらに廃業した後も賃貸することには積極的ではなく，空き店舗のまま放置されているという問題がある．

　このような問題を抱えながらも，これまで地域商業では限定的とはいえ「依

存と競争のメカニズム」が機能してきた．しかし，近年は「依存と競争のメカ
ニズム」が有効に機能しなくなって，地域商業の集積効果が低下している．
「依存のメカニズム」が有効に機能しないという点[32]は，地域商業内に立地し
「基本的商品[33]」の品揃えを担っていた総合店の撤退あるいは地域商業の業種店
の廃業により，特定の購買目的（たとえば，近隣型商店街であれば食事の準備）に対
応する「基本的商品」の品揃えが欠落する地域商業が多くなってきたことに表
れている．

　「競争のメカニズム」が有効に機能しないという点は，閉店店舗の後に新規
競争者が参入せず，空き店舗が増加していることに表れている．地域商業内に
立地している総合店の撤退や業種店の廃業は，地域商業内の競争を減少させる
ため，競争のメカニズムによる品揃えの充実がなされなくなる．しかし，そこ
に需要が存在すれば新しい競争者が参入するはずであるが，地域商業の集積効
果が低下しているため，賃借料との兼ね合いで参入するメリットは小さい．地
域商業振興政策として各地で行われてきた空き店舗対策も，地域商業内での競
争を極力回避し，既存業者との品揃え面のバッティングを避ける業種を導入す
るものであり，競争のメカニズムを機能させる効果はないことが多い．

③ 地域商業において「依存と競争のメカニズム」が有効に機能する条件

　「地域商業」において「依存と競争のメカニズム」が有効に機能しなくなっ
てきているとはいえ，それが限定的とはいえ機能している地域商業では，「総
合店」よりも奥行きの深い品揃えが形成される可能性がある．ここで，「総合
店」と比較した「地域商業」における品揃え形成過程について考察する[34]．

　「総合店」は，一般的に市場の中心的部分が求める「基本的商品」に特化し
た品揃えを志向しており，少数の消費者のみが求める「補完的商品」も含めた
奥行きの深い品揃えは，その売場効率を低下させるため難しいといえる．さら
に，総合店における仕入れの基本原則は本部集中仕入れであり，地域の競争状
況や消費者ニーズの変化など外部環境に迅速に対応して品揃えを変更すること
は容易ではない．外部環境情報の収集とこれに対応した品揃えの変更は，当該
店舗が収集し得た情報の範囲内で，かつ当該店舗の意思決定者が意思決定でき
る範囲のものとならざるを得ない[35]．

　他方，「地域商業」において，同業種間で活発な競争が行われている場合に
は，「基本的商品」の品揃えだけでは差別化が困難であり，価格競争になるお

それが強い．同業種間の競争だけではなく，地域商業内に総合店が立地し，「基本的商品」を提供している場合も同様である．この場合，同質的競争を避け，品揃え面で差別化するために「補完的商品」を取り扱うことになる．地域商業を構成する業種店は，それぞれが独立した経営体であり，それぞれの業種店で収集された外部環境情報に基づいて，それぞれの店舗の意思決定によって品揃えが変更されていく．このような個店の行動の総和として，地域商業では「基本的商品」に「補完的商品」も加えた奥行きの深い品揃えが形成されるのである．[36]

　地域商業において，限定的とはいえ「依存と競争のメカニズム」が機能し，少なくとも「縮小均衡モード」に陥らないためには，「総合スーパー」や「食品スーパー」などの存在が不可欠といえる．これらの総合店が「基本的商品」を提供し，他の業種店が「補完的商品」を提供することができれば，消費者は総合店の単独立地よりも奥行きの深い品揃えを享受することが可能である．「基本的商品」を提供する総合店が撤退した商店街では，総合店と差別化するために「補完的商品」を取り扱っていた業種店でも，「基本的商品」を中心とした品揃えにならざるを得ず，「縮小均衡モード」に陥る恐れが強い．

　そこで次節では，中心市街地商業で集客の核となっていることが多い「総合スーパー」や「食品スーパー」，および小規模な専門店・中心店において中心市街地商業地区立地の優位性が存在しているか否かについて検証する．

４．総合スーパー・食品スーパー，専門店・中心店の中心市街地商業地区立地

(1) 中心市街地商業地区に立地する総合スーパー・食品スーパーの商店数・売場効率の推移

① 商店数割合の推移

　表１-８は，1997年から2014年までの期間における中心市街地商業地区（ここでは，商業統計表立地環境特性別統計編における駅周辺型商業集積および市街地型商業集積をとる）に立地している総合スーパー・食品スーパーの商店数，およびその割合の推移をみたものである．最新が2014年となっているのは，「商業統計調査」が同年調査をもって廃止，「経済センサス活動調査」に統合され，立地環境特性別・小売業態別の動向が捉えられなくなったためである．[37]

　『総合スーパー』の「駅周辺型商業集積」立地の商店数は，1997年の578店か

表 1 - 8　総合スーパー・食品スーパーの中心市街地商業地区への立地および売場効率の推移

			1997年	2002年	2007年	2014年
商店数（店） （総合スーパー計に占める割合，食品スーパー計に占める割合，%）	総合スーパー	駅周辺型 商業集積	578 (30.6%)	437 (26.2%)	355 (22.4%)	270 (19.1%)
		市街地型 商業集積	329 (17.4%)	232 (13.9%)	205 (12.9%)	150 (10.6%)
		合　計	907 (48.0%)	669 (40.1%)	560 (35.3%)	420 (29.7%)
	食品スーパー	駅周辺型 商業集積	1,790 (10.2%)	1,755 (9.9%)	1,711 (9.6%)	1,372 (9.3%)
		市街地型 商業集積	1,033 (5.9%)	886 (5.0%)	818 (4.6%)	638 (4.3%)
		合　計	2,823 (16.1%)	2,641 (14.9%)	2,529 (14.2%)	2,010 (13.6%)
売場効率（万円／m²） （総合スーパー計，食品スーパー計との差異）	総合スーパー	総合スーパー計	74	58	50	48
		駅周辺型 商業集積	79 (＋5)	65 (＋7)	57 (＋7)	48 (±0)
		市街地型 商業集積	72 (▲2)	57 (▲1)	x	48 (±0)
	食品スーパー	食品スーパー計	117	97	89	82
		駅周辺型 商業集積	137 (＋20)	112 (＋15)	107 (＋18)	75 (▲7)
		市街地型 商業集積	118 (＋1)	93 (▲4)	87 (▲2)	87 (＋5)

（注1）総合スーパー：産業分類「百貨店，総合スーパー」に格付けされた事業所（衣，食，他（＝住）にわたる各種商品を小売し，そのいずれも小売販売額の10%以上70%未満の範囲内で，従業者が50人以上）．食品スーパー：取扱商品は食が70%以上，売場面積250 m² 以上の事業所．
（注2）「中心市街地商業地区」は，次の2つの商業集積地区と捉えている．「駅周辺型商業集積」JR や私鉄などの駅周辺に立地する商業集積（原則として地下鉄や路面電車の駅周辺に立地する地域は除く）．「市街地型商業集積」都市の中心部（駅周辺を除く）にある繁華街やオフィス街に立地する商業集積．
（注3）「x」は秘匿数字．
（出所）経済産業省『商業統計表（立地環境特性別統計編）』（各年版）より作成．

ら2014年は270店に，「市街地型商業集積」立地の商店数も，1997年の329店から2014年は150店へと，それぞれ半数以下にまで減少している．同様に，『食品スーパー』の「駅周辺型商業集積」立地の商店数は，1997年の1790店から2014年には1372店へと▲23.4%減少，「市街地型商業集積」立地の商店数も，1997年の1033店から2014年には638店へと▲38.2%減少となっている．

　次に，『総合スーパー』の商店数の総計に占める中心市街地商業地区立地の

割合をみると，1997年は「駅周辺型商業集積」が30.6％，「市街地型商業集積」が17.4％と，合計で48.0％が中心市街地商業地区立地であったのに対して，2014年は「駅周辺型商業集積」が19.1％，「市街地型商業集積」が10.6％と合計で29.7％，▲18.3ポイント減と大きく減少している．

　同様に，『食品スーパー』の商店数の総計に占める中心市街地商業地区立地の割合をみても，1997年は「駅周辺型商業集積」が10.2％，「市街地型商業集積」が5.9％と，合計で16.1％が中心市街地商業地区立地であったのに対して，2014年は「駅周辺型商業集積」が9.3％，「市街地型商業集積」が4.3％と合計で13.6％，▲2.5ポイント減と，さらに減少している．

② 売場効率の推移

　中心市街地商業地区立地の『総合スーパー』の売場効率（売場面積 1 m² あたりの年間販売額）の推移をみると，「駅周辺型商業集積」の売場効率は1997〜2007年までは総合スーパー計をやや上回っていたが，2014年には48万円／m² まで低下，総合スーパー計と同じ水準となり，駅周辺型商業集積に立地する優位性は失われている．また，「市街地型商業集積」では1997年以降，総合スーパー計と同程度の水準であり，1997年当時から市街地型商業集積に立地する優位性は乏しかったといえる．

　同様に，中心市街地商業地区立地の『食品スーパー』の売場効率の推移をみると，「駅周辺型商業集積」では1997年の137万円／m² から2014年は75万円／m² と大幅に低下している．1997年の売場効率は，食品スーパー計の117万円／m² よりもかなり上回っていたものの，2014年の売場効率は大幅に低下して食品スーパー計の82万円／m² を下回り，「駅周辺型商業集積」は売場効率だけからみるとむしろ不利な状況となっている．「市街地型商業集積」の売場効率は，1997年以降，食品スーパー計と同程度の水準で推移しており，1997年当時から市街地型商業集積に立地する優位性は乏しかったといえる．

　しかし，これらのことはあくまでも全国平均の状況であり，すべての中心市街地商業地区において集積効果が消滅していることを示すものではない点を付言しておく．

⑵　中心市街地商業地区に立地する専門店・中心店の商店数割合・売場効率
　　の推移

①　商店数割合の推移

　表 1 - 9 は，専門店・中心店の中心市街地商業地区に立地する商店数とその
割合，および売場効率の推移をみたものである．専門店・中心店の商店数の総
計は大きく減少しているが，中心市街地商業地区に立地する商店数は総計を上
回って減少しており，中心市街地商業地区に立地する割合も少しずつ減少して
いる．2014年には，その割合は「駅周辺型商業集積」13.2％，「市街地型商業
集積」8.7％，中心市街地商業地区合計で21.9％となっている．2014年に中心
市街地商業地区に立地している割合を商品分類別にみると，衣料品では41.7％
を占めているものの，食料品では20.8％，住関連では17.3％にとどまっている．

②　売場効率の推移

　中心市街地商業地区に立地する「専門店・中心店」の売場効率も大幅に低下
している．2014年に中心市街地商業地区に立地する優位性を専門店・中心店計
の売場効率63万円／m^{2}と比べると，駅周辺型商業集積専門店・中心店の売場
効率は88万円／m^{2}と優位性は残っているものの，市街地型商業集積専門店・
中心店の売場効率は66万円／m^{2}と，専門店・中心店計の売場効率とほとんど
変わらず，その優位性はほとんどない状態といえる．2014年における駅周辺型
商業集積専門店・中心店の売場効率を商品分類別にみると，食料品専門店・中
心店の売場効率は112万円／m^2（食料品専門店・中心店計売場効率65万円／m^2）と優
位性が大きいものの，衣料品専門店・中心店の売場効率は69万円／m^2（衣料品
専門店・中心店計売場効率58万円／m^2）と優位性は小さい（表 1 - 9 参照）．

⑶　都市区分別売場効率・販売割合

　先に，駅周辺型商業集積に立地する食料品専門店・中心店の商店数の割合は，
2014年に食料品専門店・中心店全体の12.9％にまで減少してはいるものの，売
場効率からみた優位性は残っていると述べた．そこで，駅周辺型商業集積に立
地する食料品専門店・中心店の都市区分（区部・市部・郡部）別の売場効率を分
析することにより，この優位性が都市部にのみ残っているのか，それとも全国
的に残っているのか確認したいところであるが，商業統計調査ではその情報は
公表されていない．

表 1-9　専門店・中心店の中心市街地商業地区への立地および売場効率の推移

		1997年	2002年	2007年	2014年
中心市街地商業地区立地商店数・割合（千店，%）	専門店・中心店商店数計	1,226(100.0)	1,137(100.0)	987(100.0)	621(100.0)
	専門店・中心店計中心市街地立地	317(25.8)	263(23.1)	224(22.7)	136(21.9)
	駅周辺型商業集積立地 市街地型商業集積立地	183(14.9) 134(10.9)	153(13.4) 111(9.7)	132(13.4) 92(9.3)	82(13.2) 54(8.7)
	衣料品専門店・中心店商店数計	189(100.0)	172(100.0)	154(100.0)	96(100.0)
	衣料品専門店・中心店中心市街地立地	89(47.0)	77(44.9)	69(44.7)	40(41.7)
	駅周辺型商業集積立地 市街地型商業集積立地	51(26.9) 38(20.1)	44(25.8) 33(19.1)	40(26.2) 28(18.5)	24(25.3) 16(16.4)
	食料品専門店・中心店商店数計	385(100.0)	344(100.0)	276(100.0)	152(100.0)
	食料品専門店・中心店中心市街地立地	84(21.9)	67(19.5)	54(19.5)	32(20.8)
	駅周辺型商業集積立地 市街地型商業集積立地	51(13.2) 34(8.7)	41(11.8) 26(7.7)	33(12.0) 21(7.5)	20(12.9) 12(7.9)
	住関連専門店・中心店商店数計	652(100.0)	621(100.0)	557(100.0)	373(100.0)
	住関連専門店・中心店中心市街地立地	144(22.0)	119(19.2)	102(18.2)	64(17.3)
	駅周辺型商業集積立地 市街地型商業集積立地	81(12.4) 62(9.6)	68(10.9) 51(8.3)	59(10.5) 43(7.7)	38(10.2) 26(7.1)
中心市街地商業地区売場効率（万円／m²）	専門店・中心店計売場効率	80	68	64	63
	駅周辺型商業集積売場効率 市街地型商業集積売場効率	103 83	93 72	89 68	88 66
	衣料品専門店・中心店計売場効率	67	57	52	58
	駅周辺型商業集積売場効率 市街地型商業集積売場効率	91 72	78 61	75 57	69 48
	食料品専門店・中心店計売場効率	93	78	73	65
	駅周辺型商業集積売場効率 市街地型商業集積売場効率	123 107	111 87	104 82	112 85
	住関連専門店・中心店計売場効率	79	68	65	66
	駅周辺型商業集積売場効率 市街地型商業集積売場効率	104 84	99 74	96 72	95 74

（注1）売場効率は，売場面積をもつ事業所について集計.
（注2）「専門店」は，非セルフサービス方式（売場面積の50%以上において，セルフサービス方式を採用していない），かつ商品分類番号（5桁）の上位3桁あるいは4桁のいずれかの販売額が90%以上の事業所.「中心店」は，非セルフサービス方式，かつ衣・食・住のいずれかが50%以上の事業所.
（出所）経済産業省（通商産業省）『商業統計表（立地環境特性別統計編）』（各年版）より作成.

　商業統計調査を用いて都市区分別の売場効率を分析しうるのは，小売業全体の売場効率と，中心市街地商業地区立地商店の売場効率の比較である．そこで**表 1-10**は，2014年における中心市街地商業地区の売場効率および販売割合を都市区分別にみたものである．区部，市部，郡部の順に売場効率が低下することは当然として，区部計と比べて売場効率が高いのは「駅周辺型商業集積」プラス35万円／m²，「市街地型商業集積」プラス47万円／m² であり，この両者

表1-10　都市区分別中心市街地商業地区売場効率・販売割合 (2014年)

(単位：万円／m²，%)

	全国		区部		市部		郡部	
	売場効率	販売割合	売場効率	販売割合	売場効率	販売割合	売場効率	販売割合
計	71	100.0	101	100.0	63	100.0	55	100.0
駅周辺型商業集積	97(26)	18.4	136(35)	32.5	75(12)	12.8	47(▲8)	3.5
市街地型商業集積	77(6)	8.6	148(47)	14.7	54(▲ 9)	6.4	52(▲3)	5.0

（注1）売場効率，販売割合ともに，売場面積をもつ事業所について集計.
（注2）売場効率のカッコ内の数字は，計と比較した差異.
（出所）経済産業省『商業統計表（立地環境特性別統計編）2014年』より作成.

の販売割合は47.2％と，半数近くを占めている．市部計と比べて売場効率が高いのは「駅周辺型商業集積」であり，プラス12万円／m²とやや高いといえるが，その販売割合は12.8％にすぎない．郡部における中心市街地商業地区立地の売場効率は，郡部計と比べてむしろ低くなっている．すなわち，売場効率面で優位性を保ち，かつ一定の販売割合をもっている立地は，区部の中心市街地商業地区のみといえる.

5．中心市街地商業活性化とその財源

(1)　自主財源の調達

　持続可能な形で中心市街地商業活性化を進めるためには，中心市街地商業においても「仲間型組織」の要素を取り入れ，可能な限りフリーライダーを排除する形で自主財源をいかに確保するかが課題となる．自主財源は，「会費収入」「事業収入」「業務委託収入」に大別できる．このうち「会費収入」は，最も安定した財源ではあるが，BID のような強制力をもつ場合以外は，フリーライダー問題がつきまとう．また，「事業収入」はこれまでも行われてきた駐車場の管理運営事業，不動産賃貸事業の他に，都市再生推進法人制度などを活用した「広告事業」「オープンカフェ事業」「公開空地活用・イベント運営事業」，指定管理者制度を活用した「業務受託事業」による収入があげられる[38].

　都市再生推進法人は，「都市再生特別措置法（2002年6月施行）」の改正により，2007年3月に導入された（2023年10月末現在で115団体が指定）．都市の再生に必要

な公共公益施設の整備等を重点的に実施すべき土地の区域のまちづくりの中核を担う法人として，市町村が指定するものをいう．同法は，2020年9月に改正・施行され，エリアマネジメント活動が都市再生推進法人の業務として明確に位置づけられ，次の業務などが新たに追加された．1）「滞在快適性等向上区域（まちなかウォーカブル区域）」における道路や都市公園の占用許可及び道路の使用許可の申請について，都市再生推進法人を経由して道路管理者などの施設管理者へ申請書を提出する業務，2）公園施設設置管理協定に基づく滞在快適性等向上公園施設（カフェ・売店等）を設置・管理する業務[39]．

　都市再生推進法人制度を活用した取組み例として，2011年12月に都市再生推進法人第1号として指定された札幌大通まちづくり㈱があげられる．同社では，エリアマネジメント広告，オープンカフェなどの多目的施設（大通すわろうテラス），まちなか共通駐車券システム（カモンチケット）などの事業を実施している[40]．また，都市再生推進法人制度を活用して実質的にフリーライダーを排除した取組みとして，㈱キャッセン大船渡の事例があげられる．東日本大震災の津波により壊滅したJR大船渡線から海側の土地を大船渡市が買い取って，居住の制限と商業・業務地区の誘導を進めた．大船渡市は，市有地を事業用定期借地契約（20〜40年の期間）で賃貸し，支払われる地代は通常の75％相当分，うち市への地代は20％（固定資産税相当分），残りの部分が大船渡市から都市再生推進法人の指定（2018年3月）を受けている㈱キャッセン大船渡の活動資金となるよう貸付規則で定められている[41]．

　次に，指定管理者制度を活用した取組み例として，札幌駅前通まちづくり㈱があげられる．同社は，2019年9月に17団体・企業（札幌市，札幌商工会議所を含む）の出資により設立された．そして，「札幌駅前通地下歩行空間の地下広場（愛称：チ・カ・ホ）」と「札幌市北3条広場（愛称：アカプラ）」の指定管理事業（札幌市より受託）を行っている．積雪寒冷地の札幌において，天候に左右されない地下広場は，イベント空間として市民・企業等に貸し出されている．また，「チ・カ・ホ」の壁面に広告を掲出し，広告掲出料を得ている[42]．

　このように，まちづくり組織が自主財源を確保し，賑わいを創出するための制度は整いつつあり[43]，まちづくり組織が都市再生推進法人制度や指定管理者制度を活用して自主財源の確保に取り組む例も増えている．さらに，これまで中心市街地商業活性化に取り組むにあたって常に問題となってきたフリーライダーを排除する仕組みとして，2018年6月に「地域再生法の一部を改正する法

律」が施行され，日本版 BID といわれる「地域再生エリアマネジメント負担金制度」が導入された．同制度が適用される中心市街地商業においては，投票において制度の導入に同意しなかった事業者も含めて，活性化のための財源を負担することが必要となり，自主財源の調達という点では，SC のような「仲間型組織」と同じ効果をもつことになる．

⑵　「地域再生エリアマネジメント負担金制度」を用いた中心市街地商業活性化の可能性

①「地域再生エリアマネジメント負担金制度」適用のステップ[44]

1 ）市町村は，本制度の活用について記載した「地域再生計画」を国に申請し，認定を受ける．「地域再生計画」では，必須記載事項として対象地域，地域再生を図るために行う事業（受益事業者からの負担金の徴収，エリアマネジメント団体への交付金の交付など），計画期間，努力記載事項として地域再生計画の目標，事業の実施による就業機会の創出または経済基盤の強化に資する程度を記載する．

2 ）地域来訪者等利便増進活動実施団体（以下，「エリアマネジメント団体」という）は，市町村に対して「地域来訪者等利便増進活動計画」（以下，「エリアマネジメント計画」という）の認定を申請する．「エリアマネジメント計画」は，活動を実施する区域，活動の目標（来街者の増加，来訪者の滞在時間の増加，来訪者の満足度の向上など），活動の内容，その内容に応じた経済的効果（利益），計画期間（5 年以内），資金計画などを記載する必要がある．同計画は，総受益事業者の 3 分の 2 以上，かつ負担金総額の 3 分の 2 以上となる受益事業者の同意が必要とされる．なお，エリアマネジメント計画に基づく活動を実施する区域は，「自然的経済的社会的条件からみて一体である地域であって当該地域の来訪者又は滞在者の増加により事業機会の増大又は収益性の向上が図られる事業を行う事業者が集積している地域」，活動の内容は「当該地域の来訪者等の利便を増進し，これを増加させることにより経済効果の増進を図り，もって当該地域における就業の機会の創出又は経済基盤の強化に資する活動」（地域再生法第 5 条第 4 項第 6 号）と規定されており，商業地や業務地が想定されている．

　3）市町村は，エリアマネジメント計画の公告・縦覧，受益事業者による意見書提出の機会，市町村議会の議決を経て，同計画を認定する．

　4）市町村は負担金条例を制定し，エリアマネジメント団体が実施する活動に必要な負担金を徴収し，それをエリアマネジメント団体に交付金として交付する．

② 大阪版 BID「大阪市エリアマネジメント活動促進条例」と比較した日本版 BID「地域再生エリアマネジメント負担金制度」の特徴

　大阪版の BID 制度といわれる「大阪市エリアマネジメント活動促進条例」(2014年大阪市条例第24号)（以下，「大阪版 BID」という）の取組みステップは，次のとおりである[45]．

　1）地域の土地所有者等がエリアマネジメントを目的とする法人を設立し，都市再生推進法人の指定を大阪市に申請 ⇒ 大阪市が当該法人を都市再生推進法人に指定，2）都市再生推進法人が都市計画法に基づく地区計画素案（区域及び整備，開発又は保全に関する方針）を大阪市に提案 ⇒ 大阪市が地区計画案の作成・変更の判断を行い，都市計画審議会の審議を経て都市計画決定，及び都市再生推進法人が都市再生特別措置法に基づく都市再生整備計画素案を大阪市に提案 ⇒ 大阪市が都市再生整備計画を策定し，市の計画として公表，なお地区計画と都市再生整備計画は内容的に同じ，3）都市再生推進法人が都市利便増進協定（協定対象施設の種類・位置，同施設の一体的な整備又は管理方法，整備又は管理に要する費用負担方法，協定の有効期間等）に係る合意形成（協定締結）を行い，大阪市に認定を申請 ⇒ 大阪市が都市利便増進協定を認定，4）都市再生推進法人が地区運営計画案（収支予算書を含む）を策定し，大阪市に認定を申請 ⇒ 大阪市は地区運営認定審査会議で審査し，地区運営計画を認定 ⇒ 大阪市議会で分担金条例を議決，5）都市再生推進法人は年度計画（翌年度の収支予算書）の認定を大阪市に申請，併せて補助金の交付申請 ⇒ 大阪市は分担金を徴収し，補助金を交付．

　大阪版 BID と比較した日本版 BID「地域再生エリアマネジメント負担金制度」の特徴は，次のように整理できる[46]．1）公共施設の整備・管理などのハード面だけではなく，イベントや情報発信などソフト面の活動にも活用できるよう使途が拡大されていること，2）負担金の負担者は土地所有者ではなく「受益事業者」となり，小売・サービス事業者，不動産賃貸業や対事業者サービス

業，賃貸ビルや自社ビルのビルオーナーなどにも対象が拡大されたこと，３）大阪版 BID では規定されていなかった公告・縦覧，受益事業者の意見聴取手続きが規定されたこと，４）土地所有者等の相当数の合意（うめきた先行開発区域では実態として全員合意）ではなく，負担者数と負担金額換算の両方で３分の２以上の事業者から同意が得られれば，同意していない事業者からも負担金の徴収が可能になったこと．

③「地域再生エリアマネジメント負担金制度」適用の困難さ

　大阪版 BID という形で先行した大阪市は，「地域再生エリアマネジメント負担金制度」適用の最初のステップとなる「地域再生計画」について，「大阪市地域再生エリアマネジメント計画」[47]として国から認定（2020年８月23日），その後エリアマネジメント団体である（一社）大阪梅田エリアマネジメントは，大阪市から「大阪駅周辺地区地域来訪者等利便増進活動計画」の認定を受けた（2022年12月22日）．2023年４月１日には，「大阪市大阪駅周辺地区地域再生エリアマネジメント負担金条例」が施行され，同制度適用の第１号となっている．

　計画期間は2023年４月からの４年間で，受益見込み額を社会実験の結果等をもとに年間約650万円と見積もり，[48]その負担金はエリア内の大規模小売店舗（専門店ビルであるルクア・ルクアイーレ，大丸梅田店，阪急百貨店，阪神百貨店）に不動産を貸し付けている受益事業者３社（大阪ターミナルビル㈱，阪急電鉄㈱，阪神電気鉄道㈱）がその貸付面積に応じて負担している．（一社）大阪梅田エリアマネジメントでは，その財源を用いたイベントの実施，イベント開催時における公共空間に関する調査・検討，イベントを活用したエリアプロモーションを実施する計画である．[49]

　当該事例は，受益事業者（負担金徴収対象者）が３社の不動産貸付業者であり，比較的コンセンサスを得やすいエリアといえるが，この他の取組み事例は未だみられない．その理由として指摘できることは，「エリアマネジメント計画」の策定にあたって，負担金を徴収する対象者の特定と負担金水準の設定の困難さ，これらをクリアできたとしても，コンセンサスを得るためのハードルはかなり高いという点があげられる．

　「地域再生エリアマネジメント負担金制度」においては，負担金を徴収する対象は「受益事業者」となっている．そのため，対象を特定するにあたって，アメリカニューヨーク州の不動産所有者，イギリスの事業所税対象者などのよ

うな形で明確化することは難しい[50]「受益事業者」について，内閣府「地域再生エリアマネジメント負担金制度ガイドライン」（以下，「ガイドライン」という）では，次のように記載されている[51]「法では，本制度の対象地域について，『来訪者又は滞在者の増加により事業機会の増大又は収益性の向上が図られる事業を行う事業者が集積している地域』としている．このことから，エリアマネジメント活動によって利益を得て，負担金の徴収を想定できる事業者として，地域での来訪者等の増加によって自らの事業にメリットが生じる事業者と捉えることができる．このため，一般的に想定される小売・サービス事業者の他，不動産賃貸業や対事業者サービス業，賃貸ビルや自社ビルのビルオーナーなども，就業者の利便増進等による事業機会の増大という観点から，受益事業者に含められると考えられる」となっており，受益事業者を具体的に特定することは極めて困難といわざるを得ない．

　さらに，負担金水準の設定については，「ガイドライン」では次のように記載されている[52]「法では，『地域来訪者等利便増進活動により受けると見込まれる利益の限度において，受益事業者から負担金を徴収することができる』としている．あくまでも，受けると見込まれる利益を前提に，負担金の水準を考えることとなる．エリアマネジメント活動の必要なコストを算出した上で，地域全体にもたらされる利益を想定し，その全体コストと全体利益について比較し，合理的な説明によって各受益事業者の納得を得た上で，個々の受益事業者に費用を割り振るという形で設定していくことが望ましいと考えられる」．しかし，この負担金水準の設定についても現実的には非常に難しいといえる[53]　これに加えて，エリアマネジメント活動計画は，総受益事業者の3分の2以上，かつ負担金総額の3分の2以上となる受益事業者の同意が必要とされる．アメリカニューヨーク州では不動産所有者の過半数，イギリスでは事業者の投票総数と負担金額の両方の過半数とされていること[54]と比べると，合意形成に至るハードルはかなり高いといわざるを得ない[55]

(3)　歩行者空間の整備による賑わいの創出

　国土交通省　都市の多様性とイノベーションの創出に関する懇談会報告「『居心地が良く歩きたくなるまちなか』からはじまる都市の再生」2019年6月26日を受けて[56]，国土交通省は「ウォーカブル推進都市」の募集を2019年7月から始め，2024年6月末現在で380都市が参加している[57]　さらに，2000年になると，

歩行者空間を整備し，中心市街地商業を含む地域商業における賑わいの創出を可能とする制度として，「歩行者利便増進道路（ほこみち）」および「滞在快適性等向上区域（まちなかウォーカブル区域)」が導入された．

① 歩行者利便増進道路（ほこみち）

2020年11月に施行された改正道路法によって導入された「歩行者利便増進道路」（以下，「ほこみち」という）では，道路管理者が「ほこみち」の指定（2023年5月末現在，119件の指定），利便増進誘導区域（特例区域）の指定，歩行者利便増進計画の認定をする．この際，前もって道路使用許可の権限をもつ警察署へ意見聴取・協議することとされている．

「ほこみち」を活用して事業を行う事業者は，公募による選定が推奨されている．公募により選定された事業者は最大20年間の占有が可能となる．そして，占用事業者が道路の維持管理（路面の清掃，樹木の剪定，照明の電気代支払い，巡回等）に協力すると，占用料が減免される．占用料減免の対価として事業者が道路維持へ協力することで，地域が求めるまちづくりに相応しい，良質な道路の維持管理（修繕や清掃の頻度を上げる，照明を増やすなど）を行うことが可能となる．また，道路空間を活用した様々な活動を行うため，商業広告の掲出により安定的な収益を得て，これを活動費に充てることもできる[58]．

② 滞在快適性等向上区域（まちなかウォーカブル区域）

2020年6月に施行された改正都市再生特別措置法では，まちづくり計画に「居心地が良く歩きたくなる」まちなかづくりに取り組む「滞在快適性等向上区域」（以下，「まちなかウォーカブル区域」という）を設定し（2023年6月末現在，101自治体で指定），以下の法律上の特例措置等を講じている[59]．

1）官民一体で取り組む「一体型滞在快適性等向上事業」（以下，「一体型ウォーカブル事業」という）の創設
2）民間事業者が公園内でカフェ，売店等を設置するための協定制度の創設
3）まちなかエリアにおける駐車場出入口規制等の導入
4）都市再生推進法人による道路・公園の占用等の申請の経由事務の創設

「一体型ウォーカブル事業」とは，「まちなかウォーカブル区域」内の民間事

業者（土地所有者等）が，市町村が実施する事業（公共施設の整備又は管理に関する事業）の区域に隣接又は近接する区域において，市町村が実施する事業と一体的に滞在空間を創出する事業である．「官による空間整備（市町村実施事業）」の例としては，車道の一部を広場化（歩行者空間の充実），道路のカラー舗装によるまちあるきルートの整備，都市公園への芝生広場の整備，河川・水辺空間への広場の整備，市有地の広場化等があげられる．また，「民による空間整備」の例としては，沿道店舗によるオープンスペース提供・整備，店舗のオープン化（ガラス張り化，ピロティ化等）による賑わい創出，店舗軒先へのベンチ，オープンテラスの整備，都市公園に交流の拠点となる施設（カフェ，売店等）の設置，建物，掲出物等のデザイン・色彩の統一による良好な景観形成等があげられる．[60]「一体型ウォーカブル事業」として，民地のオープンスペース化や建物低層部のオープン化を行った場合，固定資産税・都市計画税の軽減措置を受けることができる．[61]

「ほこみち」と「まちなかウォーカブル区域」は同じ方向性を目指すものであり，相乗効果を得るために，両制度の併用が期待されている．

む　す　び

旧中心市街地活性化法（1998年施行）の下では中心市街地商業活性化を目標とする取組みが多かったが，新中心市街地活性化法（2006年施行）の下では中心市街地商業活性化は後退し，市街地の整備改善や街なか居住，都市福利施設の整備を主眼とする取組みが増えている．中心市街地活性化への取組みは，旧中心市街地活性化法の606市町村690地区から，新中心市街地活性化法では119市155計画（2023年4月現在），その人口規模も旧法では人口10万人未満が約3分の2，新法では人口10万人以上が約3分の2となり，人口規模の大きな市への「選択と集中」が進められた．

新法の下での中心市街地活性化支援制度を活用した取組みの成果をみると，現況（実績値）が計画当初の状況（基準値）より改善している目標指標の割合は半数強にとどまっている．また，「販売額増加」を目標とした指標42件のうち，現況が計画当初の状況よりも「改善」したのは7件にすぎない．

中心市街地商業が少なくとも「縮小均衡モード」に陥らないためには，集客の核となっていることが多い「総合スーパー」や「食品スーパー」の存在が不

可欠といえる．さらに，小規模小売店においても中心市街地商業地区立地の優位性が存在していなければならない．しかしながら，中心市街地商業に立地している「総合スーパー」「食品スーパー」の売場効率は大幅に低下しており，売場効率だけからみるとむしろ不利な状況となっている．また，中心市街地商業地区に立地する小規模小売店の売場効率も低下しており，中心市街地商業地区に小規模小売店が立地する優位性は，「駅周辺型商業集積」の「食料品店」を除くと，ほとんど消滅しているといえる．

　今や，中心市街地商業活性化は多くの地域において遅きに失した感がある．しかし，限定的とはいえ「依存と競争のメカニズム」が機能し，少なくとも「縮小均衡モード」に陥っていない中心市街地商業において，持続可能な形で中心市街地商業活性化を進めるためには，中心市街地商業でも「仲間型組織」の要素を取り入れ，可能な限りフリーライダーを排除する形での自主財源の確保が課題となる．

　「地域再生エリアマネジメント負担金制度」は，フリーライダーを排除して，自主財源を調達するという点では，「仲間型組織」と同じ効果をもつことになる．とはいえ，受益事業者の具体的な特定，および受益に見合う負担金水準の設定の困難さに加えて，総受益事業者の3分の2以上，かつ負担金総額の3分の2以上となる受益事業者の同意が必要とされるなど，同制度の活用は非常に難しいといわざるを得ない．しかし一方では，都市再生推進法人制度や指定管理者制度など自主財源を確保するための制度も整備されてきている．

　さらに，2020年になって，歩行者空間を整備し，賑わいを創出しうる制度が導入された．「ほこみち」では，公募により占用者を決定する場合は，最長で20年間の占用が可能であり，テラス付きの飲食店など初期投資の大きな施設も参入しやすくなっている．「まちなかウォーカブル区域」では，行政による公共施設整備や，民間によるオープンスペースの提供，建物低層部のガラス張り化等の事業に，様々な特例や，予算・税制面での支援がなされている．

　これらのエリアマネジメント手法を用いた中心市街地商業活性化に改めて焦点をあてる必要がある．

注
1）　2009年8月に施行された「地域商店街活性化法（商店街の活性化のための地域住民の需要に応じた事業活動の促進に関する法律）」は，商店街が「地域コミュニティの担

い手」として行う地域住民の生活の利便を高める試みを支援することにより，地域と一体となったコミュニティづくりを促進し，商店街の活性化や，商店街を担う人材対策の強化を推進することを目的とするものである（中小企業庁「地域商店街活性化法よくある質問と回答」2012年7月，2ページ）．地域のコミュニティ形成の担い手としての役割に着目した研究として，広井良典編『商店街の復権——歩いて楽しめるコミュニティ空間——』筑摩書房（ちくま新書），2024年などがある．

2）　福田敦「ポストコロナ時代の商店街プラットフォーム戦略」『関東学院大学経済経営研究所年報』第44集，2022年4月，福田敦「商店街におけるSDGsの戦略統合に向けた展望」『関東学院大学経済経営研究所年報』第45集，2023年3月などがある．

3）　福田敦「外部組織との連携に向けた商店街の組織戦略」『関東学院大学経済論集』第241集，2009年10月，新島裕基『地域商業と外部主体の連携による商業まちづくりに関する研究』（専修大学大学院商学研究科 博士論文），2017年3月，角谷嘉則『まちづくりのコーディネーション——日本の商業と中心市街地活性化法制——』晃洋書房，2021年，角谷嘉則「中心市街地活性化法における政策実施過程とコーディネーション分析——長浜市の株式会社黒壁を事例として——」『桃山学院大学経済経営論集』第62巻第4号，2021年3月．

4）　大熊省三『商業・まちづくり組織の役割に関する実証研究——活性化事業の形成プロセスと「新しい組織」——』（横浜国立大学大学院環境情報学府 博士論文），2010年9月，高田剛司「商店街における新たな商業者グループによる効果」『流通』第51号，2022年12月などがある．

5）　イギリスのBID制度から示唆を得た「日本版BID」のあり方については，筆者も，南方建明『流通政策と小売業の発展』（第7章 日本版BIDの導入に向けた考察——イギリスのBID制度からの示唆——）中央経済社，2013年において考察している．

6）　中心市街地の活性化については，筆者も以下の論考を発表している．南方建明『日本の小売業と流通政策』（第7章 中心市街地活性化と大型店立地）中央経済社，2005年，南方建明「中心市街地活性化と大型店立地の都市計画的規制」日本経営診断学会編『マイクロファームによる地域産業振興（日本経営診断学会論集⑨）』日本経営診断学会，2010年1月，南方建明『流通政策と小売業の発展』（第6章 イギリスにおけるタウンセンターマネジメントと小売開発規制）中央経済社，2013年．

7）　経済産業省『商業統計表（立地環境特性別統計編）』においては，商業集積地区ごとの年間販売額が公表されており，中心市街地活性化への取組み前の販売額と，取組み後の販売額を比較することが可能であった．しかし，商業統計調査は2014年を最後に廃止され，商業集積地区ごとの販売額を定量的に捉えることはできなくなった．そのため，新中心市街地活性化法の下で販売額増加を目標に掲げる地区でも，大型店に聞き取るなどの方法で販売額を推計する形をとっている．

8）「中心市街地は，ヒト・モノ・情報等の交流し集積する拠点であり，地域コミュニティの中核として，また，商工業者等各種事業者や各層の消費者などが近接して立地し，相互に交流することによって，新たな経済活動や社会活動を創出する等の集積のメリット・外部効果を生み出す場として，社会・経済上重要な役割を果たしている．商業は，中心市街地におけるかかる交流の中核的な担い手である．その空洞化は，中心市街地全体の機能の衰退をもたらす要因となっている．（中略）21世紀に向けて活力

ある経済・社会を構築していく上で，中心市街地における商業・サービス業機能の集
積を図っていくことは極めて重要な課題である」（産業構造審議会流通部会・中小企業
政策審議会流通小委員会合同会議「中間とりまとめ」1997 年 8 月 21 日）．

9)　2006 年 12 月 15 日現在で，中心市街地活性化基本計画が策定されたのは 683 地区，この
　　うち市町村に認定された TMO 構想は 405 地区，経済産業大臣（通商産業大臣）に認定
　　された TMO 計画は 225 地区にとどまっている．基本計画は策定したものの TMO 構想
　　に進まない例や，TMO 構想は作成したものの TMO 計画に進まない例が目立ってい
　　た．その要因としては，資金的な理由から TMO を設立し事業を実施するまで踏み切
　　れないことや，TMO 運営の人材を確保できないことなどがあげられている（渡辺達
　　朗『流通政策入門（第 4 版）』中央経済社，2016 年，202-203 ページ）．

10)　詳しくは，内閣府政策統括官（経済財政分析担当）『地域の経済 2006 年』の第 2-1-17
　　図を参照のこと．

11)　会計検査院「中心市街地活性化プロジェクトの実施状況に関する会計検査の結果に
　　ついて」2006 年 10 月．

12)　国土交通省『中心市街地活性化ハンドブック 2023 年』I-2〜I-4 ページ，都市計
　　画・中心市街地活性化法制研究会編『詳説 まちづくり三法の見直し』ぎょうせい，
　　2007 年，および土肥健夫『改正・まちづくり三法下の中心市街地活性化マニュアル』
　　同友館，2006 年，31-33 ページを参考にした．

13)　中西信介「中心市街地活性化政策の経緯と今後の課題——中心市街地の活性化に関
　　する法律の一部を改正する法律案——」『立法と調査』第 351 号，2014 年 4 月，100-103
　　ページ．

14)　経済産業省委託調査『中心市街地商業等活性化支援業務 2012 年度』（中西信介，前掲
　　論文，102 ページ）．

15)　中西信介，前掲論文，105-108 ページ，および国土交通省『中心市街地活性化ハンド
　　ブック 2023 年』I-4〜I-5 ページ．

16)　「地域の現状やニーズ，過去の取組の成果等から新たな事業等を必要としないと判断
　　される事項については，その判断の合理的な理由が記載されていれば，新たな事業等
　　を記載する必要はない」（中心市街地活性化本部「中心市街地の活性化を図るための基
　　本的な方針」2020 年 3 月，III-5 ページ）．

17)　「小売業の顧客の増加や小売事業者の経営の効率化を図るソフト事業を経済産業大臣
　　が認定することとし，資金調達を円滑化するなどの支援を通じて民間活力が十分に発
　　揮される環境整備を推進する．認定を受けた民間事業者（改正中心市街地活性化法第
　　42 条第 1 項に規定する認定民間中心市街地商業活性化事業者）には，中心市街地の商
　　業の活性化の担い手として，ソフト事業を通じて積極的に情報発信や関係者コーディ
　　ネート等に取り組むことが期待される」（中心市街地活性化本部「中心市街地の活性化
　　を図るための基本的な方針」2020 年 3 月，III-18 ページ）．

18)　内閣府が地方公共団体（都道府県および全市）を調査対象として，2023 年 3〜4 月
　　にかけて実施したアンケート調査結果（内閣府地方創生推進事務局「地方の状況
　　（2023 年度アンケート結果の分析）」（中心市街地活性化評価・推進委員会第 1 回資料，
　　2023 年 5 月 11 日））．

19)　中心市街地活性化本部「中心市街地活性化促進プログラム」2020 年 3 月 23 日，3-4

ページ.

20）　会計検査院「中心市街地の活性化に関する施策に関する会計検査の結果について」2018年12月.

21）　同上.

22）　2017年度および2018年度の最終フォローアップ報告書において，未達成の目標値がある27市の58指標について，未達成の要因としてあげられたもの（複数回答）は78要因であり，その内容は次のとおりである.「事業の遅延または未着手により，計画期間内に効果が発現しなかった」31要因（事業内容の見直しや調整に時間を要した13要因，資材費や人件費の高騰により進捗が遅れた8要因，地権者や民間事業者との合意形成が得られなかった6要因など），「事業はおおむね予定通りに進捗したものの，当初想定していた効果が得られなかった，または外的な要因により効果が相殺された」29要因（高齢化や後継者不足による閉店などに歯止めがかからなかった6要因，目的はおおむね／一部達成できたが目標値には届かなかった6要因，人口の自然減が想定以上に進行した4要因，社会減が想定以上に進行した4要因など），「不可抗力による影響を受けた」9要因（施設の改修工事などが実施された4要因，大型商業施設などが閉店した3要因など），「その他の外部要因」9要因となっている（内閣府地方創生推進事務局「中心市街地活性化施策について」（中心市街地再生方策検討会第2回資料，2020年10月11日））.

23）　会計検査院の検査結果によると，空き店舗対策のための事業を認定基本計画に位置づけていた84市126計画のうち，空き店舗数を毎年度把握していたのは61市79計画にとどまり，29市42計画は毎年度把握しておらず，このうち9市14計画は空き店舗数について一度も把握していなかったという.このうち，中心市街地区域内の空き店舗数を2006〜2016年度までの間に複数年で把握していた73市について空き店舗数の変化をみると，「減少」33市，「増加」44市となっており，6割の市では空き店舗が増加している（会計検査院「中心市街地の活性化に関する施策に関する会計検査の結果について」2018年12月）.

24）　石原武政『商業組織の内部編成』千倉書房，2000年，170ページ，石原武政「中小小売商の組織化──その意義と形態──」『中小企業季報』1985年第4号，1986年2月，8ページ.

25）　石原武政，前掲書，103-150ページ，石原武政『小売業の外部性とまちづくり』有斐閣，2006年，15-27ページ.

26）　石原武政「地域商業の動向と行政の役割」『マーケティングジャーナル』第11巻第3号，1992年1月，37ページ.

27）　加藤司「『所縁型』商店街組織のマネジメント」加藤司編著『流通理論の透視力』千倉書房，2003年，153-163ページ.

28）　南方建明『日本の小売業と流通政策』中央経済社，2005年，141-142ページ.

29）　南方建明『流通政策と小売業の発展』中央経済社，2013年，146-149ページ.

30）　「（地域商業の）新陳代謝とは，空き店舗が発生しても，新規開業者がすぐに開業できたり，既存店舗が経営革新を随時行い，品揃え等を改善して，集積全体の魅力を向上させていく循環のことである」（大阪府立産業開発研究所『商業集積の活力について調査報告書』2003年3月，11ページ）.

31)　石原武政『商業組織の内部編成』千倉書房，2000年，155ページ．

32)　石原武政は，商業集積内において商業者の依存関係が理想的に進まない要因として次の5点をあげている．1）個別商業者の経営理念にかかわる問題，2）小売商業集積においては，一方的な依存を誘発したり，あるいは少なくともそれを排除できない要因の存在，3）商業集積における空間の制約，4）業種を超えると，能動的な依存関係が適切な品揃え物の誘導に向けて働くとは考えられない，5）商業集積内で個々の商業者の意思決定が何らかの意味での統一性や方向性をもちうる保証はない（石原武政，前掲書，154-159ページ）．

33)　「基本的商品」および「補完的商品」については，南方建明『小売業の戦略診断』中央経済社，1995年，158-159ページを参照のこと．

34)　南方建明『流通政策と小売業の発展』中央経済社，2013年，146-149ページ．

35)　南方建明「流通システムにおける小規模小売店の役割――大型店と差別化された商業機能の必要性と可能性――」『大阪商業大学論集』第112・113号，1999年2月，391-392ページ．

36)　石原武政は，業種店が「補完的商品」を取り扱う動機について，次のように述べている．なお，本章では同氏のいう基礎商品を「基本的商品」，周辺商品を「補完的商品」とよんでいる．「基礎商品は多くの消費者が求めるのだから，より多くの消費者を引きつけ，十分な売上高と利益を確保するためには，品揃え物から欠くことはできない．しかし，反面で，この種の商品については，集積内の同業他者もまた同様の理由で取り扱おうとするから，いきおい集積内での競争関係は激しくならざるをえない．これに対して，周辺商品はたしかに空間的小市場内の需要量こそ少ないが，それだけ同業他者が取り扱う可能性は小さくなり，結果としてそのすべてを独占できるかもしれない」（石原武政『商業組織の内部編成』千倉書房，2000年，137ページ）．「各商業者がともに取り扱う基礎商品については直接的に，そしてさしあたり独占的な地位を占めうる周辺商品については潜在的に競争が展開される．周辺商品については，現時点でたとえ独占的地位を獲得できていても，商業者はいつ同業他者が取扱いを開始し，競争関係に入るかもしれないという危機感から逃れることはできない」（同上書，139ページ）．

37)　業種別の商店数は，「商業統計調査2014年」と「経済センサス活動調査2021年」を比較することが可能である．これによると，小売業計では2014年の102万5000店から2021年には88万店へと▲14万5000店の減少，「百貨店・総合スーパー」は2014年の170万6000店から2021年には109万7000店へと▲60万9000店の減少，「各種食料品小売業」（業種としての食品スーパー）では2014年の2万6970店から2021年には2万3860店へと▲3110店の減少となっている．

38)　丹羽由佳理「エリアマネジメント活動の財源の実際」小林重敬・森記念財団編著『エリアマネジメント効果と財源』学芸出版社，2020年，18-24ページ，および植松宏之「次の時代のエリアマネジメント」『新都市』第76巻第4号，2022年3月，4-5ページを参考にした．

39)　国土交通省「都市再生推進法人」（https://www.mlit.go.jp/toshi/pdf/seido/s_toshisaiseisuishinhojin.pdf，2024年6月30日アクセス）．ここでは，都市再生推進法人を経由した施設管理者への申請書提出の意義について，次のように指摘している．「道路，

公園などの公共空間を活用してにぎわいを創出するため，多くの出店者が参加するイベントを開催することなどが考えられるが，この際，行政手続に不慣れな出店者などにとっては，道路・公園の占用許可や道路の使用許可を申請するための書類の作成や施設管理者等との調整が負担となる場合がある．こうした問題に対応し，スムーズに申請手続きができるよう，都市再生推進法人を経由して占用許可等の申請書を提出することができる規定が設けられた」．

40)　札幌大通まちづくり㈱HP（https://sapporo-odori.jp/works/，2024年6月30日アクセス）．

41)　池田康二・臂徹・佐藤大基「官民連携のまちづくり『キャッセン大船渡』にみるディベロッパーの役割とは」『SC Japan today』第513号，2018年11月，園田康貴「いかにエリアマネジメントを持続可能なものにしていくか――財源と人材などの課題を乗り越える――」『SC Japan today』第555号，2023年1月，67-69ページ，臂徹「独自の分担金制度を用いたエリアマネジメント事業の推進」『土地総合研究』第30巻第4号，2022年秋号，12-17ページ，および大甕聡＆未来SC研究会『変貌するSCビジネス』繊研新聞社，2021年，236-241ページを参考にした．なお，キャッセン大船渡がフリーライダーを排除しうる現行の仕組みを導入した時期は，「地域再生エリアマネジメント負担金制度」が導入される以前であり，「一旦行政に資金が入ると資金の用途が公益目的に限定されるという課題に対応するために，土地所有者である市が地代を固定資産税相当額まで減免し，予定借地人は通常の地代と固定資産税相当額の差額の一部を分担金としてキャッセン大船渡に拠出するほか，一部を予定借地人独自でエリアの価値向上のために活用するという制度とし，予定借地人の地代負担を軽減するとともに，地区の将来のために投資できることを目指した」という（臂徹「小都市で求められるエリアマネジメントとは――キャッセン大船渡の挑戦――」『造景2021』，2021年8月，86ページ）．

42)　丹羽由佳理「エリアマネジメント活動の財源の実際」小林重敬・森記念財団編著『エリアマネジメント効果と財源』学芸出版社，2020年，28-31ページ，園田康貴「いかにエリアマネジメントを持続可能なものにしていくか――財源と人材などの課題を乗り越える――」『SC Japan today』第555号，2023年1月，67-69ページ，および同社HP（https://sapporoekimae-management.jp，2024年6月30日アクセス）をもとに作成した．札幌駅前通まちづくり㈱の決算書によると2019年度において壁面広告料で1億4400万円，2つの広場の指定管理料で600万円，同利用料で1億3000万円など，合計で3億100万円の売上高，営業利益1600万円，経常利益2600万円となっている．しかし，コロナ禍の2021年度は売上高2億300万円まで落ち込み，営業利益ベースでは赤字となったが，2023年度には売上高3億300万円，営業利益3300万円，経常利益3800万円と，コロナ禍前を上回る水準にまで回復している（https://sapporoekimae-management.jp/まち会社について/決算/損益計算書/，2024年6月30日アクセス）．

43)　道路空間を活用して賑わいを創出するために，道路占用許可基準を緩和する主な制度として，次の4つがあげられる．1）歩行者利便増進道路（ほこみち）（道路法）2020年11月～（道路管理者が歩行者利便増進道路を指定し，利便増進誘導区域を設けることにより，オープンカフェや露店等を設置），2）国家戦略特区区域計画（国家戦略特別区域法）2014年4月～（地方公共団体を含む区域会議において計画を作成し，

内閣総理大臣の認定を受けることにより，国際的活動拠点の形成に資する都市機能の高度化），3）中心市街地活性化基本計画（中心市街地の活性化に関する法律）2014年7月〜（地方公共団体が計画に位置づけることにより，中心市街地活性化のためのオープンカフェや露店等を設置），4）都市再生整備計画（都市再生特別措置法）2011年10月〜（地方公共団体が計画に位置づけることにより，まちのにぎわいや交流の場を創出）．いずれの制度にも共通する占用物件として，次の3つがあげられる．1）広告塔又は看板（良好な景観の形成又は風致の維持に寄与するもの），2）食事施設，購買施設その他これらに類する施設，3）自転車駐車器具で自転車を賃貸する事業の用に供するもの（国土交通省「歩行者利便促進道路（ほこみち）制度の詳細説明」，6ページ，https://www.mlit.go.jp/road/hokomichi/pdf/detail.pdf，2024年6月30日アクセス）．国土交通政策研究所では，上記の4つの制度に基づく162事例の地方自治体あてにアンケート調査を実施（2022年9〜10月），55事例から回答を得ている．自治体担当者が主観的に評価した政策実施効果は，「大変効果があった」9.1%，「効果があった」56.4%，「あまり効果がなかった」1.8%，「分からない・未回答」32.7%となっており，効果があったという評価が約3分の2を占めている（深沢瞳・鶴指眞志・酒井聡佑・田中和氏「地方自治体による公共空間活用の実施状況——アンケート調査結果に基づく報告と分析——」『国土交通政策研究所紀要』第81号，2023年8月，40ページ，51ページ）．なお，道路空間活用の具体的な事例については，鶴指眞志・深沢瞳・田中和氏・兼元雄基「道路空間活用事例調査研究（中間報告）——官・民・学の連携による活用に着目して——」『国土交通政策研究所紀要』第81号，2023年8月を参照のこと．

44）　内閣官房まち・ひと・しごと創生本部事務局，内閣府地方創生推進事務局『地域再生エリアマネジメント負担金制度ガイドライン』2020年3月，14-21ページ，33-39ページ，および田尾亮介「租税を使わない国家(3)—— BID とエリアマネジメント——」『法学会雑誌（東京都立大学法学会）』第63巻第1号，2022年7月，142-152ページによる．

45）　大阪市『大阪市エリアマネジメント活動促進制度 活用ガイドライン（第4版）』2021年11月，5-11ページ．なお，大阪版 BID が適用されているエリアは，三菱地所など17社で構成されるエリアマネジメント団体「グランフロント大阪 TMO」によって進められている．JR 大阪駅北側の大規模複合施設「グランフロント大阪」を含む「うめきた先行開発区域」約6.8ha のエリアであり，地権者も少なく，比較的コンセンサスが得られやすい地域といえる．

46）　田尾亮介「租税を使わない国家(3)—— BID とエリアマネジメント——」『法学会雑誌（東京都立大学法学会）』第63第1号，2022年7月，144-146ページ，および御手洗潤「Business Improvement District 制度論考——我が国での導入を念頭に置いて——」『土地総合研究』第25巻第4号，2017年秋，55-58ページを参考にした．

47）　「大阪駅周辺地区は，西日本最大の交通拠点であるとともに，業務・商業の一大集積地であり，本地区では，大阪・関西の発展をけん引するうめきたの開発を中核として，大阪府，大阪市，経済界が一丸となってまちづくりの推進に取り組んでいる．本地区における大阪市エリアマネジメント活動促進制度の適用実績も踏まえ，地域再生エリアマネジメント負担金制度を先行的に導入し，安定した財源確保のもと，公共的空間を活用したイベント活動などにより，様々な人々の交流を促進し，地域価値を向上さ

せる取り組みを進める」（大阪市「大阪市地域再生エリアマネジメント計画」2020年3月）．

48）　不動産貸付事業者の受益額については，「当該活動により生じる来訪者数増加に伴う活動区域内の大規模小売店舗における売上増に係る家賃収入の上昇額」とし，総来訪者数×1人あたりの消費額×賃料水準（％）で算出している．総来訪者数1万4116人（2021年度に実施した「大阪梅田地区地域来訪者等利便増進活動計画策定に向けた検証」より得られたデータ），1人あたりの消費額（買物飲食平均消費額）6600円／人（同），賃料水準7％（当該活動区域内の大規模小売店舗における賃料水準を参考に算出）（同上計画，3ページ）．

49）　地域来訪者等利便増進活動の内容は次のとおりである．1）健康増進イベント「梅田あるくフェス」の実施，健康をテーマとした「運動」「食」「心」にまつわる体験型コンテンツの出店，各会場に設置されたラリーポイントを巡る専用アプリを活用したデジタルスタンプラリー，2）当該イベントの開催時における公共空間のあり方・利活用手法に係る調査・検討．3）イベントを活用したエリアプロモーション（（一社）大阪梅田エリアマネジメント「大阪駅周辺地区地域来訪者等利便増進活動計画」2022年6月，2-3ページ）．

50）　内閣官房まち・ひと・しごと創生本部事務局，内閣府地方創生推進事務局『地域再生エリアマネジメント負担金制度ガイドライン』2020年3月，11-12ページ．

51）　同上，19-20ページ．

52）　同上，20ページ．

53）　『地域再生エリアマネジメント負担金制度ガイドライン』においては，エリアマネジメントの効果及び受益の把握・算定方法として，次のような手順があげられている．1）エリアマネジメント活動の経済効果の定量化（来訪者等を増加させる活動は貨幣換算，利便増進活動は利用頻度見込，コスト低減による利益，満足度），2）エリアマネジメント活動の事業コストの定量化（地域再生エリアマネジメント負担金制度を活用する事業のコスト総額を算出），3）個々の事業者の受益（期待）の合意を得る（必ずしも定量化する必要はない），4）個々の事業者の負担の定量化（事業コストを地域の特性や事業内容に応じて個々の負担者に合理的に割り振る）（内閣官房まち・ひと・しごと創生本部事務局，内閣府地方創生推進事務局『地域再生エリアマネジメント負担金制度ガイドライン』2020年3月，50ページ）．

54）　同上，11-12ページ．

55）　「地域再生エリアマネジメント負担金制度」の課題については，田尾亮介「租税を使わない国家(3)──BIDとエリアマネジメント──」『法学会雑誌（東京都立大学法学会）』第63巻第1号，2022年7月，146-151ページ，および小泉尭史「地域再生エリアマネジメント負担金制度『日本版BID』の活用状況とその要因に関する考察」『政策研究』2020年第8号，2020年11月，8-10ページを参考にした．

56）　梶原ちえみ・今佐和子「道路空間活用を日常の景色に──実践者から見る『ほこみち制度』解説──」『新都市』第75巻第8号，2021年8月，48-50ページを参考にした．

57）　同報告書では，「居心地が良く歩きたくなるまちなか」の形成に向けて，次の10の要素が必要であると指摘している．1）まちなかへ多様な人を集める，2）官民のパブリック空間をウォーカブルな人中心の空間にする，3）量に加え，交流・滞在など活

動の質も重視する，4）官か民かでなく，中間領域（空間，組織）を活用する，5）仮設・暫定利用，実験など LQC（Lighter, Quicker, Cheaper）アプローチに力を込める，6）完成・成熟を求めず，育成・更新を続ける，7）多様性を共存させる，8）場所性や界隈に根差し，本物のオンリーワンが生まれる，9）ゆるやかなプラットフォームでビジュアル，実験結果，データを共有する，10）フィジカル空間にサイバー空間を融合させていく．

58）　国土交通省「ウォーカブル推進都市一覧」（https://www.mlit.go.jp/toshi/content/001752274.pdf，2024年6月30日アクセス）．

59）　坂本光英・松岡里奈「『居心地が良く歩きたくなる』まちなかづくり」『交通工学』第57巻第1号，2022年1月，27-28ページを参考にした．

60）　国土交通省『官民連携まちづくりの進め方――都市再生特別措置法に基づく制度の活用手引き――』2021年3月，81-82ページ．

61）　同上，87ページ．

第2章 SCの特性とその動向
──SCとそのテナントの動向，売場効率の分析──

はじめに

　本章は，SCの動向について，統計資料を用いて明らかにすることを目的とする．まず，SCの特性に関する先行研究について整理する．次に，SC数，店舗面積，売上高の推移，および立地の動向について明らかにする．また，SCテナントの業種別割合の推移，「キーテナント」と「一般テナント」，「一般テナント」の業種別の動向について分析する．さらに，大手小売企業3社と，SCのデベロッパー最大手であるイオンモールの営業利益との比較，およびその推移について分析する．最後に，SCの売場効率について，代表的な小売業態と比較し，それらの時系列的な変化について明らかにする．

Ⅰ．SCの特性

⑴　SCの定義
① 北島啓嗣
　デベロッパーと呼ばれる1つの経営体が中心になって計画，開発した建物に，テナントと呼ばれる小売店，飲食店，サービス施設が入り，地域の生活者に多種多様な商品，サービスを提供する商業施設[1]．

② 池澤威郎
　小売業の担い手であるテナントと，かれらが入居する空間（賃貸区画）を複数提供するデベロッパー（不動産業の担い手）との分業体制を前提とした総合型の商業集積[2]．

③ 筒井光康

SC は，小売業態の継続的イノベーションにより進化してきた近代的で科学的な経営手法を取り入れた，デベロッパーとテナントの賃貸借契約により構成される小売・サービス業態の複合集積施設である．SC には多岐にわたる複数の資本・人的資源・ノウハウが投入され，それらが相乗効果を発揮することにより，地域生活者の豊かな生活実現のために地域社会に不可欠な存在となっている．SC の業態特性は，人（人材），モノ（ハード），金（資金）の側面を含めて，計画性，集積性，総合性，統一性にある．1）計画性：開発立地の選定から施設規模，施設機能，施設デザインまで，マーケット分析の上，統一された意思と計画性によりコントロールされる．2）集積性：一定空間の中に，複数の商業・サービス施設が配置され，ワンストップショッピングと生活に必要な様々なサービス機能の集積性を持つ．3）総合性：商業機能だけではなく，アミューズメント・スポーツ・文化，銀行等の公共サービス機能を含めた，総合的な提案を地域生活者に行う．4）統一性：そこに投入された経営的資源は，明確な方向性と計画性を持ったデベロッパーとテナントの共同意思に基づき，施設は統一的に管理運営される[3]．

④ 日本ショッピングセンター協会

　1つの単位として計画，開発，所有，管理運営される商業・サービス施設の集合体で，駐車場を備えるものをいう．その立地，規模，構成に応じて，選択の多様性，利便性，快適性，娯楽性等を提供するなど，生活者ニーズに応えるコミュニティ施設として都市機能の一翼を担うものである．デベロッパーにより計画，開発されるものであり，次の条件を備えることを必要とする．1）小売業の店舗面積は，1500 m^2 以上であること，2）キーテナントを除くテナントが10店舗以上含まれていること，3）キーテナントがある場合，その面積がSC 面積の80％程度を超えないこと（ただし，その他テナントのうち小売業の店舗面積が1500 m^2 以上である場合には，この限りではない），4）テナント会（商店会）等があり，広告宣伝，共同催事等の共同活動を行っていること[4]．この定義によると駅ビルや地下街，アウトレットモール[5]も SC に含まれることになる．

　本章は，日本ショッピングセンター協会による統計を用いて分析している部分が多いこともあり，日本ショッピングセンター協会による定義を援用する．

⑵　SCの特性に関する先行研究

① 石原武政（仲間型組織として成立するSC）

SCはデベロッパーあるいは管理会社のもとに，共通コンセプトを受け入れ，経営意欲にあふれた商業者を募集して商業集積を形成する．その過程で，コンセプト，基本的な経営姿勢，資金力など，あらゆる面でメンバー間の異質性が極小化される．管理運営の方法もテナント契約時に確認され，デベロッパーあるいは管理会社の指揮権が確立する．共同事業の範囲が明確化され，SCは仲間型の商業集積として成立する．⁶⁾

② 石原武政（様々な機能の内部化が必要なSC）

超巨大SCは，やや極端にいえば，必要とされるすべての機能を準備し，すべての施設を内部化しようとしてきた．というよりも，そのためにこそ，巨大化しなければならなかったのである．⁷⁾計画的に設計され，すべての機能を内部化した施設は，そのかぎりでは大変利用しやすく，便利である．しかし，機能がその施設の内部で完結してしまうために，かえって外部への展開の可能性を極小化してしまう．（中略）郊外のSCにしても同様で，それが郊外であればあるほど，依存すべき外部施設が存在しないため，飲食やレジャーも含めて，すべての機能を内部化しなければならない．⁸⁾

③ 田村正紀（SCが一体性を獲得するメカニズム）

「キーテナント」「一般テナント」「デベロッパー」が運命共同体を結成しうるメカニズムについて，田村正紀は次のように指摘している．革新的SCが定額＋歩率という賃料形態の導入によってねらっているSC管理の構造は，デベロッパーへSC売上高に比例した賃料収入をもたらし，デベロッパーがSC全体のために努力するインセンティブを与える．またこの賃料形態の特徴はキーテナントと一般テナントの間で賃料差別を行う点にある．キーテナントには低い歩率と高い基準売上高の設定によって，実質的には賃料への補助金を提供していることになる．一般テナントは高い歩率と低い基準売上高を課せられることによって，キーテナントへの賃料補助金を実質的に負担することになる．しかし，この負担はキーテナントが創造した需要外部性（波及顧客）による売上増加によって相殺される．デベロッパーはキーテナントへ賃料補助金を提供し，キーテナントは一般テナントに需要外部性を創出する．そして一般テナントは

キーテナントへの賃料補助金を実質的に負担している．SC の参加者間でのこのような一方向的な贈与の円環構造によって，SC は運命共同体になる．これによって革新的 SC は種々な店舗を含む商業集積でありながら，統一的な意思決定主体として行動することができるようになる[9]．

④ 門傳藍香（SC における賃料システムの最適化）

SC のテナント契約における歩合制賃料と固定賃料の組合せにおいて，どのような賃料システムを採用すべきかの最適化戦略について，ゲーム理論を用いた分析を行っている．そして，「SC に 2 つの非対称な小売企業が存在する場合，デベロッパーは大規模店舗の賃料を下げて販売数量を増やし，大規模店舗に対する優遇措置を取ることによって自らの収入を増やすという行動を選択し，大規模店舗により高い固定賃料と，小規模店舗により高い歩合制賃料を徴収する」という結論を導いている[10]．

⑤ 北島啓嗣（SC による環境変化への柔軟な対応）

SC は，環境の変化に対応するために，その中にあるテナント（個別店舗）を頻繁に入れ替える．アンバンドリングされた形態である SC は，一体型で運営される百貨店，GMS よりも変化に対応することが容易である．SC は，テナント部分に相当する投資をしていない．従って，環境変化に伴い，それをスクラップするとしても，サンクコストが少ない．新しいイノベーションが興った場合でも，資源が古い投資に固定されていては，リコンフィギュレーションはできない．柔軟性を担保するための仕組みを SC は持っている．それが，アンバンドリングである．SC は，従来の百貨店・GMS の設備の設置者と日々の商売の運営者が一致していたのに比べ，その機能をアンバンドリングした業態といえる．このアンバンドリングにより，環境が大きく変化した時でも，小さいコストで対応できる．これが，環境の変化に対応しやすいダイナミック・ケイパビリティを形作っている．さらに，新しいイノベーションを柔軟に取り込める一種のオープン・イノベーションを実現している[11]．

⑥ 池澤威郎（定期借家契約によりテナントの入れ替え容易に，他方で一体性が脆弱化）

テナントとデベロッパーとの不動産賃貸借の関係は，基本的には長期継続的

な関係であるとされる．しかし，2000年の定期借家制度施行以降，そのスキームは大きく変更を迫られることになる．そして，このことは商業施設としての魅力度を再生させるリニューアル（店舗入れ替え）を，制度として担保する積極的な役割を果たすこととなった．当初，デベロッパーとテナントとの関係は退店を前提としない，長期的な共同事業者としてのいわゆる「普通借家」関係を保っていた．これは，更新を前提とした契約関係で，実際には契約期間が10〜20年というテナントも存在する．しかし，定期借家制度の導入で，契約期間が満了すれば更新はなく，契約が終了する期間限定の出店が法制度上可能となった．10年単位での長期の契約期間はなくなり，3〜5年程度の短期，中期の定期借家契約が締結されることが多くなった．契約期間が短縮化されれば，テナント側にとっては短期に投資回収し，その間にどの程度のリターンを見込むのかを明確化し，出店可否を判断することになる．それは，すぐれて市場取引的な関係であり，長期継続的な組織的参画には結びつかない[12]．

⑦ 南方建明（SC による環境変化への柔軟な対応の困難性）

　筆者は，中心市街地商業と比較した SC の環境変化対応の困難性について，「個々の店舗が保有すべき機能」と「環境変化への対応の柔軟性」という点から，次のように考えている[13]．「個々の店舗が保有すべき機能」に関して，「中心市街地商業」は物販機能以外の飲食，対個人サービスなどの機能を外部に依存できるし，物販機能においても集積全体として多様な消費者ニーズを充足できる．さらに，中心市街地では，これら物販，飲食，対個人サービス業に加えて，行政機関，金融機関，オフィス，遊戯施設等のレジャー関連サービス業なども集積している．一方，「SC」は不採算な機能も含めて様々な機能を内部化する必要があり，物販機能でも SC 単独で多様な消費者ニーズを充足しなければならない．「環境変化への対応の柔軟性」に関して，「中心市街地商業」では，個々の経営主体が環境変化を踏まえて行動することにより，集積全体では環境変化に柔軟に対応していくことが期待できる．十分な競争が確保されている「中心市街地商業」では，新たな商店の参入や既存商店の対応により，消費者ニーズの変化に柔軟に応える新しい商品やサービスの提供がなされるであろう．他方，「SC」は様々な機能を一定の空間の中で充足する必要があるため，テナント間の競争関係よりも補完関係の方が優先されて計画される．また，「SC」としての環境変化への対応は，環境変化に直面している個々の経営主体である

テナントではなく，デベロッパーの意思決定にゆだねられ，柔軟な対応が困難という問題がある．

2．SC の動向

(1) SC の発展過程

図2-1は，新規開店SC数および小売業売上高に占めるSCの割合の推移をみたものである．新規開店SC数の推移をみると，大店法規制強化期の計画とみられる1983～1991年の新規開店は大きく減少したが，大店法規制緩和期の計画とみられる1992～2000年の新規開店は100館を超え，2000年には1993年の

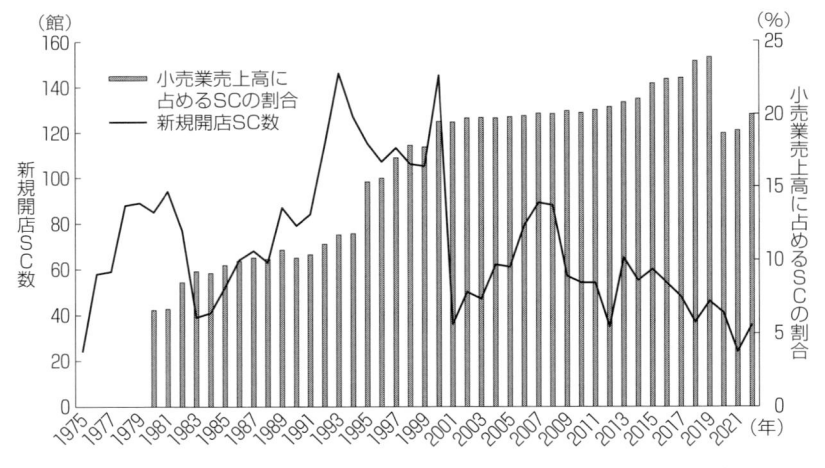

図2-1　新規開店 SC 数および小売業売上高に占める SC 割合

(注) 日本ショッピングセンター協会による売上高は，2017年までは消費税込みのもの．2018年は税込みと税抜きが混在しているため，それを補正した税抜き31兆7160億円に消費税率8％を掛け合わせて推計した34兆2533億円．2019年は税抜き売上高に平均消費税率推計8.45％を掛け合わせて推計した．なお，消費税は2019年10月から10％となったが，酒類・外食を除く飲食料品は軽減税率が適用され8％となっている．平均消費税率推計の8.45％の根拠は，次のとおりである．同年1～9月までの9か月分は8％，10～12月までの3月分は売上高に占める軽減税率適用売上割合10％（日本ショッピングセンター協会『SC白書2019』によると，2019年に新規開店したテナント数に占める食販売の割合は11.9％），その他の売上割合を90％とみると，平均消費税率は8％×9か月／12か月＋8％×3か月／12か月×0.1＋10％×3か月／12か月×0.9＝8.45％となる．2020年以降は，税抜き売上高に平均消費税率推計9.8％を掛け合わせて推計した．これは売上高に占める軽減税率8％適用売上割合を10％とみたものである．なお，商業動態統計調査は消費税込みの売上高である．

(出所) 日本ショッピングセンター協会『SC白書2023年』，および経済産業省『商業動態統計年報』（各年版）より作成．

146館に次ぐ145館が開店している．大店立地法時代に入った2001年の新規開店
は36館と大きく減少したが，その後は増加基調となり，2007年に89館，2008年
は88館の新規開店があった．しかし，2006年 5 月の都市計画法改正（2007年11
月施行）によって大規模集客施設の立地が規制される中で，新規開店数は大き
く減少することになる．同法の改正は，床面積 1 万 m² 超の大規模集客施設は，
「商業地域」「近隣商業地域」「準工業地域」においてのみ立地可能となり，そ
れ以外の場所に立地しようとするときは，都市計画の決定または変更を要する
こととされたものである．このように都市計画的出店規制が強化された中でも，
2009〜2016年（2012年を除く）は50館を超える新規開店がみられたが，それ以降
は50館を下回り，コロナ禍に入った2021年は24館，2022年は36館の新規開店に
とどまっている．

　次に，小売業売上高（自動車・燃料も含む）に占める SC の割合をみると，
1980年代の大店法規制強化期の停滞傾向を脱して，1991年10.4％から，1995年
15.3％，2007年20.1％と，大きく増加した．その後はしばらく停滞傾向にあっ
たが，2014年以降は再び増加傾向に転じ，コロナ禍前の2019年には23.9％に達
している．しかし，コロナ禍 1 年目の2020年は18.7％まで落ち込み，その後は
やや回復しているものの，コロナ禍 3 年目の2022年でも20.0％にとどまってい
る．

⑵　新規開店 SC の店舗面積の推移

　図 2 - 2 は，新規に開店した SC の店舗面積の推移である．これをみると，
2008年の244万6000 m² をピークに大きく減少している．2006年 5 月の都市計
画法改正（2007年11月施行）による大規模集客施設の立地規制の影響が大きいと
考えられる．

⑶　SC 数・店舗面積の推移

　図 2 - 3 は，SC 数，店舗面積の前年比増加率をみたものである．SC 数の前
年比増加率をみると，2009年以降は 1 ％台以下の増加率となり，2019年以降は
減少に転じている．店舗面積の前年比増加率をみても2009年以降は増加率が大
きく縮小している．

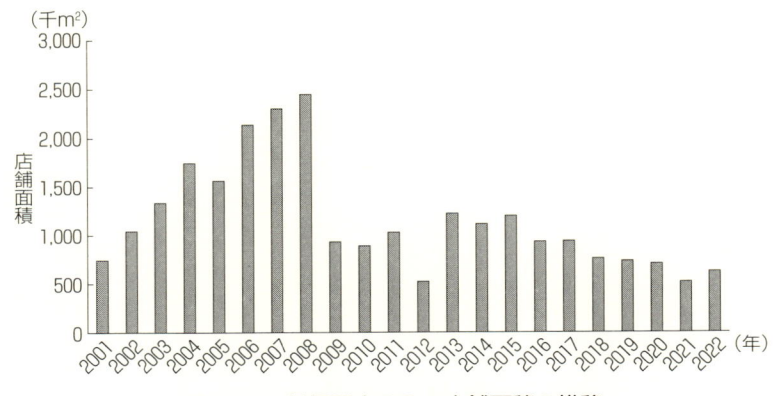

図 2 - 2　新規開店 SC の店舗面積の推移

（出所）日本ショッピングセンター協会『SC 白書』（各年版）より作成.

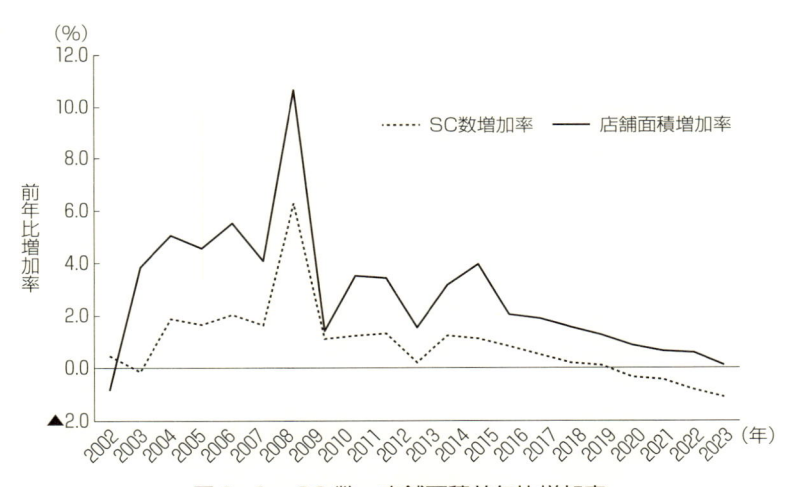

図 2 - 3　SC 数・店舗面積前年比増加率

（出所）日本ショッピングセンター協会『SC 白書2024年』より作成.

(4)　SC の売上高増加率

　図 2 - 4 は，小売業計（自動車・燃料を除く），および SC の前年比売上高増加率を比較したものである．両者ともに，2003〜2011年まではほぼ横ばいで，同じような傾向を示していたが，2012年からコロナ禍前の2019年までは SC の前年比売上高増加率の方が明らかに高い．しかし，コロナ禍 1 年目の2020年はSC の前年比売上高増加率は▲21.1％と大きく落ち込み，同 2 年目の2021年に

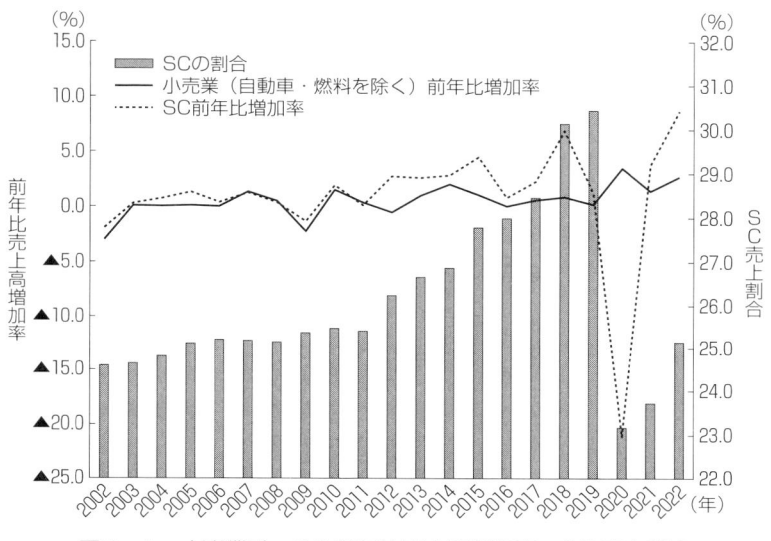

図2‐4　小売業計・SC 前年比売上高増加率，SC 売上割合

（注）SC の売上高については，図2‐1の注釈と同じ.
（出所）日本ショッピングセンター協会『SC 白書2023年』，および経済産業省『商業動態統計年報』（各年版）より作成.

前年比3.8％増，同 3 年目の2022年にも前年比8.7％増とやや回復したものの，コロナ禍前の水準には戻っていない．ちなみに，コロナ禍前の2019年と比べたコロナ禍 3 年目の2022年の売上高は，「小売業計（自動車・燃料を除く）」では2019年113兆9380億円，2022年122兆8690億円，7.8％増，他方「SC」では2019年34兆6708億円，2022年30兆8425億円，▲11.0％減となっている.

　また，小売業計（自動車・燃料を除く）売上高に占める SC の割合は，2002年に24.6％，2011年に25.4％と微増傾向にあった．その後，2012年からコロナ禍前の2019年までは，小売業計（自動車・燃料を除く）の売上高増加率よりも，SC の売上高増加率の方が上回っていたため，その割合は2012年26.2％，2015年27.8％，2019年30.4％と増加した．しかし，コロナ禍 1 年目の2020年は23.2％と大きく減少し，その後はやや回復傾向にあるとはいえ，2022年でも25.1％にとどまっている.

⑸　SC の立地

　表2‐1は，SC の開設年次別に，中心市街地立地である「中心地域」の割

表2-1　開設年次・立地別 SC 数（旧立地区分）

	中心地域	周辺地域	郊外地域	計	中心地域の割合（％）
〜1960年代	58	46	16	120	48.3
1970年代	145	110	161	416	34.9
1980年代	155	145	258	558	27.8
1990年代	143	227	633	1,003	14.3
2000年代	111	165	577	853	13.0
2010〜2015年	51	114	161	326	15.6
総　計	663	807	1,806	3,276	20.2

（注1）2012年までは2012年12月末時点で営業中の SC，2013〜2015年は新規開店の SC.
（注2）日本ショッピングセンター協会の旧立地区分（2015年まで）の「中心地域」は「当該市町村の商業機能が集積した中心市街地」，「周辺地域」は「中心地域に隣接した商業・行政・ビジネスなどの都市機能が適度に存在する地域」，「郊外地域」は「都市郊外で住宅地・農地などが展開されている地域」を指す.
（出所）2012年までは日本ショッピングセンター協会編『JCSC40年の記録』日本ショッピングセンター協会，2013年，37ページ，2013〜2015年は日本ショッピングセンター協会「我が国 SC の現況」（https://www.jcsc.or.jp/sc_data/data/overview，2024年6月30日アクセス）より作成.

合をみたものである．1960年代以前の開設では48.3％と約半数を占めていたが，1970年代開設34.9％，1980年代開設27.8％，1990年代開設14.3％と大きく低下し，以降も2000年代開設13.0％，2010〜2015年開設15.6％，2015年開設までの総計でも20.2％と，SC の立地は1990年代にかけて急速に郊外化したといえる．

　なお，日本ショッピングセンター協会の立地区分は2016年から変更された．旧立地区分では「中心地域」は人口規模による限定はなかったが，新立地区分では人口15万人以上の「中心地域」に限定された．この新立地区分による「中心地域」立地の割合は，2015〜2022年開設では17.3％となっている．旧立地区分の「中心地域」の2000年代開設の13.0％，2010〜2015年開設の15.6％と比べると，新立地区分の「中心地域」は対象が限定されたにもかかわらず，その割合はやや増加し，郊外化にやや歯止めがかかっているといえる．とはいえ，依然として8割以上の新規開店 SC は「中心地域」以外の立地である[15]．

3．SC テナントの動向

(1)　SC の業種別テナント数とその業種別割合

　表2-2は，SC の業種別テナント数について，2010〜2022年にかけての13

表 2-2　SC の業種別テナント数とその割合の推移

（単位：店，%）

	物　販	飲　食	サービス	計
2010年	90,707(66.1)	24,949(18.2)	21,474(15.7)	137,130(100.0)
2011年	94,504(65.9)	25,958(18.1)	22,908(16.0)	143,370(100.0)
2012年	96,101(65.3)	26,606(18.1)	24,371(16.6)	147,078(100.0)
2013年	97,539(64.9)	27,277(18.2)	25,377(16.9)	150,193(100.0)
2014年	98,887(64.6)	27,769(18.1)	26,390(17.2)	153,046(100.0)
2015年	100,167(64.5)	28,090(18.1)	27,052(17.4)	155,309(100.0)
2016年	99,465(63.6)	28,166(18.0)	28,692(18.4)	156,323(100.0)
2017年	99,735(63.1)	28,403(18.0)	29,833(18.9)	157,971(100.0)
2018年	100,486(62.9)	28,901(18.1)	30,380(19.0)	159,767(100.0)
2019年	101,057(62.7)	29,255(18.1)	30,915(19.2)	161,227(100.0)
2020年	100,220(62.0)	29,344(18.1)	32,179(19.9)	161,743(100.0)
2021年	101,511(61.9)	29,683(18.1)	32,798(20.0)	163,992(100.0)
2022年	101,591(61.7)	29,802(18.1)	33,260(20.2)	164,653(100.0)

（出所）日本ショッピングセンター協会『SC 白書』（各年版）より作成.

年間の推移をみたものである．まず，SC 数は2010年の3050館から2022年は3133館へと，83館の増加にとどまっている．しかし，SC1 館あたりの平均店舗面積は，2010年の 1 万4485 m² から2022年の 1 万7247 m² へと2762 m² 増加し，大規模化していることもあって，テナント総数は2010年の13万7130店から2022年の16万4653店へと 2 万7523店，20.1％増加している．

　SC テナントの業種別割合の推移をみると，「飲食」の割合は18.0〜18.2％とほぼ同じ水準で推移しているのに対して，「物販」割合の減少，「サービス」割合の増加傾向が明確である．「物販」の割合は，2010年66.1％，2014年64.6％，2018年62.9％，2019年62.7％，コロナ禍 3 年目の2022年は61.7％まで減少している．他方，「サービス」の割合は，2010年15.7％，2014年17.2％，2018年19.0％，2019年19.2％，2022年は20.2％まで増加している．

　この13年間の増加テナント数を業種別にみると，「物販」1 万884店増（12.0％増），「飲食」4,853店増（19.5％増），「サービス」1 万1786店増（54.9％増）となっており，「サービス」は1.5倍以上に増加，増加テナントの実数でも「サービス」が「物販」を上回り，SC のサービス化が進んでいる[16]．

(2) SCの「キーテナント」「一般テナント」売上高増加率

図2-5は，SCの既存店を「キーテナント」と「一般テナント」に区分して，前年比売上高増加率をみたものである．キーテナントの多くは総合スーパーあるいは食品スーパーであるが，「キーテナント」の前年比売上高増加率は，コロナ禍で大きく落ち込んだ2020年の反動でわずかに増加した2021年と2022年を除いて，すべての年においてマイナスとなっている．

また，コロナ禍の2021年に「一般テナント」の前年比売上高増加率が▲24.8％減（「キーテナント」▲12.1％減）と大きく落ち込んだのを除いて，「一般テナント」の売上高増加率の方が高く（あるいは売上高減少率が低く，2002年の売上高減少率は「一般テナント」「キーテナント」ともに同じ），「キーテナント」である総合スーパーや食品スーパーよりも，「一般テナント」の方が好調である．

(3) SCテナントの初回契約期間と入居継続率

日本ショッピングセンター協会の調査によると，テナントとの契約期間は，

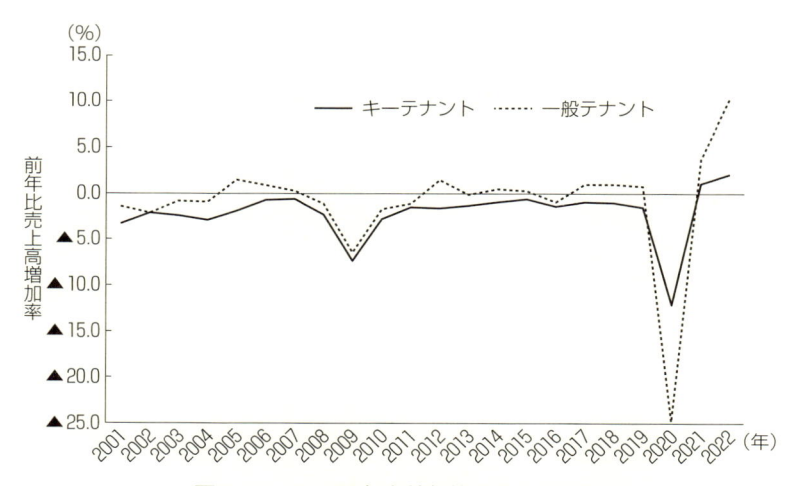

図2-5　SC既存店前年比売上高増加率

(注) 2022年のSC数3,133館のうち，「キーテナントあり」2,364館，「キーテナントなし」769館，「キーテナントあり」2,364館のうち1核1,904館，2核402館，3核以上58館，1核1,904館のうち「総合スーパー」815館，「食品スーパー」800館，「ディスカウントストア」80館，「専門店」66館，「百貨店」65館，「ホームセンター」36館，「生協」36館，「その他」6館，2核402館のうち「食品スーパー＋ホームセンター」139館，「食品スーパー＋専門店」102館，「総合スーパー＋ホームセンター」37館，「食品スーパー＋ドラッグストア」23館，「その他」101館となっている．

(出所) 日本ショッピングセンター協会『SC白書2023年』より作成.

2012年度調査において「物販」初回契約期間4.5年（再契約期間3.8年），「飲食」同5.9年（同4.3年），「サービス」同4.5年（同3.9年）となっている[17]．飲食テナントは物販テナントよりも契約期間が長いことについて，池澤威郎は次のように指摘している．「飲食テナントは物販テナントに比して売上額が見込めないながらも，厨房等の初期投資もかさむので比較的長めの投資回収を図る必要がある[18]」．

　また，ザイマックス不動産総合研究所では，独自の調査結果に基づいて次のように指摘している[19]．SC の賃貸店舗の初回契約期間は，2022年調査において「5〜8年」が48％を占める．その背景として，SC ではデベロッパーが定期的（一般的には5〜6年ごと）にリニューアルを実施して施設価値の維持・向上を図っていることがある．

　同研究所は，SC の平均入居期間と入居継続率について2000〜2015年のデータを用いて分析し，次のように指摘している[20]．SC テナントの平均入居期間は10.7年であり，6年目のテナント年間退去率は約18％と他の年次よりも突出して高い．その理由として，日本の SC 開発をリードしている「イオンモール」や「ららぽーと」をはじめ，近年，SC 開業時のテナント初回契約期間・形態は，「6年定期借家契約」が最も多いことがあげられる．デベロッパーは施設の資産価値を維持向上させるため，初回の契約期間が満了となる6年目のタイミングにあわせてリニューアル（テナントの入れ替え等）を実施することが多い．結果，テナント入居継続率の大幅な低下につながっていることがうかがえる．

　さらに，SC テナントを「150坪以上」「150坪未満」と契約面積別に分類し，入居期間を推計すると，契約面積が「150坪以上」のテナントの平均入居期間は18.8年（225か月）と長い．これらのテナントは SC において（準）核店舗の役割を担い，契約期間が10〜20年と長く設定されるケースも多く，リニューアルの際に入れ替えの対象にはならないことが背景にあると考えられる．また，契約面積が「150坪未満」のテナントの平均入居期間は約10年（119か月）であり，6年目のテナント年間退去率が約21％と突出して高くなっている．しかし，6年目を過ぎると退去のペースがなだらかになり，6年経過時のリニューアルの際に再契約したテナントは，比較的長期間入居し続けている．

4．イオンモールの動向

(1) 一般テナントの業種別売上高増加率比較

　表2-3は，イオンモールの「一般テナント」[21]の業種別に，前年度比売上高増加率の推移をみたものである．全般的に，「衣料品」および「服飾品」は「合計」の前年度比売上高増加率を下回り，逆に「食品」「ホビー」「雑貨」は「合計」の前年度比売上高増加率を上回る傾向がある．

　コロナ禍3年目の2022年度には，「サービス」は依然として大きな影響を受けており，「シネマ」「飲食」でも影響が残っているが，「アミューズメント」はコロナ禍前の2019年度をやや上回るまでに回復している．物販の一般テナントでは，「衣料品」および「服飾品」において影響が残っているが，「食品」「雑貨」「ホビー」ではコロナ禍前の水準を上回っている．すなわち，コロナ禍により，これまでも停滞していた「衣料品」および「服飾品」の停滞傾向が増幅され，これまで比較的好調であった「食品」「ホビー」「雑貨」ではコロナ禍による影響は軽微であったといえる．

表2-3　イオンモール一般テナント業種別前年度比売上高増加率

（単位：％）

		2013年度	2014年度	2015年度	2016年度	2017年度	2018年度	2019年度	2020年度	2021年度	2022年度（2019年度比）
合　計		0.4	▲1.8	▲1.7	▲1.1	2.2	1.5	1.1	▲24.0	8.4	10.2 （▲9.2）
一般テナント	衣料品	0.8	▲2.9	▲3.6	▲4.3	▲1.0	▲1.7	▲2.8	▲25.1	4.4	6.5 （▲16.7）
	服飾品	0.9	▲1.8	▲2.3	▲3.2	▲1.2	▲1.5	▲1.7	▲23.7	5.4	7.6 （▲13.5）
	雑貨	▲0.3	▲1.0	0.0	1.7	6.8	4.8	5.6	▲11.7	13.8	5.9 （6.4）
	ホビー	—	—	—	0.7	3.6	1.4	3.0	▲8.6	7.4	5.7 （3.8）
	食品	—	—	—	5.1	9.4	4.3	7.5	▲8.3	12.8	7.0 （10.6）
	飲食	0.9	▲0.8	0.1	0.1	2.2	1.6	1.0	▲33.8	13.9	18.2 （▲10.9）
	アミューズメント	▲3.9	▲1.2	0.5	3.3	▲0.6	5.2	8.1	▲27.4	20.9	17.2 （2.9）
	シネマ	—	—	—	—	▲6.7	5.6	9.1	▲47.8	24.5	32.6 （▲13.8）
	サービス	3.9	▲2.9	▲0.9	▲1.3	4.2	3.9	0.0	▲51.2	9.0	26.7 （▲32.6）

（注1）2021年度は2021年度（2019年度比）および2020年度（2019年度比），2022年度は2022年度（2019年度比）および2021年度（2019年度比）より算出した．
（注2）表中の網掛けは合計よりも2.0ポイント以上高いもの．下線斜体は合計の増加率よりも2.0ポイント以上低いものを示す．
（出所）イオンモール「決算説明会資料」（各年度版）より作成．

(2)　大手小売企業 3 社とイオンモールの営業利益比較

　図 2 - 6 は，大手小売企業 3 社の営業利益と，SC のデベロッパー最大手である「イオンモール」の営業利益を比較したものである．これによると，「イオンモール」の営業利益は2019年度まではやや増加傾向にあったが，コロナ禍の2020〜2022年度には大きく減少している．他方，「セブン - イレブン」の営業利益は，横ばいないしはやや減少傾向にはあるとはいえ，2000億円を超える営業利益を維持している．「ユニクロ（ジーユー含む）」および「ニトリ」の営業利益は，ともに増加傾向にある．

　コロナ禍 3 年目の2022年度の営業利益は，「セブン - イレブン」2320億円，「ユニクロ（ジーユー含む）」1523億円，「ニトリ」1401億円と続き，「イオンモール」の364億円を大きく上回っている．とはいえ，コロナ禍前の2018年度の「イオンモール」の営業利益額528億円は，上場小売企業240社の第 4 位に相当する水準であり，コロナ禍の2022年度の営業利益364億円も，2018年度からはかなり減少したとはいえ，上場小売企業235社の第15位に相当する高い水準である．

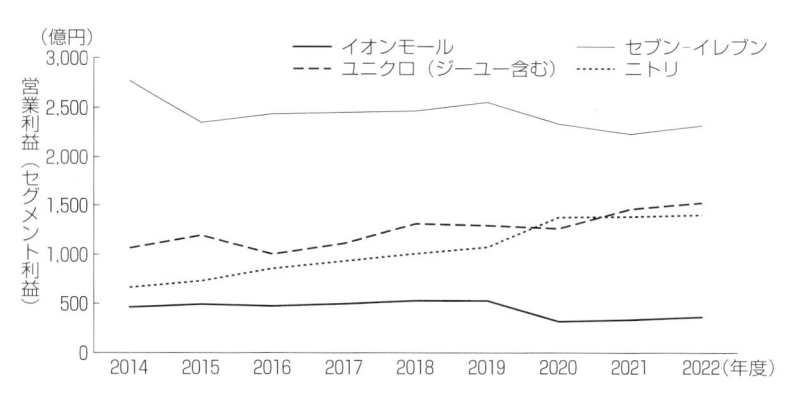

図 2 - 6　大手小売企業 3 社とイオンモールの営業利益比較

（注）「イオンモール」は国内モール事業のセグメント利益（ 2 月決算，2022年度は2023年 2 月期），「セブン - イレブン」はセブン＆アイ HD の国内コンビニエンスストア事業のセグメント利益（ 2 月決算，2022年度は2023年 2 月期），「ユニクロ（ジーユー含む）」の2015年以前はファーストリテイリングの国内ユニクロ事業のセグメント利益，2016年度以降は国内ユニクロ事業とジーユー事業の合計のセグメント利益（ 8 月決算，2022年度は2022年 8 月期），「ニトリ」の2020年度以前はニトリ HD の連結営業利益，2021年度と2022年度は島忠事業を除くニトリ事業のセグメント利益（ 2 月決算，2022年度は2023年 2 月期）．

（出所）イオンモール「決算説明資料」，セブン - イレブン「決算補足資料」，ファーストリテイリング「決算短信」，ニトリ「決算短信」（いずれも各年度版）より作成．

　ちなみに，大手小売企業3社の立地をみると，「セブン - イレブン」はほとんどが単独立地であるのに対して，「ニトリ」は単独立地を基本としつつも，約3分の1の店舗はSCなどにテナントとして出店，「ユニクロ」は約3分の2の店舗がSCなどにテナントとして出店している．3社ともに集積効果に依存して集客している面は少なく，単独でも強い集客力をもっているが，「ユニクロ」「ニトリ」はSCなどにテナントとして出店することにより，他のテナントの集客に貢献しているといえる[22]．

5．SCの売場効率

(1)　主要小売業態とSCの売場効率比較

　図2-7は，SCも含む主な小売業態の売場効率（1m²あたりの年間売上高）の推移をみたものである．売場効率の水準は，総じて「食品スーパー」が最も高く，次に「百貨店」「SC」と続き，「大型スーパー（売場面積1500m²以上，以下同じ）」および「ドラッグストア」の水準は低い．しかし，その推移をみると，「食品スーパー」「大型スーパー」「ドラッグストア」は一定の水準を維持して

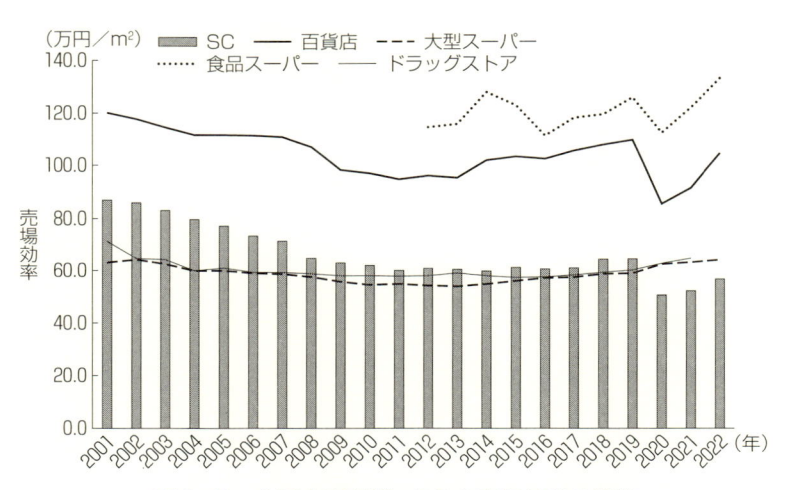

図2-7　主要小売業態・SCの売場効率の推移

（出所）「SC」は日本ショッピングセンター協会『SC白書』（各年版），「百貨店」および「大型スーパー」は経済産業省『商業動態統計年報』（各年版），「食品スーパー」は全国スーパーマーケット協会『スーパーマーケット白書』（各年版），「ドラッグストア」は日本ホームセンター研究所『ドラッグストア経営統計』（各年版）より作成．

表2-4　中心市街地立地SCの売場効率の推移

（単位：万円／m²）

	2011年	2013年	2015年	2017年	2019年	2011～2019年 増加率（％）
SC 計	60.0	60.4	61.2	61.0	64.6	7.7
大都市中心地域	108.6	116.2	112.2	126.7	127.2	17.1
中都市中心地域	76.1	78.2	75.2	80.5	82.2	8.0

（注）「中心地域」は，当該市町村の商業機能が集積した中心市街地であり，うち
　　「大都市中心地域」は札幌・仙台・千葉・東京都特別区，川崎・横浜・名古
　　屋・京都・大阪・神戸・広島・福岡・北九州の各市，「中都市中心地域」は大
　　都市を除く人口15万人以上の都市.
（出所）日本ショッピングセンター協会『SC白書』（各年版）より作成.

おり，コロナ禍でも落込みはみられなかった．他方，「SC」および「百貨店」
は低下傾向が続いていたものの，「百貨店」は2013年，「SC」も2014年を底に，
やや上昇に転じた．しかし，コロナ禍により，「百貨店」「SC」ともに再び大
きく落ち込んでいる．

(2)　中心市街地立地 SC の売場効率

　表2-4は，先に図2-7でみたSCの売場効率の低下が底を打ち，少しずつ
回復し始めた2011年以降の中心市街地立地のSCの売場効率の推移をみたもの
である．これによると，大都市中心地域立地の売場効率はSC計をかなり上
回って上昇しており，2011年の108.6万円／m²からコロナ禍前の2019年は
127.2万円／m²になっている．

　なお，コロナ禍前の2019年におけるSC計の売場効率は64.6万円／m²であ
るが，これを立地別にみると「大都市中心地域」127.2万円／m²，「中都市中
心地域」82.2万円／m²，「周辺地域」55.0万円／m²となっている．「大都市中
心地域」の売場効率127.2万円／m²は，「百貨店」全体の109.6万円／m²を上
回る水準である．逆に，「周辺地域」の売場効率55.0万円／m²は，「ドラッグ
ストア」全体の60.2万円／m²，「大型スーパー」全体の58.9万円／m²をやや下
回る水準である[23]．

む　す　び

　1990年代以降に，郊外立地を中心に急速に成長してきたSCは，2007年に施

行された改正都市計画法により，郊外への出店が大きく制約されることになり，その総数も2019年以降は減少に転じている．小売業売上高に占めるSCの割合は，1980年に6.6％，1990年に10.1％，2000年に19.5％，コロナ禍前の2019年は23.9％となった．コロナ禍においては売上高が大きく減少し，2023年になってもコロナ禍前の水準を回復するには至っていない[24]．SCの立地は，バブル期に向けた地価高騰と，モータリゼーションが進展する中で郊外化が進んだ．中心市街地商業が衰退を続ける一方で，SCは大きく成長してきたが，近年はその増勢に陰りがみられるようになっている．

　SCの既存店売上高増加率について，総合スーパーや食品スーパーが多い「キーテナント」と，「一般テナント」を比べると，「キーテナント」は，コロナ禍で大きく落ち込んだ2020年の反動でわずかに増加した2021年を除いて，すべてがマイナスである．逆に，「一般テナント」の売上高増加率は，コロナ禍を除いて「キーテナント」よりも高い．「キーテナント」がSCの集客の核となるという構図から，一部の有力専門店チェーンが集客を牽引する構図へと変化しつつある．

　SCテナントの業種別割合の推移をみると，「飲食」割合は横ばい傾向にあるが，「物販」割合の減少，「サービス」割合の増加傾向，いわばSCのサービス化が進んでいる．また，イオンモールの「一般テナント」の業種別に前年度比売上高増加率の推移をみると，「衣料品」および「服飾品」は「合計」の前年度比売上高増加率を下回り，逆に「食品」「ホビー」「雑貨」は「合計」を上回っている．コロナ禍により，これまでも停滞していた「衣料品」および「服飾品」の停滞傾向が増幅され，これまで比較的好調であった「食品」「ホビー」「雑貨」ではコロナ禍による影響は軽微であったといえる．

　SCも含む主な小売業態の売場効率を比べると，その水準は総じて「食品スーパー」が最も高く，次に「百貨店」「SC」と続き，「大型スーパー」および「ドラッグストア」の水準は低い．しかし，その推移をみると，「食品スーパー」「大型スーパー」「ドラッグストア」は一定の水準を維持しており，コロナ禍でも落込みはみられない．他方，「SC」および「百貨店」は低下傾向が続いていたものの，「百貨店」は2013年，「SC」も2014年を底に，やや上昇に転じた．しかし，「百貨店」「SC」ともに，コロナ禍により再び大きく落ち込んでいる．

注

1 ）　北島啓嗣「ショッピングセンター（SC）のダイナミック・ケイパビリティ」『経済学論叢』第53巻第 5 ・ 6 号，2013年 3 月，65-66ページ．

2 ）　池澤威郎『小売業と不動産業の境界領域に関する研究──百貨店とショッピングセンターのビジネスシステム──』同友館，2023年，viiページ．

3 ）　筒井光康「ショッピングセンターの革新性とその変容」『小売業の業態革新』中央経済社，2009年，147-148ページ．

4 ）　日本ショッピングセンター協会『SC 白書2023』， 2 ページ．

5 ）　小島ファッションマーケティング研究所によると，売上高を公表しているアウトレットモール（三井不動産のアウトレットパーク，三菱地所・サイモンのプレミアム・アウトレット，および軽井沢プリンスショッピングプラザ）は，コロナ禍前の2019年度に計22施設，その売上高は7274億円，これに売上高を公表していない15施設を加えた全37施設の売上高の推計は8280億円，売上高を公表しているアウトレットモールの売上高はアウトレットモール全体の売上高の87.9％を占めると推計している（小島健輔「訪日客の消失を超えてアウトレットモール再拡大の条件」2020年 4 月 6 日，https://www.wwdjapan.com/articles/1067379，2024年 6 月30日アクセス）．これによると，2019年度における SC の売上高に占めるアウトレットモールの売上高の割合は，売上高を公表しているアウトレットモールで2.0％，売上高非公表のアウトレットモールを含めると2.4％となる．なお，アウトレットモールの売上高（売上高公表モールのみ）および SC の売上高に占める割合の推移をみると，2005年度売上高2106億円，売上割合0.8％（売上高公表モール数12施設），2010年度同4297億円，同1.6％（同19施設），2015年度同6748億円，同2.2％（同22施設）に達してからは停滞傾向にあり，2019年度同7274億円，同2.1％（同22施設）となっている．また，JR 東日本の子会社である駅ビル「ルミネ（NEWoMan 新宿を含む）」のテナント売上高は2015年度3255億円（14施設），2019年度3328億円（14施設）（ルミネ HP，http://www.lumine.co.jp/profile/，2024年 6 月30日アクセス）であり，SC の売上高に占める割合は2015年度1.0％，2019年度1.0％となっている．なお，SC の売上高は日本ショッピングセンター協会に基づいて算出（前掲の図 2 - 1 の注釈を参照のこと）．

6 ）　石原武政『商業組織の内部編成』千倉書房，2000年，170ページ．

7 ）　石原武政「大店法規制緩和後の商業集積」『流通政策（流通政策研究所）』第46号，1991年12月，8-9ページ．

8 ）　石原武政「地域商業の動向と行政の役割」『マーケティングジャーナル』第11巻第 3 号，1992年 1 月，38ページ．

9 ）　田村正紀『立地創造』白桃書房，2008年，211-212ページ．

10）　門傳藍香「Studies on Rent System of Retailers in Shopping Center（ショッピングセンターにおける小売企業の賃料システムに関する理論的研究）」（神戸大学大学院経営学研究科 博士論文），2018年 3 月．なお，賃料と共益費を別徴収している場合の売上高対賃料比率の平均（2022年）は，物販店舗10.32％，飲食店舗11.05％，これに加えて共益費2.20％，賃料と共益費からなる総合賃料で徴収している場合は物販店舗12.13％，飲食店舗では14.14％である．立地別にみると，大都市（札幌市，仙台市，さいたま市，千葉市，東京都特別区，川崎市，横浜市，名古屋市，京都市，大阪市，

神戸市，広島市，北九州市，福岡市）の「中心地域」立地の負担が相対的に大きく，賃料と共益費を別徴収している場合は物販店舗13.55%，飲食店舗13.56%，これに加えて共益費2.64%，賃料と共益費からなる総合賃料で徴収している場合は物販店舗15.43%，飲食店舗15.80%となっている（日本ショッピングセンター協会『SC賃料・共益費2023年』）.

11) 北島啓嗣「ショッピングセンター（SC）のダイナミック・ケイパビリティ」『経済学論叢』第53巻第5・6号，2013年3月，78ページ.

12) 池澤威郎『小売業と不動産業の境界領域に関する研究——百貨店とショッピングセンターのビジネスシステム——』同友館，2023年，143-144ページ.

13) 南方建明『日本の小売業と流通政策』中央経済社，2005年，141-142ページ.

14) 日本ショッピングセンター協会の調べに基づいて，SCの開店年とその後閉店した割合（および商業施設としては存続しているがSCの定義から外れ，対象外となった割合）を開店年の区分別にみると，「1960年代以前の開店」で2022年末までに閉店した割合61.4%（対象外となった割合11.0%），「1970年代の開店」閉店割合60.3%（対象外割合9.1%），「1980年代の開店」同45.6%（同9.2%），「1990年代の開店」同20.0%（同9.9%），「2000年代の開店」同6.1%（同3.6%），「2010年代以降の開店」同1.1%（同1.4%）となっている.「1980年代以前の開店」では閉店割合54.0%（対象外割合9.4%）に達し，半数以上のSCが閉店している（日本ショッピングセンター協会『SC白書2023』2023年，68ページより算出）.

15) 「中心地域」立地として区分されることが多いとみられる駅ビルおよび地下街立地がSC全体に占める割合は，2021年現在で「駅ビル」4.8%（149館），「地下街」1.1%（33館）となっている（日本ショッピングセンター協会『SC白書2023年』）.

16) 日本経済新聞社は，㈱リゾームSCトレンド研究所によるテナント出退店データ（大型商業施設や駅ビルなど約3500施設が対象）を分析し，SCへの入居テナントの動向について次のように分析している（『日本経済新聞』2023年2月20日）.「サービス・エンタメ」は2018年1月〜2023年1月の5年間で約12%増え，全体の約3割を占めるようになった.2018年に3割あった「ファッション・ファッション雑貨」は，2018〜2023年で約16%減った.消費低迷で減少傾向だったところにコロナで大量閉店を迫られ，店舗数最多の座を2021年8月に「サービス・エンタメ」に明け渡した.企業別にみると，サービス系で増加が多いテナントは，「買取大吉」（113店増）など中古品買い取り店が目立つ.コロナ下の巣ごもりで不用品を処分する人が増え，物価高で値ごろな中古品需要も高まっている.「スーモカウンター」（102店増）や「保険見直し本舗」（72店増）といった相談窓口，「そろばん教室88くん」（99店増）など教育系も上位に並ぶ.保険は火災保険料の引き上げや物価高を受け，見直しニーズが高まっている.エンタメは「namco」（40店増）などゲームセンター，カラオケ店「まねきねこ」（10店増）などが上位だった.

17) 日本ショッピングセンター協会「SCの定期借家契約の契約期間について（2012年度賃料・共益費調査）」『SC Japan today』第447号，2012年4月，71ページ.

18) 池澤威郎『小売業と不動産業の境界領域に関する研究——百貨店とショッピングセンターのビジネスシステム——』同友館，2023年，143-144ページ.

19) ザイマックス不動産総合研究所「商業店舗の出退店に関する実態調査2022年（出店

編）──出退店の実態と課題を明らかにする──」2022年8月18日．調査対象は，個
人消費を目的とした小売業（食品）・小売業（非食品）・飲食業・娯楽業・サービス業
のうち，直近調査年度の売上高が30億円以上の5458社，2022年6月調査．

20)　ザイマックス不動産総合研究所「ショッピングセンターのテナントはどれくらい入
　　居し続けるか？─平均入居期間と経年による入居継続率の変化について─」2016年3
　　月23日．調査対象は，ザイマックスグループで管理運営実績のある，下記に該当する
　　テナント．テナント数30，または店舗面積5000坪以上のSC入居テナント（20施設／
　　1510テナント），オフィスビル入居の商業テナント（236棟／730テナント）．調査対象
　　期間は2000年1月〜2015年12月．

21)　イオンモールの国内賃貸面積はコロナ禍前の2019年度（2020年2月期）に514万
　　8000 m²，これに対してSCの総店舗面積は2019年末で5365万2000 m²，イオンモールの
　　割合は9.6%，同様にイオンモールの2022年度（2023年2月期）の国内賃貸面積は575
　　万4000 m²，SCの総店舗面積は5435万 m²，イオンモールの割合は10.6%となっている
　　（日本ショッピングセンター協会『SC白書』，イオンモール「決算説明会資料」より
　　作成）．

22)　2022年12月末現在で，ファーストリテイリングは「ユニクロ」ブランドで885店舗出
　　店しているが，うち単独店は379店（42.8%），SCなどの商業集積に出店506店（57.2
　　%），同様にニトリHDは「ニトリ」ブランドで487店舗出店しているが，うち単独店
　　は327店（67.1%），SCなどの商業集積に出店160店（うち4店は自らがデベロッパー
　　であるニトリモールに出店）している（32.9%）（両社の店舗一覧から集計）．

23)　SCの立地別の売場効率は，日本ショッピングセンター協会『SC白書2020年』．な
　　お，2019年度における駅ビル「ルミネ（NEWoMan新宿を含む）」の売場効率は164.6
　　万円／m²であり，「大都市中心地域」立地のSCの平均127.2万円／m²よりも約30%
　　高い（売上高はルミネHP，http://www.lumine.co.jp/profile/，2024年6月30日アク
　　セス，店舗面積は日本ショッピングセンター協会『SC白書2020』，一部の店舗の面積
　　は東洋経済新報社『全国大型小売店総覧2020』による）．

24)　2023年のSC売上高は33兆8470億円（消費税込み推計）まで回復したが，コロナ禍
　　前の2019年の34兆6710億円と比較すると，やや下回っており，コロナ禍前の水準には
　　戻っていない．小売業売上高に占めるSCの割合をみても，2019年の23.9%から，
　　2023年には回復したとはいえ20.7%にとどまっている（日本ショッピングセンター協
　　会『SC白書2024年』，および経済産業省『商業動態統計年報』）．

第3章 大規模小売店と小規模小売店・商店街の動向
—— 大規模小売店舗の出店と
商店街における零細小売店の減少 ——

はじめに

　本章では，中心市街地商業や SC において集客の核となっている大規模小売店舗，および中心市街地商業や商店街など自然発生的に形成された地域商業において，その集積効果の下で存続してきた小規模小売店に焦点をあてて考察する．まず，大店法時代の大型店出店規制の変遷と大規模小売店舗届出件数の推移，および大店立地法下での店舗面積1000 m² 以上の大規模小売店舗の開店数の推移を店舗面積規模別・小売業態別に明らかにし，さらに大規模小売店舗に出店する小売業態・小売企業について分析する．

　次に，年々衰退傾向を強めている商店街を構成する店舗の多くを占める零細小売店，および商店街の動向について，時系列的に明らかにする．零細小売店としては「従業者数 2 人以下」「売場面積50 m² 未満」「単独店」，小売業態としては商業統計表（業態別統計編）における「専門店・中心店」に着目して，その商店数および販売割合の減少状況について分析する．次に，商業集積立地の優位性について，大規模小売店舗内立地，商業集積地区内立地，商業集積地区外立地の売場効率に着目して，商業集積立地の優位性がどの程度存在しているかについて分析する．さらに，中小企業庁「商店街実態調査」に基づいて，商店街の景況，商店街が抱える問題点について明らかにする．

Ⅰ．大規模小売店舗の開店と出店する小売業態・小売企業

⑴　大型店出店規制の変遷と大規模小売店舗出店の届出（大店法下）
①　大型店出店規制の変遷（大店法下）

　表 3－1 は，1956年 6 月の第二次百貨店法施行から2000年 5 月末の大店法廃止までの大型店出店規制の変遷を整理したものである．大店法（1974年 3 月施

表 3-1　大型店出店規制の変遷年表

百貨店法期	1956年6月	第二次百貨店法施行（店舗面積1,500 m² 以上，東京都特別区・政令指定都市3,000 m² 以上）
	1970年9月	通商産業省企業局長通達「大規模小売業者の店舗の新設等について」（特定店舗の新増設の通商産業局への届出，地元との調整）（注1）
	1972年11月	通商産業省企業局長通達「特定店舗の新増設等について」（特定店舗を対象に開・閉店時間や休日について必要に応じた勧告）（注2）
	1973年10月	大店法公布，総需要抑制策に基づく出店抑制措置（1973年10月末から1974年9月まで）（注3）
大店法導入期	1974年3月	大店法施行（店舗面積1,500 m² 以上，東京都特別区・政令指定都市3,000 m² 以上，企業主義から店舗主義へ）
	1978年11月	改正大店法公布，同年3月および7月通商産業省産業政策局長通達「駆込み新増設の自粛について」（注4）
	1979年5月	改正大店法施行（店舗面積500 m² 超1,500 m² 未満を調整対象に追加）（第二種大規模小売店舗は法施行後5か月間適用除外，改正大店法附則）
大店法規制強化期	1981年10月	通商産業省「大型店問題対処方針」（届出自粛指導）（注5）
	1982年2月	通商産業省産業政策局長通達「大規模小売店舗の届出に係る当面の措置について」（出店表明・事前説明制度，出店抑制地域の導入，個別企業に対する出店抑制指導）
	1984年3月	通商産業省産業政策局長通達「大規模小売店舗の届出に係る今後の運用について」（1982年措置を継続）
	1987年6月	大店審会長談話「今後の大店法の運用について」（事前説明の適正化，出店調整処理期間の短縮）
大店法規制緩和期	1990年5月	大店法運用適正化（出店調整処理期間を1年半以内に短縮，すべての届出の受理，閉店時刻・休業日数の届出不要基準の緩和，出店抑制地域の実質的廃止）
	1992年1月	改正大店法及び輸入品専門売場特例法施行（種別境界面積の引き上げ，商調協の廃止，出店表明・事前説明制度の廃止，出店調整処理期間を1年以内に短縮）
	1994年5月	大店法の運用基準緩和（1,000 m² 未満の出店の原則自由化，閉店時刻・休業日数の届出不要基準の緩和）
	1997年12月	産業構造審議会・中小企業政策審議会合同会議 大店法廃止・大店立地法制定答申
	1998年6月	大店立地法公布
大店立地法期	2000年6月	大店立地法施行（店舗面積1,000 m² 超） 大店法廃止（2001年1月末まで大店法下での届出・調整による出店可）

（注1）通商産業省・通商産業政策史編纂委員会編『通商産業政策史第11巻』通商産業調査会，1993年，424ページ.
（注2）『日本経済新聞』1972年10月27日.
（注3）草野厚『大店法経済規制の構造』日本経済新聞社，1992年，110-111ページ.
（注4）通商産業省・通商産業政策史編纂委員会編『通商産業政策史第13巻』通商産業調査会，1991年，525ページ.
（注5）『朝日新聞』1981年10月2日.
（出所）南方建明『日本の小売業と流通政策』中央経済社，2005年，12ページを修正.

行）が制定されて以降，第二種大規模小売店舗を調整対象に追加する改正大店法（1979 年 5 月改正施行），1982 年 2 月には出店表明・事前説明制度および出店抑制地域が導入され，同時に個別企業に対する出店抑制指導[2]が実施されるなど，1970 年代末から1980 年代にかけては大店法規制強化期であった[3]．1990 年代に入ってからは規制が大幅に緩和され，1990 年 5 月には出店抑制地域の実質的廃止などの大店法運用適正化措置実施，種別境界面積の引き上げ，商業活動調整協議会（商調協）の廃止，出店表明・事前説明制度の廃止などの改正大店法（1992 年改正施行）[4]，1994 年 5 月には1000 m^2 未満の出店原則自由化[5]，閉店時刻・休業日数の届出不要基準の緩和などが実施された[6]．そして，2000 年 6 月に大店立地法が施行され，大店法は廃止されることになった．なお，大店立地法は大規模小売店舗を対象としている点では大店法と類似性をもっているが，大店法が大型店の経済活動を直接規制する「経済的規制」であったのに対して，大店立地法は大規模小売店舗周辺の住民の生活環境の保持を目的とする「社会的規制」であるという点で，全く性格を異にするものである．

　本章においては統計データを整理するため，大型店出店規制の変遷によって次の 5 つの時代に区分している．「百貨店法期（1973年以前）」は1956年 6 月の第二次百貨店法施行，「大店法導入期（1974〜1981年）」は1974年 3 月の大店法施行，「大店法規制強化期（1982〜1990年）」は1981年10月の大型店問題対処方針（届出自粛指導），「大店法規制緩和期（1991年以降）」は1990年 5 月の大店法運用適正化，「大店立地法期（2001年以降）」は2000年 6 月の大店立地法施行に着目した．

② 大規模小売店舗出店届出件数・開店件数の推移（大店法下）

　表 3 - 2 から大規模小売店舗届出件数の推移をみると，「大店法規制強化期」である1980年代は届出が大幅に抑制されており，1990年代の規制緩和を受けて届出が急増した．しかし，長引く消費低迷による企業業績の悪化もあって，1998年度からは特に第二種大規模小売店舗において届出件数が減少傾向にあった．なお，経過措置として2001年 1 月末までは大店法下での届出・調整による出店が認められたが，大店立地法下での出店は 8 か月の手続期間に工期を加えると，1 年間程度の出店空白期間が生じることもあって，大店立地法公布（1998年 6 月）以降は，面積規模の大きな店舗において，いわゆる「駆け込み出店」ともいえる動きがみられた[7]．

　表 3 - 2 は新設届出ベースの件数であるが，**表 3 - 3** は店舗面積1000 m^2 超の

74

表3-2　大規模小売店舗届出件数の推移（大店法下）

年　　　度		第一種大規模小売店舗	第二種大規模小売店舗	計
既存の届出		1,847	9,764	11,611
大店法導入期	1974年度	399		399
	1975年度	281	—	281
	1976年度	264	—	264
	1977年度	318		318
	1978年度	243	—	243
	1979年度	576	1,029	1,605
	1980年度	371	424	795
	1981年度	194	308	502
大店法規制強化期	1982年度	132	270	402
	1983年度	125	276	401
	1984年度	156	288	444
	1985年度	158	349	507
	1986年度	157	370	527
	1987年度	203	365	568
	1988年度	244	411	655
	1989年度	332	462	794
	1990年度	881	786	1,667

年　　　度	第一種大規模小売店舗	第二種大規模小売店舗	計
1991年度	486	906	1,392
1992年度	388	1,304	1,692
1993年度	312	1,094	1,406
1994年度	426	1,501	1,927
1995年度	528	1,678	2,206
1996年度	523	1,746	2,269
1997年度	528	1,588	2,116
1998年度	401	1,280	1,681
1999年度	384	954	1,338
2000年（4～5月）	5	22	27
計	10,862	27,172	38,034

（注1）大店法第3条第1項（新設）および第3条の2第1項（種別変更）の届出.
（注2）第一種大規模小売店舗：建物内の店舗面積の合計が3,000 m²（東京都特別区・政令指定都市6,000 m²）以上のもの.ただし、1992年1月30日以前の届出については、同1,500 m²（同3,000 m²）以上のもの.
第二種大規模小売店舗：建物内の店舗面積の合計が3,000 m²（東京都特別区・政令指定都市6,000 m²）未満のもの.ただし、1992年1月30日以前の届出については、同1,500 m²（同3,000 m²）未満のもの.
（出所）通商産業省「大規模小売店舗の届出状況」（各年度版）より作成.

大規模小売店舗の状況を開店店舗数ベースでみたものである．大店法下の開店件数は規制が緩和されていった1993年から毎年800店を超える開店となっている．

(2)　大規模小売店舗の開店（大店立地法下）
① 店舗面積規模別開店数（大店立地法下）
表3-4は，大規模小売店舗の開店数の推移を店舗面積規模別にみたもので

表 3 - 3　開店年別大規模小売店舗数（店舗面積1,000 m² 超）の推移（大店法下）

1990年以前	8,749
1991年	497
1992年	689
1993年	839
1994年	800
1995年	885
1996年	868
1997年	996
1998年	879
1999年	803
2000年	1,124

（注）2000年は大店法下での届出・出店が認められた2001
年 1 月までの開店.
（出所）東洋経済新報社『全国大型小売店総覧2002年』よ
り作成.

ある．開店数の総計は大店立地法が施行された翌々年の2002年，および近年の2019〜2021年は400店台であったが，その他は2004年の724店を最高に，500〜600店台で推移している．しかし，表 3 - 3 にみるように，大店法規制緩和期の1993〜2000年までは毎年800店を超えていたことと比べると，開店数は大きく減少している．

　店舗面積規模別にみると，「1000 m² 超2000 m² 未満」という比較的規模の小さな店舗の開店が増加しており，2011年以降は継続して200店を超え，2022年には大店立地法下では最大の391店となっている．開店数総計に占める「1000 m² 超2000 m² 未満」店舗の割合は，2012年以降は 4 割を超え，2020年に 5 割超，2021年からは 6 割超に達している．一方，「2000 m² 以上3000 m² 未満」店舗の開店は2004年の191店をピークに減少傾向にあり，2019年以降は100店未満となっている．同様に，「3000 m² 以上8000 m² 未満」店舗の開店も2004年の218店をピークにやや減少傾向にあり，2019年以降は100店前後となっている．「8000 m² 超」店舗の開店は，2003〜2007年までは100店を超えていたが，2007年11月の改正都市計画法の施行により，床面積 1 万 m² 超の大規模集客施設は「商業地域」「近隣商業地域」「準工業地域」においてのみ立地可能となり，

表3‐4　店舗面積別・開店年次別大規模小売店舗開店数（大店立地法下）

	1,000 m^2 超 2,000 m^2 未満	2,000 m^2 以上 3,000 m^2 未満	3,000 m^2 以上 8,000 m^2 未満	8,000 m^2 以上	計
2002年	109	99	160	66	434
2003年	192	108	187	103	590
2004年	209	191	218	106	724
2005年	178	161	181	132	652
2006年	164	147	215	118	644
2007年	203	131	205	116	655
2008年	194	135	194	64	587
2009年	268	89	156	29	542
2010年	162	128	182	48	520
2011年	211	123	141	57	532
2012年	251	128	171	36	586
2013年	277	151	195	65	688
2014年	297	134	186	47	664
2015年	287	116	172	52	627
2016年	228	113	141	35	517
2017年	268	89	156	29	542
2018年	269	108	139	24	540
2019年	224	85	116	33	458
2020年	237	64	109	33	443
2021年	292	56	82	24	454
2022年	391	79	118	27	615

（注1）全国大型小売店総覧の発行年の前年に開店した店舗数を当該年の開店数とした.
（注2）2007年11月末に施行された改正都市計画法では，床面積10,000 m^2 超の店舗，映画館，アミューズメント施設，展示場などの大規模集客施設の立地は，原則として「近隣商業地域」「商業地域」「準工業地域」にしか認められないこととなった.
（出所）東洋経済新報社『全国大型小売店総覧』（各年版）より作成.

　それ以外の場所に立地しようとするときは，都市計画の決定または変更を要するとされたこともあって，2008年以降は二桁の開店となり，2016年以降の開店は30店前後で推移している.
　すなわち，大規模小売店舗の開店数の総計には大きな変化はないものの，店舗面積規模別にみると「1000 m^2 超2000 m^2 未満」という比較的規模の小さな店舗の開店が多くを占めるようになっている.

② 小売業態別開店数（大店立地法下）

　表3-5は，小売業態別に大規模小売店舗の開店数をみたものである．これによると，その多くが「食品スーパー（総合スーパー含む）」および「専門店」である．コロナ禍前の2019年は総計で458店が開店しているが，このうち「専門店」が223店（総計の48.7％），「食品スーパー（総合スーパー含む）」が192店（総計の41.9％）を占めている．コロナ禍3年目の2022年は総計で615店と2015年以来の600店超の開店となったが，「専門店」の出店が大店立地法下では最大の383店（総計の62.3％）となり，「食品スーパー（総合スーパー含む）」も188店（総計の30.6％）を占めている．

(3)　大規模小売店舗に出店する小売業態・小売企業

① 小売業態別の出店

　表3-5にみるように，小売業態別に大規模小売店舗の開店数をみると，「専門店」および「食品スーパー（総合スーパー含む）」の割合が2008年度以降は8割を超え，2020年度以降は9割を超えているが，近年急成長している「ドラッグストア[8]」は専門店に含まれているため，その実態を把握することはできない．

　そこで**表3-6**は，経済産業省「大規模小売店舗立地法新設届出の概要」を用いて，コロナ禍前の届出となる2019年度，およびコロナ禍での届出となる2021年度と2022年度について，大規模小売店舗立地法新設届出の中で小売業者名として記載がある企業を「ドラッグストア」も含む小売業態別に抽出したものである．

　これによると，コロナ禍前の2019年度は「ドラッグストア」34.9％（届出件数に対する割合，以下同じ），「食品スーパー（総合スーパー含む）」25.7％，2021年度は「ドラッグストア」51.4％，「食品スーパー（総合スーパー含む）」23.7％，2022年度は「ドラッグストア」43.8％，「食品スーパー（総合スーパー含む）」22.1％となっており，「ドラッグストア」が大きな割合を占め，次に「食品スーパー（総合スーパー含む）」が続いている．

② 小売企業別の出店

　表3-7は，大規模小売店舗への主な出店企業をみたものである．特に，「コスモス薬品」が2019年度届出61件，2021年度届出136件，2022年度届出116件と突出している．

表 3 - 5　小売業態別・開店年次別大規模小売店舗開店数（大店立地法下）

	百貨店	食品スーパー（総合スーパー含む）	ホームセンター	専門店	SC	寄合百貨店	小売市場	その他	計
2002年	3	163	52	179	17	8	0	12	434
2003年	1	250	76	206	25	21	0	11	590
2004年	1	282	65	286	31	21	1	37	724
2005年	1	241	47	255	33	13	2	60	652
2006年	3	235	58	260	35	9	0	44	644
2007年	4	229	45	281	35	18	0	43	655
2008年	1	246	49	277	32	15	0	23	643
2009年	1	229	46	270	11	17	0	13	587
2010年	0	238	51	199	9	20	0	3	520
2011年	2	237	55	208	18	12	0	0	532
2012年	0	272	66	231	8	9	0	0	586
2013年	0	264	73	312	18	20	0	1	688
2014年	0	264	64	305	21	10	0	0	664
2015年	0	238	70	281	29	9	0	0	627
2016年	1	197	62	218	21	17	0	1	517
2017年	0	239	46	232	17	8	0	0	542
2018年	0	226	45	253	9	7	0	0	540
2019年	0	192	27	223	10	6	0	0	458
2020年	1	167	31	217	8	19	0	0	443
2021年	0	155	20	264	10	3	0	2	454
2022年	0	188	23	383	9	12	0	0	615

（注1）全国大型小売店総覧の発行年の前年に開店した店舗数を当該年の開店数とした.
（注2）業態の定義は次のとおりである. 百貨店：原則として衣食住に関する各種商品を扱う小売業を営み，主として対面販売方式を採るもの，月賦百貨店も含める. スーパー：主としてセルフサービス販売方式を採る小売業を営むもの（食品スーパーは，このうち主として食料品を扱うもの）. ホームセンター：DIY 関連用品など住関連用品を主として扱い，セルフサービス販売方式を採るもの. 専門店：衣料，家具，家電，書籍，医薬品など，主として単品（関連商品を含む），ないしは特定分野の商品を扱う小売業を営むもの. SC：業態の異なる複数の小売店舗が「核となる小売店」を中心に集まり，これらに加えて飲食・サービス・アミューズメント施設なども配置されている一連の商業施設. 寄合百貨店：以上の諸業態に該当せず，核店舗がなく（あっても全体に占めるウェイトが低く），複数の業種の多数の店舗から成るもの. 小売市場，その他：以上の7業態のいずれにも該当しないもの.
（出所）東洋経済新報社『全国大型小売店総覧』（各年版）より作成.

表3-6　大規模小売店舗に出店する小売業態

	2019年度	2021年度	2022年度
ドラッグストア（一部薬局を含む）	152件（34.9%）	347件（51.4%）	240件（43.8%）
食品スーパー（総合スーパー含む）	112件（25.7%）	160件（23.7%）	121件（22.1%）
ホームセンター	40件（9.2%）	47件（7.0%）	36件（6.6%）
ディスカウントストア	40件（9.2%）	34件（5.0%）	42件（7.7%）
家電大型専門店	21件（4.8%）	19件（2.8%）	32件（5.8%）
専門店	63件（14.5%）	61件（9.0%）	78件（14.2%）
自動車	16件（3.7%）	10件（1.5%）	11件（2.0%）
生協	6件（1.4%）	11件（1.6%）	6件（1.1%）
その他（100円ショップ，コンビニエンスストア等）	13件（3.0%）	15件（2.2%）	9件（1.6%）
合計出店件数	463件	704件	575件
届出件数	435店（100.0%）	675店（100.0%）	548店（100.0%）

（注1）大規模小売店舗立地法新設届出の中で小売業者名として記載があるものを集計した．1件の届出で複数の出店企業が記載されている場合があるため，合計出店件数は届出件数を上回っている．
（注2）「食品スーパー（総合スーパー含む）」の内訳は，2019年度は「食品スーパー」99件，「総合スーパー」13件，2021年度「食品スーパー」145件，「総合スーパー」15件，2022年度「食品スーパー」107件，「総合スーパー」14件である．
（出所）経済産業省「大規模小売店舗立地法新設届出の概要」（各年度版）より作成．

2．商店街における零細小売店の減少と商店街の動向

(1)　商店街形成地区における零細小売店の動向

① 零細小売店商店数の推移

　図3-1は，「従業者数2人以下」「売場面積50m² 未満」「単独店」について，商店数計がピークであった1982年を100.0とした長期的な推移をみたものである．商業統計調査は2014年が最終であるが，同年調査における年間販売額および売場面積は数値が得られた商店のみの集計であり，零細小売店の動向を時系列的に分析することが難しいため，比較可能な1968年調査から2007年調査までを分析対象期間とした．

　「従業者数2人以下」および「単独店」の商店数は，1979年までは「商店数計」の増加率よりも下回っているとはいえ，やや増加傾向にあった．しかし，1982年以降は「商店数計」の減少率を大きく上回る形で減少している．また，

表3‐7　大規模小売店舗に出店する小売企業

	主な小売業態	主な出店企業名（出店件数）
2019年度 （463件）	ドラッグストア（152件）	コスモス薬品（61），ドラッグストアモリ（15），クスリのアオキ（14），ツルハ（14）
	食品スーパー（総合スーパーを含む）（112件）	——
	ホームセンター（40件）	コーナン商事（13）
	ディスカウントストア（40件）	ダイレックス（18），トライアルカンパニー（14）
	家電大型専門店（21件）	ケーズデンキグループ（15）
	専門店（63件）	ニトリ（11）
2021年度 （704件）	ドラッグストア（347件）	コスモス薬品（136），クスリのアオキ（71），ツルハ（53），ドラッグストアモリ（18），ウエルシア（10）
	食品スーパー（総合スーパーを含む）（160件）	イオンリテール等（10）
	ホームセンター（47件）	コメリ（10）
	ディスカウントストア（34件）	ダイレックス（20），トライアルカンパニー（14）
	家電大型専門店（19件）	——
	専門店（61件）	ニトリ（16）
2022年度 （575件）	ドラッグストア（240件）	コスモス薬品（116），クスリのアオキ（32），ツルハ（25），ドラッグストアモリ（20），クリエイトエス・ディー（13）
	食品スーパー（総合スーパーを含む）（121件）	——
	ホームセンター（36件）	コーナン商事（10）
	ディスカウントストア（42件）	ダイレックス（18）
	家電大型専門店（32件）	ケーズデンキグループ（12），ヤマダデンキ（11）
	専門店（78件）	ニトリ（17）

（注1）大規模小売店舗立地法新設届出の中で小売業者名として記載があるものを集計した．1件の届出で複数の出店企業が記載されている場合もあるため，合計出店件数は届出件数を上回っている．

（注2）企業名は，出店件数が10件以上のもの．

（出所）経済産業省「大規模小売店舗立地法新設届出の概要」（各年度版）より作成．

「売場面積50 m² 未満」の商店数は1982年まではほぼ横ばい傾向にあったが，それ以降は「商店数計」はもちろんのこと，「従業者数2人以下」や「単独店」を大きく上回る形で減少している．

　1982〜2007年までの期間に，「商店数計」は172万1000店から113万8000店へと▲58万3000店減少している．そのうち，「売場面積50 m² 未満」の商店数は119万5000店から50万4000店へと▲69万1000店の減少，「単独店」は139万7000店から76万7000店へと▲63万店の減少，「従業者数2人以下」は103万6000店か

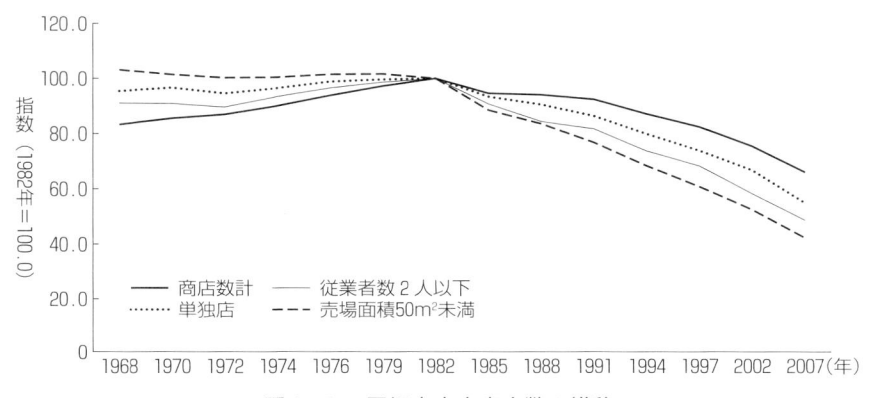

図3-1　零細小売店商店数の推移

（出所）経済産業省『商業統計表（産業編）』（各年版）より作成.

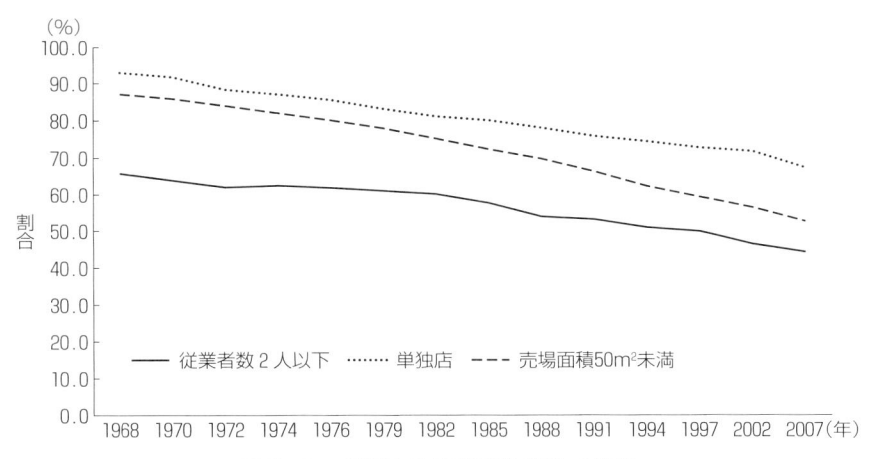

図3-2　零細小売店商店数割合の推移

（注）「売場面積50 m² 未満」は，売場面積不詳を除く商店数に占める割合.
（出所）経済産業省『商業統計表（産業編）』（各年版）より作成.

ら50万4000店へと▲53万2000店の減少となり，「商店数計」の減少は零細小売店の大幅な減少によるものといえる[9].

　図3-2は，商店数計に占める零細小売店割合の推移をみたものである．いずれもほぼ一貫して減少を続けているが，「売場面積50 m² 未満」の減少傾向が最も強く，1980年代以降はその減少傾向がやや加速している．「単独店」は1970年代以降，「従業者数2人以下」も1980年代以降は減少を続けている．

　1982年において，商店数計に占める「単独店」の割合は81.2％，「売場面積50 m² 未満」は75.2％，「従業者数 2 人以下」は60.2％を占めていた．しかし，その25年後の2007年には，商店数計に占める「単独店」の割合は67.4％（1982年対比▲13.8ポイント），「売場面積50 m² 未満」は52.7％（同▲22.5ポイント），「従業者数 2 人以下」は44.3％（同▲15.9ポイント）まで減少している．

② 商店街形成地区の零細小売店商店数・販売額の推移

　表 3 - 8 は，「商店街形成地区」[10]に立地する「専門店・中心店」[11]のうち，「従業者数 2 人以下」および「売場面積50 m² 未満」の商店数および販売額に占める割合の推移をみたものである．いずれも大幅に減少しているが，特に「売場面積50 m² 未満」の減少が大きい．さらに，商店街形成地区販売額に占める零細専門店・中心店の割合は，「従業者数 2 人以下」では1997年の7.0％から2007年は5.0％へ，「売場面積50 m² 未満」でも1997年の13.1％から2007年は10.9％へと減少している．

　次に，零細専門店・中心店の取扱商品分類別の動向をみると，特に「食料品」の減少傾向が目立っている．商店街形成地区販売額に占める「食料品」零細専門店・中心店の商店数は，「売場面積50 m² 未満」では1997年10万8000店，2002年 8 万2000店，2007年 6 万3000店，「従業者数 2 人以下」でも，1997年 7 万1000店，2002年 5 万2000店，2007年 4 万1000店と大きく減少している．販売割合をみても，「売場面積50 m² 未満」において特に大きく減少，2007年には「従業者数 2 人以下」1.1％，「売場面積50 m² 未満」3.7％とわずかなものとなっている（表 3 - 9 参照）．

表 3 - 8　商店街形成地区零細専門店・中心店商店数・販売割合の推移

	1997年	2002年	2007年
従業者数 2 人以下商店数（千店）・販売割合（％）	247(7.0)	189(5.8)	154(5.0)
売場面積50 m² 未満商店数（千店）・販売割合（％）	288(13.1)	228(12.3)	178(10.9)

　（注1）「商店街形成地区」は，駅周辺型商業集積，市街地型商業集積，住宅地背景型商業集積の合計．
　（注2）「零細専門店・中心店」は，商業統計表（業態別統計編）における専門店と中心店の合計．
　（注3）「販売割合」は，商店街形成地区販売額に占める零細専門店・中心店の割合．
　（出所）経済産業省『商業統計表（立地環境別統計編）』（各年版）より作成．

表3-9　商品分類別にみた商店街形成地区零細専門店・中心店商店数，および商店街形成地区販売額に占める零細専門店・中心店販売割合の推移

		1997年	2002年	2007年
衣料品	従業者数2人以下商店数（千店）・販売割合（%）	60(1.8)	48(1.5)	40(1.3)
	売場面積50㎡未満商店数（千店）・販売割合（%）	61(2.4)	49(2.2)	38(1.8)
食料品	従業者数2人以下商店数（千店）・販売割合（%）	71(1.9)	52(1.5)	41(1.1)
	売場面積50㎡未満商店数（千店）・販売割合（%）	108(5.2)	82(4.6)	63(3.7)
住関連	従業者数2人以下商店数（千店）・販売割合（%）	115(3.3)	89(2.8)	73(2.5)
	売場面積50㎡未満商店数（千店）・販売割合（%）	119(5.5)	96(5.5)	77(5.4)

（注）表3-8と同じ.
（出所）表3-8と同じ.

③ 業種別商店数の推移

　零細小売店の近年の状況は，商業統計調査が2014年を最後に廃止されたため，残念ながら詳細を把握することはできない．しかし，商店数については経済センサス活動調査（2021年6月現在）と比較することにより，その推移をみることが可能である．

　そこで表3-10は，小売業商店数がピークであった1982年，バブル崩壊後の1994年，そして2007年，および経済センサス活動調査の最新である2021年における商店数の推移をみたものである．[12]「小売業計」の商店数は，1982年の172万1000店から2021年は88万店へと，ほぼ半減している．「織物・衣服・身の回り品小売業」では1982年の24万3000店から2021年は11万3000店へと半数以下に減少，同様に「飲食料品小売業」でも1982年の72万6000店から2021年は25万9000店へと，ほぼ3分の1に減少している．

　商店街の主要構成業種であった食料品業種店の商店数の推移をみると，食品スーパー等の影響を受けた野菜・果実，食肉，鮮魚，いわゆる生鮮三品の商店数は，1982年を100.0とした2021年の指数で，「野菜・果実小売業」24.5，「食肉小売業」22.5，「鮮魚小売業」19.3と，ほぼ2割程度にまで減少している．

　米穀は，2004年4月の改正食糧法の施行により，それまでの登録制から届出制となり，原則自由化された．そのため，「米穀類小売業」の商店数は，1982年に4万2000店，1994年でも3万4000店を維持していたが，2007年は1万7000店，2021年にはわずか2000店にまで激減している．酒は，免許制により保護されてきたが，2001年1月に距離基準廃止，2003年9月に人口基準廃止，2006年

表3-10 業種別商店数の推移

	1982年	1994年	2007年	2021年
小売業計	1,721,465(100.0)	1,499,948(87.1)	1,137,859(66.1)	880,031(51.1)
織物・衣服・身の回り品小売業計	242,864(100.0)	225,714(92.9)	166,732(68.7)	113,470(46.7)
飲食料品小売業計	725,585(100.0)	569,403(78.5)	389,832(53.7)	258,910(35.7)
野菜・果実小売業	58,785(100.0)	40,073(68.2)	23,950(40.7)	14,379(24.5)
食肉小売業	41,371(100.0)	24,723(59.8)	13,682(33.1)	9,322(22.5)
鮮魚小売業	53,133(100.0)	34,935(65.8)	19,713(37.1)	10,244(19.3)
酒小売業	109,621(100.0)	92,436(84.3)	47,696(43.5)	24,210(22.1)
米穀類小売業	42,467(100.0)	34,139(80.4)	16,769(39.5)	2,071(4.9)
菓子小売業(製造小売)	32,895(100.0)	32,417(98.5)	30,201(91.8)	9,696(29.5)
パン小売業(製造小売)	8,688(100.0)	11,432(131.6)	11,334(130.5)	5,172(59.5)
金物小売業	21,147(100.0)	13,413(63.4)	8,119(38.4)	2,368(11.2)
荒物小売業	14,891(100.0)	9,231(62.0)	4,709(31.6)	1,295(8.7)
化粧品小売業	33,219(100.0)	31,361(94.4)	22,185(66.8)	5,457(16.4)
医薬品小売業	49,636(100.0)	55,730(112.3)	25,256(50.9)	3,655(7.4)

（注1）カッコ内は，1982年の商店数を100.0とした指数.
（注2）「医薬品小売業」は調剤薬局を除く．ただし，1982年は調剤薬局を含む商店数.
（出所）経済産業省（通商産業省）『商業統計表（産業編）』（2007年まで），総務省・経済産業省『経済セン
サス活動調査 産業別集計（卸売業，小売業に関する集計）2021年』より作成.

8月には競争激化地域で参入制限を認めた「酒類小売業緊急措置法」が廃止され，原則自由化された[13]．そのため，「酒小売業」の商店数は，1982年に11万店，1994年でも9万2000店を維持していたが，2007年に4万8000店と半減，2021年には2万4000店とさらに半減している．

　商品のオリジナル性を出しやすく，大型店やチェーン店とも差別化しうる「菓子小売業（製造小売）」においては，減少傾向ながらも商店数を維持してきた（ピークは1991年の3万3000店）が，2007年の3万店から2021年は1万店へと大きく減少した．同様に，「パン小売業（製造小売）」でも増加ないしは現状維持であった（ピークは1997年の1万3000店）が，2007年の1万1000店から2021年は5000店へと半数以下に減少している[14]．

　ホームセンターの影響を強く受けた「金物小売業」「荒物小売業」では，1982年の商店数を100.0とした2021年の指数で，それぞれ11.2，8.7と，1割程度まで激減している．また，ドラッグストアの影響を強く受けた「化粧品小売業」「医薬品小売業」では1994年以降に商店数が大きく減少し，1982年の商店

数を100.0とした2021年の指数は，それぞれ16.4，7.4まで激減している．

　次に，**表3-11**は法人商店のみであるが，2007年（商業統計調査）と2021年（経済センサス活動調査）を用いて，売場面積50m^{2}未満の零細商店数の状況をみたものである．これによると，「小売業計」「織物・衣服・身の回り品小売業計」「飲食料品小売業計」ともに，50m^{2}未満の商店数の減少率は全体の減少率を大きく上回っており，商店数全体に占める50m^{2}未満の割合はますます減少している．「飲食料品小売業」の業種別にみると，「野菜・果実小売業」「食肉小売業」「米穀類小売業」「パン小売業（製造小売）」においては，50m^{2}未満の商店の割合は大きく減少しているが，「鮮魚小売業」「酒小売業」「菓子小売業（製造小売）」では，その割合に大きな変化はない．

　同様に，**表3-12**は単独店の状況をみたものである．これによると，「小売業計」「織物・衣服・身の回り品小売業計」「飲食料品小売業計」ともに，単独店の商店数の減少率は全体の減少率を大きく上回っており，商店数全体に占める単独店の割合はますます減少している．「飲食料品小売業」の業種別にみると，「米穀類小売業」を除いて，その割合は大きく減少している．

表3-11　業種別売場面積50m^{2}未満商店数（法人商店のみ）

	計			50m^{2}未満			50m^{2}未満の割合(%)	
	2007年	2021年	2007-2021増減率(%)	2007年	2021年	2007-2021増減率(%)	2007年	2021年
小売業計	565,969	456,707	▲19.3	152,246	96,967	▲36.3	26.9	21.2
織物・衣服・身の回り品小売業計	93,112	65,307	▲29.9	20,719	9,536	▲54.0	22.3	14.6
飲食料品小売業計	158,443	111,160	▲29.8	58,330	32,602	▲44.1	36.8	29.3
野菜・果実小売業	6,584	4,437	▲32.6	2,327	1,134	▲51.3	35.3	25.6
食肉小売業	4,744	3,902	▲17.7	2,692	1,897	▲29.5	56.7	48.6
鮮魚小売業	4,621	2,297	▲50.3	2,247	1,171	▲47.9	48.6	51.0
酒小売業	14,082	7,108	▲49.5	5,414	2,459	▲54.6	38.4	34.6
米穀類小売業	4,417	2,071	▲53.1	2,922	1,239	▲57.6	66.2	59.8
菓子小売業（製造小売）	11,101	9,696	▲12.7	6,941	5,896	▲15.1	62.5	60.8
パン小売業（製造小売）	5,280	5,172	▲2.0	3,274	2,146	▲34.5	62.0	41.5

（注）「経済センサス活動調査2021年」における商店数の総計は88万31店，うち法人商店数は57万7842店（うち集計商店数は45万6707店），個人商店数は30万2189店となっている．

（出所）経済産業省『商業統計表（産業編）2007年』，総務省・経済産業省『経済センサス活動調査 産業別集計（卸売業，小売業に関する集計）2021年』より作成．

表 3 - 12　業種別単独店商店数（法人商店のみ）

	計			単独店			単独店の割合(%)	
	2007年	2021年	2007 -2021 増減率 (%)	2007年	2021年	2007 -2021 増減率 (%)	2007年	2021年
小売業計	565,969	456,707	▲19.3	213,600	129,950	▲39.2	37.7	28.5
織物・衣服・身の回り品小売業計	93,112	65,307	▲29.9	24,130	10,606	▲56.0	25.9	16.2
飲食料品小売業計	158,443	111,160	▲29.8	64,153	28,253	▲56.0	40.5	25.4
野菜・果実小売業	6,584	4,437	▲32.6	4,124	2,057	▲50.1	62.6	46.4
食肉小売業	4,744	3,902	▲17.7	2,209	1,219	▲44.8	46.6	31.2
鮮魚小売業	4,621	2,297	▲50.3	2,498	1,082	▲56.7	54.1	47.1
酒小売業	14,082	7,108	▲49.5	10,427	4,726	▲54.7	74.0	66.5
米穀類小売業	4,417	2,071	▲53.1	3,076	1,411	▲54.1	69.6	68.1
菓子小売業（製造小売）	11,101	9,696	▲12.7	4,529	3,092	▲31.7	40.8	31.9
パン小売業（製造小売）	5,280	5,172	▲ 2.0	1,844	1,093	▲40.7	34.9	21.1

（注）表 3 - 11と同じ.
（出所）表 3 - 11と同じ.

(2)　大規模小売店舗内・商業集積地区内・商業集積地区外立地の売場効率格差[15]
① 大規模小売店舗内・商業集積地区内・商業集積地区外立地の売場効率と販売割合

　地域商業の集積効果は低下傾向にあるとはいえ，小規模小売店の販売額に集積効果が何らかのプラスの影響を与えてきたことは経験的には確かである．これを実証することは困難ではあるが，集積効果を最も大きく享受できる立地は，計画的に形成され密度の高い商業集積である「大規模小売店舗内立地」，次いで多くの商店が集積している「商業集積地区内立地」であり，商店が散在している「商業集積地区外立地」は集積効果をほとんど享受できないと考えることができよう．集積効果の程度をみる指標としては，売場効率（売場面積 1 m^2 あたりの年間販売額）をとる．そして，「大規模小売店舗内立地」と「大規模小売店舗外立地」[16]，「商業集積地区内立地」と「商業集積地区外立地」の売場効率を比較することによって，地域商業の集積効果について考察したい．売場効率を立地別に比較すると，いずれの業種中分類でも高い順に「大規模小売店舗内立地」「商業集積地区内立地」「商業集積地区外立地」となっている（表 3 - 13参照）．

　また，小売業計販売額に占める「大規模小売店舗内商店（店舗面積500 m^2 以上）」の販売割合は増加傾向にあるが，1990年代後半以降の大店法規制緩和期

表3-13　大規模小売店舗内・大規模小売店舗外・商業集積地区外立地の売場効率 (1999年)

（単位：万円／m²）

品　目	大規模小売店舗内	商業集積地区内	商業集積地区外
織物・衣服・身の回り品	81.4	64.0	47.1
飲食料品	159.9	112.0	100.0
家具・じゅう器・機械器具	82.6	68.0	59.6

（注1）「大規模小売店舗内立地」の売場効率は，店舗面積500m²以上の店舗内に立地し，その売場面積が500m²未満のもの.

（注2）『商業統計表（大規模小売店舗統計編）』は，1999年調査が最終である.

（出所）通商産業省『商業統計表（大規模小売店舗統計編）（立地環境特性別統計編）1999年』より作成.

表3-14　大規模小売店舗内・商業集積地区内販売割合の推移　（単位：%）

立　地	1982年	1985年	1988年	1991年	1994年	1997年	1999年
大規模小売店舗内	47.6	50.9	53.2	57.7	56.0	64.5	65.6
商業集積地区内	48.5	48.0	51.1	47.8	46.4	47.4	46.6

（注）大規模小売店舗とは，店舗面積500m²以上の店舗.

（出所）通商産業省『商業統計表（大規模小売店舗統計編）（立地環境特性別統計編）』（各年版）より作成.

以降に急増している．他方，商業集積地区内商店の販売割合は，1988年の51.1％をピークに減少傾向にあり，1999年には46.6％と半数以下となっている（**表3-14参照**）.

②大規模小売店舗内・大規模小売店舗外立地の売場効率格差の推移

「大規模小売店舗内立地（店舗面積500m²以上）」の売場効率を100.0とした「大規模小売店舗外立地」の売場効率（売場効率格差）を売場面積規模別にみると，「30m²未満」約50，「30m²以上50m²未満」約60，「50m²以上100m²未満」約80となっており，大規模小売店舗内立地の優位性は強い．他方，「100m²以上」では概ね100であり，大規模小売店舗内立地の優位性はみられない．すなわち，100m²未満において売場効率格差が大きく，また売場面積規模が小さいほど大規模小売店舗内立地の優位性が強いことを示している（**表3-15参照**）.

しかし，売場効率格差の推移をみると，50m²未満ではほとんど変わらないが，それ以上の売場面積規模では明らかに縮小しており，大規模小売店舗内立地の優位性は弱まっている．「50m²以上100m²未満」では1991年の67.3から1999年には80.3へと，13.0ポイントも格差が縮小，「100m²以上500m²未満」でも格差は急速に縮小し，1999年には格差はほとんどなくなり，大規模小売店

表3-15 大規模小売店舗内・大規模小売店舗外立地の売場面積規模別売場効率（1999年）

売場面積	大規模小売店舗内立地 売場効率（万円／m²）	大規模小売店舗外立地 売場効率（万円／m²）	格　差 （大規模小売店舗内＝100）
10 m² 未満	451.1	244.1	54.1
10 m² 以上20 m² 未満	243.5	120.3	49.4
20 m² 以上30 m² 未満	169.6	90.2	53.2
30 m² 以上50 m² 未満	137.6	83.4	60.6
50 m² 以上100 m² 未満	106.1	85.2	80.3
100 m² 以上250 m² 未満	83.8	85.0	101.4
250 m² 以上500 m² 未満	75.1	73.1	97.3
500 m² 未満計	101.8	83.8	82.3

（出所）通商産業省『商業統計表（大規模小売店舗統計編）1999年』より作成.

表3-16 売場面積規模別大規模小売店舗内・大規模小売店舗外立地の売場効率格差の推移

売場面積	1982年	1985年	1988年	1991年	1994年	1997年	1999年
50 m² 未満	56.9	57.2	56.0	54.1	56.3	55.7	56.6
50 m² 以上100 m² 未満	69.1	69.3	69.0	67.3	73.0	75.1	80.3
100 m² 以上200 m² 未満	75.3	78.8	74.9	76.1	87.3	93.4	(101.4)
200 m² 以上500 m² 未満	69.8	84.1	77.0	76.8	79.1	87.1	(97.3)
500 m² 未満計	66.7	69.5	66.7	66.0	71.5	75.9	82.3

（注1）数字は，大規模小売店舗内立地の売場効率を100.0とした大規模小売店舗外立地の指数.
（注2）1999年調査では100〜500 m² の間の売場面積区分が200 m² から250 m² に変更されたため，それまでとの比較はできない.
（出所）通商産業省『商業統計表（大規模小売店舗統計編）』（各年版）より作成.

舗内立地は必ずしも優位とはいえない状況になっている（表3-16参照）.
　業種中分類別には，「織物・衣服・身の回り品」および「飲食料品」の「100 m² 未満」では，売場効率格差が大きいうえに，その格差もそれほど縮小傾向にはなく，大規模小売店舗内立地の優位性が強い. 他方，「織物・衣服・身の回り品」「家具・じゅう器・機械器具」の「100 m² 以上500 m² 未満」では，格差は大きく縮小している. 同規模では，3業種ともに1999年における売場効率格差は80〜90程度であり，大規模小売店舗内立地の優位性は弱い（表3-17参照）.

表3-17　業種中分類別大規模小売店舗内・大規模小売店舗外立地の売場効率格差と
その変化（1991～1999年）

売場面積	織物・衣服・身の回り品		飲食料品		家具・じゅう器・機械器具	
	1999年	1991～ 1999年	1999年	1991～ 1999年	1999年	1991～ 1999年
50m² 未満	45.4	0.4	49.8	▲ 3.5	76.1	0.9
50m² 以上100m² 未満	62.5	4.5	67.3	2.7	84.2	4.2
100m² 以上500m² 未満	78.8	16.7	83.4	4.0	91.0	29.5
500m² 未満計	67.1	11.1	66.2	3.7	91.9	20.9

（注）数字は，大規模小売店舗内立地の売場効率を100.0とした大規模小売店舗外立地の指数.
（出所）通商産業省『商業統計表（大規模小売店舗統計編）1991年，1999年』より作成.

表3-18　商業集積地区内・商業集積地区外立地の売場効率格差とその推移

品　　目	1982年	1985年	1994年	1997年	1999年
織物・衣服・身の回り品	74.0	77.7	73.1	x	73.6
飲食料品	71.6	76.4	83.0	86.0	89.3
家具・じゅう器・機械器具	87.6	89.1	95.0	90.8	87.6
小売業計	78.9	82.6	84.5	87.8	89.2

（注1）数字は，商業集積地区内立地の売場効率を100.0とした商業集積地区外立地の指数.「x」は秘匿
数字のため，算出不能であることを示す.
（注2）売場面積不詳商店を除いて集計した．なお，1988年および1991年は商業集積地区の売場面積不詳
商店の販売額が公表されていないため，また2002年は立地環境の特性づけの方法が変更されたた
め，比較できない.
（出所）通商産業省『商業統計表（立地環境特性別統計編）』（各年版）より作成.

③ 商業集積地区内・商業集積地区外立地の売場効率格差の推移

「商業集積地区内立地」の売場効率を100.0とした「商業集積地区外立地」の
売場効率（売場効率格差）の推移をみると，小売業計では1982年の78.9から1999
年には89.2となり，格差は縮小傾向にある．業種中分類別には，「織物・衣
服・身の回り品」では1985年以降，「家具・じゅう器・機械器具」では1994年
以降，売場効率格差はやや拡大傾向にある（商業集積地区内立地の優位性が強まっ
ている）．他方，「飲食料品」の売場効率格差は，1982年の71.6から1999年には
89.3となり，格差は縮小傾向にある（商業集積地区内立地の優位性は弱まっている）
（表3-18参照）.

表3-19　大規模小売店舗内立地・商業集積地区内立地の優位性とその変化

	大規模小売店舗内立地（売場面積100 m² 未満）	大規模小売店舗内立地（売場面積100 m² 以上500 m² 未満）	商業集積地区内立地
小売業計	売場面積50 m² 未満（優位性強く，維持する傾向）．売場面積50 m² 以上100 m² 未満（優位性やや強いが，弱まる傾向）．	優位性かなり弱まり，ほとんど優位性はない．	優位性弱く，さらに弱まる傾向．
織物・衣服・身の回り品	優位性強く，維持する傾向．	優位性やや強いが，かなり弱まる傾向．	優位性やや強く，さらにやや強まる傾向．
飲食料品	売場面積50 m² 未満（優位性強く，さらに強まる傾向）．売場面積50 m² 以上100 m² 未満（優位性やや強く，維持する傾向）．	優位性弱く，さらにやや弱まる傾向．	優位性弱く，さらに弱まる傾向．
家具・じゅう器・機械器具	優位性やや強く，維持する傾向．	優位性大きく弱まり，ほとんど優位性はない．	優位性弱いが，やや強まる傾向．

（出所）表3-15〜表3-18より作成．

④ 大規模小売店舗内・商業集積地区内・商業集積地区外立地の売場効率格差の推移（まとめ）

　小売業計の売場効率格差の推移をみると，商業集積地区内立地の優位性はそれほど強くはないが，さらに弱まる傾向にあり，売場面積50 m² 以上では大規模小売店舗内立地の優位性も弱まっている（表3-19参照）．

　業種中分類別には，「織物・衣服・身の回り品」「家具・じゅう器・機械器具」では，商業集積地区内立地の優位性が強まる一方で，売場面積100 m² 以上500 m² 未満では大規模小売店舗内立地の優位性が弱まっている．ただし，「織物・衣服・身の回り品」の売場面積100 m² 未満では，依然として大規模小売店舗内立地の優位性が強い．「飲食料品」では，商業集積地区内立地の優位性は弱まる傾向があるが，売場面積50 m² 未満では大規模小売店舗内立地の優位性は強い（商店街など密度の低い商業集積地区内立地ではなく，密度の高い大規模店舗内立地の優位性が強い）．

(3)　立地環境特性別売場効率

① 立地環境特性別都市区分別売場効率

　表3-20は，2007年における立地環境特性別，かつ都市区分別に売場効率お

表3‐20　立地環境特性別都市区分別売場効率・販売割合（2007年）

（単位：万円／m², %）

立地環境特性		全国		区部		市部		郡部	
		売場効率	販売割合	売場効率	販売割合	売場効率	販売割合	売場効率	販売割合
小売業計		66	100.0	95	100.0	58	100.0	52	100.0
商業集積地区		72(6)	48.0	106(11)	60.9	58(0)	43.0	50(▲2)	29.5
	駅周辺型商業集積地区	92(26)	20.4	125(30)	33.5	69(11)	14.8	56(4)	5.7
	市街地型商業集積地区	74(8)	10.7	119(24)	14.7	56(▲ 2)	9.1	51(▲1)	5.7
	住宅地背景型商業集積地区	61(▲ 5)	8.7	74(▲21)	9.5	56(▲ 2)	8.3	49(▲3)	7.4
	ロードサイド型商業集積地区	49(▲17)	7.2	53(▲42)	2.6	48(▲10)	9.5	47(▲5)	9.1
	その他の商業集積地区	58(▲ 8)	0.9	80(▲15)	0.6	56(▲ 2)	1.0	49(▲3)	2.0
オフィス街地区		80(14)	7.6	105(10)	12.1	64(6)	5.7	49(▲3)	3.3
住宅地区		65(▲ 1)	26.0	76(▲19)	19.4	62(4)	29.9	59(7)	27.2
工業地区		58(▲ 8)	7.9	73(▲22)	5.9	55(▲ 4)	9.3	54(2)	6.1
その他地区		51(▲15)	10.7	60(▲35)	1.6	51(▲ 7)	12.1	49(▲3)	33.9

（注1）売場効率，販売割合ともに，売場面積をもつ事業所について集計．
（注2）売場効率のカッコ内の数字は，計と比較した差異．
（出所）経済産業省『商業統計表（立地環境特性別統計編）2007年』より作成.

および販売割合を比較したものである．都市区分別にみて，区部，市部，郡部と売場効率が低くなることは当然として，区部計と比べて売場効率が高い立地環境特性は「駅周辺型商業集積」プラス30万円／m²，「市街地型商業集積」プラス24万円／m²，「オフィス街地区」プラス10万円／m²，市部計と比べて売場効率が高い立地環境特性は「駅周辺型商業集積」プラス11万円／m²となっており，郡部では特に売場効率が高い立地環境特性はない．すなわち，売場効率面で優位といえる立地は，区部の中心部（駅周辺，市街地，オフィス街），市部の駅周辺にとどまっていることがわかる．これらは，その販売割合でも他の都市区分と比べて高く，売場効率と販売割合には明らかな相関がみられる．

② 立地環境特性別商品分類別専門店・中心店売場効率

　表3‐21は，立地環境特性別，かつ商品分類別に売場効率を比較したものである．2007年において，小売業計と比べて売場効率が高い立地環境特性は，衣料品および住関連では「駅周辺型商業集積」「市街地型商業集積」「オフィス街地区」，すなわち中心部である．衣料品では，これらの立地環境特性の販売割合も高い（3つの立地環境特性の合計で64.5%）ことが特徴であり，逆に住関連で

表3‐21　立地環境特性別商品分類別「専門店・中心店」売場効率・販売割合の推移

(単位：万円／m²，%)

小売業計				衣料品			
	売場効率	販売割合			売場効率	販売割合	
立地環境特性	2007年 (1997～ 2007年)	2007年 (1997～ 2007年)		立地環境特性	2007年 (1997～ 2007年)	2007年 (1997～ 2007年)	
駅周辺型商業集積地区	89(▲14)	20.2(▲1.1)		駅周辺型商業集積地区	75(▲16)	36.8(0.7)	
オフィス街地区	79(▲30)	9.6(3.0)		市街地型商業集積地区	57(▲15)	20.5(▲3.2)	
市街地型商業集積地区	68(▲15)	11.3(▲2.8)		オフィス街地区	56(▲27)	7.2(1.9)	
専門店・中心店計	**64(▲16)**	100.0		**専門店・中心店計**	**52(▲15)**	100.0	
工業地区	62(▲18)	7.6(2.6)		ロードサイド型商業集積地区	48(▲10)	10.4(5.8)	
住宅地区	61(▲12)	24.7(0.3)		その他の商業集積地区	47(▲ 4)	1.3(0.3)	
その他の商業集積地区	58(▲14)	1.1(▲0.2)		工業地区	41(▲10)	3.1(0.8)	
住宅地背景型商業集積地区	55(▲15)	8.2(▲3.6)		住宅地背景型商業集積地区	35(▲17)	6.9(▲3.4)	
ロードサイド型商業集積地区	53(▲17)	5.9(2.3)		住宅地区	35(▲14)	10.2(▲2.1)	
その他地区	48(▲14)	11.1(▲0.1)		その他地区	26(▲11)	3.0(▲0.5)	
食料品				住関連			
駅周辺型商業集積地区	104(▲19)	16.6(▲0.8)		駅周辺型商業集積地区	96(▲ 8)	17.0(▲1.4)	
工業地区	98(▲21)	6.7(1.4)		オフィス街地区	81(▲32)	10.3(2.8)	
オフィス街地区	93(▲27)	9.3(3.8)		市街地型商業集積地区	72(▲12)	9.5(▲3.2)	
ロードサイド型商業集積地区	90(▲20)	3.4(0.7)		**専門店・中心店計**	**65(▲14)**	100.0	
その他の商業集積地区	87(▲11)	1.7(0.0)		住宅地区	63(▲ 8)	28.0(1.7)	
市街地型商業集積地区	82(▲25)	8.8(▲1.7)		工業地区	60(▲15)	9.4(3.6)	
専門店・中心店計	**73(▲20)**	100.0		住宅地背景型商業集積地区	58(▲10)	7.9(▲3.3)	
住宅地区	69(▲22)	27.3(▲0.9)		その他の商業集積地区	53(▲16)	0.9(▲0.4)	
住宅地背景型商業集積地区	69(▲23)	10.9(▲3.7)		ロードサイド型商業集積地区	51(▲17)	5.5(1.8)	
その他地区	47(▲12)	15.4(1.6)		その他地区	50(▲17)	12.0(▲0.3)	

(注1)「専門店」は，非セルフサービス方式（売場面積の50%以上において，セルフサービス方式を採用していない），かつ商品分類番号（5桁）の上位3桁あるいは4桁のいずれかの販売額が90%以上の事業所．「中心店」は，非セルフサービス方式，かつ衣・食・住のいずれかが50%以上の事業所．
(注2)売場効率，販売割合ともに，売場面積をもつ事業所について集計．
(注3)カッコ内は，1997年と比較した2007年の差異．
(出所)経済産業省（通商産業省）『商業統計表（立地環境特性別統計編）1997年，2007年』より作成．

はこれらの立地環境特性の販売割合は低い（3つの立地環境特性の合計で36.8%）．食料品では「駅周辺型商業集積」の売場効率は高いといえるが，その他の立地環境特性では目立った傾向はみられない．1997年と2007年の売場効率を比べると，いずれの立地環境特性および商品分類でも低下しているが，とりわけ「オフィス街地区」の低下が目立ち，中心市街地が疲弊している影響を受けているものとみられる．

(4)　商店街の実態

① 商店街の景況の推移

中小企業庁『商店街実態調査』によると，商店街の景況（「繁栄」「停滞」「衰退」の3段階評価のうち，「停滞」および「衰退」と回答している割合，「無回答」を除いて算出）は，1970年度60.5%，1975年度67.8%，1981年度87.1%，1985年度88.9%，1990年度91.5%，1993年度96.0%，1995年度97.2%，2000年度97.6%，2003年度97.7%と調査を重ねるごとに増加してきた．2006年度からは5段階評価となったため，時系列的にみることはできなくなったが，肯定的に評価する割合は，2006年度「繁栄」および「停滞しているが上向きの兆し」6.4%，2009年度「繁栄」および「繁栄の兆し」3.0%，2012年度同3.3%，2015年度同5.4%，2018年度同6.0%，コロナ禍の2021年度[17]は同4.6%と，商店街の景況は極めて厳しい状況にある．

2018年度調査と2021年度調査において，「繁栄」および「繁栄の兆しあり」とする商店街をタイプ別にみると，「近隣型商店街」2021年度2.9%（2018年度3.3%），「地域型商店街」同5.8%（同7.0%），「広域型商店街」同10.6%（同17.9%），「超広域型商店街」同20.0%（同29.5%）となっており，商圏範囲の狭い商店街ほど「繁栄」とする割合が小さい．これを商店街が所在する都市の人口規模別にみると，「政令指定都市・東京都特別区」2021年度6.7%（2018年度9.3%），「30万人以上」同5.4%（同7.6%），「10〜30万人」同3.8%（同4.7%），「10万人未満」同2.2%（同2.4%）となっており，人口規模が小さい商店街ほど「繁栄」とする割合が小さい．

② 商店街の問題点

商店街の問題点（3つまで複数回答[18]）として「大型店との競合」をあげる割合は，1990年度38.5%，2006年度23.9%，2009年度17.8%，2012年度20.1%，2015年度17.0%，2018年度16.8%，コロナ禍の2021年度は11.8%と減少傾向にある．他方，「後継者問題」をあげる割合は，1990年度18.3%，2006年度31.4%，2009年度51.3%，2012年度63.0%，2015年度64.6%，2018年度64.5%，コロナ禍の2021年度は72.7%と大きく増加している．1990年度当時と比較して近年は，ほとんどの商店街において近隣に大型店が出店するなど，大型店の影響が強まっているとみられるものの，「後継者問題」という商店街内部の問題点の方が強く意識されている[19]．

　2018年度調査と2021年度調査における商店街の問題点をみると，「経営者の高齢化等による後継者問題」2021年度72.7％（2018年度64.5％），「店舗等の老朽化」同36.4％（同38.6％），「集客力が高い・話題性のある店舗・業種が少ないまたはない」同30.5％（同36.9％）など商店街内部の問題点が上位を占め，「商圏人口の減少」同29.8％（同35.5％），「大型店との競合」同11.8％（同16.8％）という商店街外部の問題点よりも強く意識されている．

③ コロナ禍の商店街

　表3－22は，コロナ禍前（2019年10月1日時点）と比較した，コロナ禍（2020年10月1日時点）における商店街の売上高および客数の状況をみたものである．商店街計では，売上高「30〜50％程度減少」46.8％，「50％以上減少」30.5％と，商店街計で77.3％もの商店街が売上高30％以上の減少となっている．商店街タイプ別には，超広域型商店街における減少が大きく，売上高30％以上減少とする割合が93.1％に達している．

　同様に，コロナ禍前と比べたコロナ禍の客数をみると，商店街計では客数「30〜50％程度減少」44.3％，「50％以上減少」27.0％と，商店街計で71.3％の商店街が客数30％以上の減少となっている．商店街タイプ別には，超広域型商店街における減少が大きく，客数30％以上減少とする割合が86.3％に達している．

　コロナ禍による影響を受けた理由としては，商店街計では「例年実施しているイベントが中止になったため」54.2％，「休業・時短要請があったため」52.6％，「飲食業店舗が多いため」48.0％と続いている．商店街のタイプ別には，超広域型商店街では「コロナ禍前は観光客が中心」57.8％，広域型商店街では「休業・時短要請があったため」64.2％，「飲食業店舗が多いため」56.3％が目立っている．

む　す　び

　わが国の大規模小売店舗の出店は大店法下においては，「大店法導入期」「大店法規制強化期」「大店法規制緩和期」など，大型店出店規制の変遷によって大きな影響を受けてきた．2000年代以降の大店立地法下における大規模小売店舗の開店数は，総数では大きな変化はないものの，店舗面積規模別には

表 3 - 22　コロナ禍における商店街の動向

（単位：%）

		商店街計	近隣型商店街	地域型商店街	広域型商店街	超広域型商店街
2019年10月1日時点と2020年同時点を比べた商店街の売上高	50%以上減少	30.5	29.0	31.4	33.0	50.0
	30～50%程度減少	46.8	47.3	46.1	47.4	43.1
	10～30%程度減少	19.6	20.1	19.9	17.2	6.9
	0～10%程度減少	3.0	3.5	2.4	2.3	0.0
	増加	0.2	0.1	0.3	0.0	0.0
	計	100.0	100.0	100.0	100.0	100.0
2019年10月1日時点と2020年同時点を比べた商店街の来街者数	50%以上減少	27.0	25.6	27.1	33.8	46.6
	30～50%程度減少	44.3	44.3	45.1	41.7	39.7
	10～30%程度減少	24.6	25.8	23.8	21.1	12.3
	0～10%程度減少	3.8	4.0	3.7	2.9	1.4
	増加	0.3	0.3	0.3	0.5	0.0
	計	100.0	100.0	100.0	100.0	100.0
コロナ禍による影響を受けた理由（M. A. 3つまで）	コロナ禍前は観光客が中心	13.0	9.9	14.0	19.9	57.8
	コロナ禍前は近隣の学校や会社に通う人が中心	18.9	19.1	17.8	25.0	14.1
	飲食業店舗が多いため	48.0	47.8	47.0	56.3	48.4
	休業・時短要請があったため	52.6	52.5	50.6	64.2	56.3
	例年実施しているイベントが中止になったため	54.2	54.3	55.6	51.1	37.5
	回答商店街数	100.0	100.0	100.0	100.0	100.0

（注）無回答を除いて算出.
（出所）中小企業庁『商店街実態調査報告書2021年度』より作成.

「1000 m² 超2000 m² 未満」という比較的規模の小さな店舗の開店が多くを占めるようになっている．また，小売業態別にみると，近年はその多くが「ドラッグストア」と「食品スーパー」である．

　次に，商店街を構成する零細小売店の減少，および商店街の動向について，時系列的に分析した．商店街形成地区における零細小売店の動向をみると，1982～2007年までの期間に，「商店数計」は172万1000店から113万8000店へと

▲58万3000店減少している．そのうち，「売場面積50 m² 未満」は▲69万1000店，「単独店」は▲63万店，「従業者数 2 人以下」は▲53万2000店の減少となっており，「商店数計」の減少は零細小売店の大幅な減少によるものといえる．

近年の状況をみると，「小売業計」の商店数は1982年の172万1000店から2021年には88万店へと，ほぼ半減している．「織物・衣服・身の回り品小売業」では1982年の24万3000店から2021年は11万3000店へと半数以下に減少，同様に「飲食料品小売業」でも1982年の72万6000店から2021年は25万9000店へと，ほぼ 3 分の 1 にまで減少している．商店街形成地区の販売割合，さらには商店街形成地区に立地する小規模小売店の販売割合も低下の一途をたどり，また売場効率からみた商店街形成地区に立地する優位性も失われつつある．

商店街形成地区における零細小売店の大幅な減少，さらには商店街立地の優位性が失われていく中で，商店街の景況は著しく悪化し，商圏範囲の狭い商店街ほど，また人口規模の小さい地域に立地する商店街ほど衰退傾向が強い．衰退の要因としては，「大型店との競合」よりも，「後継者問題」や「店舗等の老朽化」など商店街内部の問題の方が強く意識されている．

注

1 ）　第二次百貨店法が施行された1956年当時は百貨店が唯一の大型店であり，様々な小売業態はその後進出した．スーパーはすでに存在していたが，当時はまだほとんど影響力を持つ存在ではなかった．詳しくは，南方建明「戦後百貨店の復興——1930年代から1950年代の動向分析を通して——」『大阪商業大学商業史博物館紀要』第22号，2024年 2 月を参照のこと．

2 ）　個別企業に対する出店抑制指導については，日経流通新聞編『大型店新規制時代の小売業』日本経済新聞社，1982年，22-24ページ，および日経流通新聞編『流通経済の手引1983年』日本経済新聞社，1982年，29-34ページを参照のこと．

3 ）　「大店法規制強化期」においては，地方自治体の条例や要綱による店舗面積500 m² 以下の中規模店規制が多くみられた．1983年 9 月現在（日本経済新聞社調査），18都道府県，390市町村が規制を実施，都道府県による規制の下にある市町村も含めると1675市町村（全市町村数の51.5％）（日経流通新聞編『流通経済の手引き1985年』日本経済新聞社，65ページ），さらに1988年 9 月現在（日経流通新聞調査）では，18都道府県，843区市町村（東京都特別区を含む）が規制を実施，都道府県による規制の下にある区市町村も含めると2016区市町村（全市町村数の61.7％）に達している（『同1990年』，109ページ）．

4 ）　改正大店法（1992年 1 月改正施行）による規制緩和によって店舗面積削減率もかなり縮小したようである．改正大店法施行から1993年 7 月末までの大規模小売店舗審議会における調整状況（通商産業省調べ）をみると，約64％は届出通りの面積で認めら

れ，加重平均の削減率は「500 m² 超1000 m² 未満」約 3 %，「1000 m² 以上3000 m² 未満」10%前後，「6000 m² 以上」概ね15〜25％となっている（通商産業省産業政策局編『これからの大店法』通商産業調査会，1994年，5-11ページ）．これに対して，大店法施行直後の店舗面積削減率（日経流通新聞調査）は，大店法施行（1974年 3 月）から約 1 年間に商業活動調整協議会が調整した大規模店（1500 m² 以上）のうち，大手スーパー 7 社の加重平均で26.4%（日経流通新聞編『流通経済の手引き1977年』日本経済新聞社，93-102ページ），1979年調整分については同41.8%（『日経流通新聞』1980年 1 月10日）に達している．なお，1982年 2 月から1990年 5 月までの期間は，出店表明・事前説明を経て第 3 条による届出がなされるスキームであり，すでに調整済みの店舗面積による届出が原則であったため，この間の店舗面積削減率と比較することは意味をもたない．

5 ）「1000 m² 未満の出店の原則自由化」とは，「1000 m² 未満の届出については，『おそれなし届出』とし，市町村又は商工会議所若しくは商工会から理由を付して『おそれあり』とするよう申出があった場合において，その理由が合理的と認められる場合には，『おそれあり届出』とする」というものである」（通商産業大臣官房商務流通審議官通達「（大規模小売店舗）法第 7 条第 1 項及び第 4 項のおそれの有無の審査基準について」1994年 4 月 1 日）．

6 ）　1980年代の「大店法規制強化期」は高度経済成長期にあって小売需要が伸びていた時期，逆に1990年代の「大店法規制緩和期」は安定成長期に入って小売需要がほとんど横ばいの時期であった．小売需要と大型店の出店という需要と供給の関係だけからみると，1980年代こそ規制を緩和すべきであり，1990年代以降は規制を強化すべきであったという見方もできる．

7 ）「1000 m² 超」店舗の出店数は，1999年807店，2000年（大店法下での届出・調整による出店が可能とされた2001年 1 月末までの開店を含む）1132店，2001年（ 2 〜12月）150店となっており，2000年に大きく増加し，2001年は激減している．2000年の駆け込み出店は，特に面積規模の大きな店舗において顕著にみられ，1999年と比べた2000年の出店数は，「3000 m² 以上6000 m² 未満」179店 ⇒ 277店，「6000 m² 以上 1 万 m² 未満」82店 ⇒ 133店，「 1 万 m² 以上」99店 ⇒ 174店と急増している（東洋経済新報社『全国大型小売店総覧2004年』より集計）．

8 ）　ドラッグストアの上場企業12社の店舗数の推移をみると，2015年度9999店，2016年度 1 万916店，2017年度 1 万1721店，2018年度 1 万2538店，2019年度 1 万3168店，2020年度 1 万4232店，2021年度 1 万5166店，2022年度 1 万6069店に達している．新規出店数も，2015年度741店，2016年度811店，2017年度901店，2018年度887店，2019年度885店，コロナ禍でも活発な出店がなされ，2020年度990店，2021年度1057店，2022年度953店と推移し，200店台で推移している退店数を大きく上回っている．また，ドラッグストア上場企業12社の業績をみると，2015年度売上高 4 兆1903億円（営業利益1974億円），2016年度同 4 兆5232億円（同2178億円），2017年度同 4 兆9117億円（同2386億円），2018年度同 5 兆3083億円（同2463億円），2019年度同 5 兆7529億円（同2781億円），2020年度同 6 兆205億円（同2951億円），2021年度同 6 兆1994億円（同2765億円），2022年度同 6 兆6784億円（同3061億円）となっており，急速に成長している（『ダイヤモンド・ドラッグストア』第95号，2020年 7 月，同第113号，2023年 7 月，2022年度の一部

の企業については各社IR情報より算出．なお，マツキヨココカラ＆カンパニーの2020年以前は旧マツモトキヨシHDおよび旧ココカラファインを合計．2021年は旧ココカラファインの2022年3月期第2四半期までの業績を合算して比較可能とした（マツキヨココカラ＆カンパニー「決算説明資料2023年3月期」）．

9） 零細小売店に限定したものではないが，開設年別に2007年時点で存続している小売店の割合をみると，「1954～1964年開設店」で26.1％，「1965～1974年開設店」で27.3％，「1975～1984年開設店」では32.7％となっており，開設年次が新しいほど存続している割合がやや高くなる傾向がみられるものの，概ね3割程度の存続率である（蜂尾美也子「参入退出店舗数」東伸一・三村優美子・懸田豊・金雲鎬・横山斉理編『流通と商業データブック』2022年，199-200ページのデータをもとに算出，原典は経済産業省『商業統計表（産業編）』）．

10） 「商業集積地区」とは，主に都市計画法8条に定める「用途地域」のうち商業地域及び近隣商業地域であって，商店街を形成している地区をいう．小売店，飲食店及びサービス業を営む事業所が近接して30店舗以上ある概ね1つの商店街を1つの商業集積地区とする．SCや多事業所ビル（駅ビル，寄合百貨店等）も，原則として1つの商業集積地区とする．そして，「商店街形成地区」は，次の3つの商業集積地区と捉えている．「駅周辺型商業集積」JRや私鉄などの駅周辺に立地する商業集積（原則として地下鉄や路面電車の駅周辺に立地する地域は除く）．「市街地型商業集積」都市の中心部（駅周辺を除く）にある繁華街やオフィス街に立地する商業集積．「住宅地背景型商業集積」住宅地または住宅団地を後背地として，主にそれらに居住する人々が消費者である商業集積．

11） 「専門店」は，非セルフサービス方式（売場面積の50％以上において，セルフサービス方式を採用していない），かつ商品分類番号（5桁）の上位3桁あるいは4桁のいずれかの販売額が90％以上の事業所をいう．「中心店」は，非セルフサービス方式，かつ衣・食・住のいずれかが50％以上の事業所をいう．なお，商店街形成地区において「専門店・中心店」として分類されている事業所は1997年に49万5000店，うち従業者数2人以下の割合は49.8％，売場面積50 m^2 未満の割合は58.1％，同様に2007年は33万1000店，うち従業者数2人以下の割合は46.6％，売場面積50 m^2 未満の割合は53.6％と，概ね半数程度を占めている（経済産業省『商業統計表（立地環境特性別統計編）』1997年，2007年）．

12） 経済センサス活動調査においては，商店数については全数把握されているが，売場面積および年間販売額は法人商店のみが集計対象となっているため，商業統計調査との比較はできない．参考までに，経済センサス活動調査2016年（2015年1年間の実績）と同2021年（2020年1年間の実績）の年間販売額（法人商店のみ）を比較すると，「小売業計」では2.6％増加しているものの，「織物・衣服・身の回り品小売業」はコロナ禍の影響があったとはいえ▲18.5％減，逆にコロナ禍における外食需要の減少が追い風となった「飲食料品小売業」は9.2％増となっている．「飲食料品小売業」の業種小分類別には，「各種食料品小売業（食品スーパー）」が13.1％増であるのに対して，食料品業種店では以下に示すように年間販売額が減少し，さらに2021年においては，年間販売額が5000万円以上の比較的規模の大きな商店が多くを占め，小規模な食料品業種店の年間販売額は大きく減少しているものとみられる．「酒小売業」2016～2021年の

法人商店年間販売額▲26.4%減（法人商店のうち2021年の年間販売額が5000万円以上の商店数の割合46.2%），「菓子・パン小売業」同▲14.4%減（同41.5%），「鮮魚小売業」同▲10.1%減（同65.0%），「野菜・果実小売業」同▲6.6%減（同57.3%），「食肉小売業」同1.9%増（同70.7%）である．「食肉小売業」のみ年間販売額が微増となっているとはいえ，2021年における5000万円以上の商店数の割合が7割を超え，小規模小売店の減少が進んでいるといえる．

13)　酒類の小売規制の緩和が酒類小売に与えた影響については，南方建明『流通政策と小売業の発展』（第3章　酒類小売規制の緩和による酒類小売市場の変化）中央経済社，2013年，81-85ページに詳しい．

14)　小規模小売店の生産性（売場効率，労働生産性）からみた存立可能性については，南方建明『日本の小売業態構造研究』（第9章　小規模小売業の存立可能性）御茶の水書房，2019年，177-191ページに詳しい．

15)　本項については，南方建明『流通政策と小売業の発展』中央経済社，2013年，149-160ページによる．

16)　大規模小売店舗に出店しうるのは，ほとんどがチェーン店であり，逆に単独店は保証金やテナント料負担，信用力や知名度という点で出店が難しいことは事実である．そのため，「大規模小売店舗内立地」と「大規模小売店舗外立地」の売場効率格差は，必ずしも集積効果によるものではなく，チェーン店化による規模の経済を反映したものとも考えられる．集積効果の実態を捉えるという目的からすれば，チェーン店と単独店を区分して比較する方がその目的にかなっているであろうが，『商業統計表（大規模小売店舗統計編）』では，これらを区分しうる統計が公表されていない．なお，1999年調査においては，多くは単独店と考えられる個人商店の大規模小売店舗内立地の売場効率は71.3万円／m²，これに対して法人商店は79.0万円／m²であり，それほど大きな格差があるわけではない．さらに，**表3-16**に示すように売場効率格差（大規模小売店舗内立地の売場効率を100.0とした大規模小売店舗外立地の指数）が大幅に縮小傾向にあることを考えると，大規模小売店舗内立地の優位性が低下し，集積効果が低下傾向にあることは確かである．

17)　2021年度調査は，2021年10月1日現在で実施された．これはコロナウイルス感染症のいわゆる第5波が終息の兆しをみせ，東京都に発出されていた緊急事態宣言が2021年9月30日をもって解除された翌日である．

18)　1990年度調査は3つを選択，2006年度調査以降は3つまで選択，1975年度調査および残りの年度の調査は，選択方式が異なるため比較できない．

19)　商店街の問題点として「空き店舗の増加」をあげる割合は，1990年度20.7%（商店の歯抜け減少が進行），2006年度16.9%，2009年度18.5%，2012年度16.1%，2015年度16.3%，2018年度16.1%，コロナ禍の2021年度は18.4%と，ほぼ同じような割合で推移しており，実態の深刻さの割には強く意識されていない．

第4章 コロナ禍の小売・外食業態の動向
——コロナ禍からアフターコロナまで——

は じ め に

　コロナ禍が小売・外食業態の売上高に影響を与え始めた2020年3月からの1年間（2020年3月～2021年2月）を"コロナ禍1年目"，続く1年間（2021年3月～2022年2月）を"コロナ禍2年目"，次の1年間（2022年3月～2023年2月）を"コロナ禍3年目"，さらに次の1年間（2023年3月～2024年2月）を"コロナ禍4年目"として，"コロナ禍前"の1年間（2019年3月～2020年2月）の売上高あるいはコロナ禍前同月比売上高増加率と比較する．そして，コロナ禍当初の一過性の変化と，逆にコロナ禍を経て構造変化の兆しがみえてきている動向について明らかにする．これらは供給側からの分析であるが，需要側の分析として，同時期の電子商取引支出額および家計消費動向についての分析も併せて行う．

　次に，営業利益ベースで小売業態間競争の動向と上場小売企業の動向を分析するとともに，コロナ禍が上場小売企業および上場外食企業の営業利益に与えた影響について分析する．さらに，売上高を客数と客単価に分解し，コロナ禍以前からの長期的な動向を踏まえてコロナ禍における特徴的な動向について明らかにする．

Ⅰ．コロナ禍の小売・外食業態の動向

⑴　食品スーパー，外食

　表4-1は，業界団体の調査によって前年同月比売上高増加率が公表されている「食品スーパー」および「外食」のコロナ禍前同月比売上高増加率と，経済産業省の商業動態統計調査による「小売業計（自動車，燃料を除く）」のそれを対比する形で示したものである．

　これによると，「食品スーパー」はほとんどの月においてプラスとなってお

表４-１　食品スーパー・外食コロナ禍前同月比売上高増加率

(単位：%)

	小売業計（自動車，燃料を除く）				食品スーパー				外　食			
	2020年3月〜2021年2月（1年前同月比）	2021年3月〜2022年2月（2年前同月比）	2022年3月〜2023年2月（3年前同月比）	2023年3月〜2024年2月（4年前同月比）	2020年3月〜2021年2月（1年前同月比）	2021年3月〜2022年2月（2年前同月比）	2022年3月〜2023年2月（3年前同月比）	2023年3月〜2024年2月（4年前同月比）	2020年3月〜2021年2月（1年前同月比）	2021年3月〜2022年2月（2年前同月比）	2022年3月〜2023年2月（3年前同月比）	2023年3月〜2024年2月（4年前同月比）
3月	▲5.1	▲1.2	▲0.9	5.2	8.6	4.3	6.2	8.3	▲17.3	▲19.7	▲15.0	1.0
4月	▲11.7	▲3.9	▲0.6	4.1	12.3	5.9	6.0	10.6	▲39.6	▲17.4	▲6.3	8.5
5月	▲7.6	▲4.5	▲0.3	4.9	11.5	8.8	6.4	10.5	▲32.2	▲18.8	▲2.2	9.3
6月	2.5	▲1.2	0.6	5.9	6.0	5.9	4.1	8.2	▲21.9	▲21.8	▲6.3	4.8
7月	0.1	0.2	2.6	9.9	6.8	7.3	8.7	14.2	▲15.0	▲13.2	▲0.6	13.5
8月	0.3	▲4.9	▲0.5	6.1	7.7	6.3	5.4	11.0	▲16.0	▲23.2	▲9.4	5.6
9月	▲7.4	▲7.6	▲4.1	1.1	2.1	4.6	7.4	12.5	▲14.0	▲21.1	▲5.5	8.7
10月	5.7	7.3	11.4	15.9	4.3	5.7	8.4	13.8	▲5.7	▲6.2	7.7	17.2
11月	1.5	3.0	5.7	10.9	4.6	4.1	7.5	12.3	▲7.8	▲8.0	0.2	10.0
12月	0.1	0.4	4.7	7.1	4.6	3.6	8.4	11.1	▲15.5	▲7.5	0.5	11.5
1月	▲2.7	▲1.2	3.7	6.7	6.8	5.7	8.0	11.1	▲21.0	▲11.4	2.2	12.0
2月	▲1.6	▲2.6	4.1	11.5	▲0.4	1.9	2.3	8.5	▲22.3	▲18.6	0.6	12.0

(注1) 2019年10月から消費税が増税され，2019年9月に駆け込み需要，同年10月にはその反動減があった．

(注2) コロナ禍においては，緊急事態宣言 ［緊］やまん延防止等重点措置 ［防］が繰り返し発出されたが，その期間は東京都を例にとると次のとおりである．［緊］2020年4月7日〜5月25日，［緊］2021年1月8日〜3月21日，［防］2021年4月12日〜4月24日，［緊］2021年4月25日〜6月20日，［防］2021年6月21日〜7月11日，［緊］2021年7月12日〜9月30日，［防］2022年1月21日〜3月21日．表中の「外食」の網掛けは，その中心的な期間を示す．

(注3) 「Go To Eat キャンペーン」は，プレミアム付き食事券の販売やポイント還元を通じて，飲食店等での需要を喚起する政策で，都道府県によって開始時期は異なるが，2020年10月上旬から食事券の販売が開始された．しかし，コロナウイルス感染者の増加に伴って，2020年11月24日以降順次，食事券の新規発行の一時停止と，既に発行された食事券やポイントの利用を控える旨の呼びかけがなされた．表中の斜体の数字は，「Go To Eat キャンペーン」の中心的な期間を示す．

(注4) 「小売業計（自動車，燃料を除く）」のコロナ禍前（2019年3月〜2020年2月）の売上高は，水準調整のために経済産業省が発表したリンク係数に基づいて補正した．

(出所) 小売業計は経済産業省『商業動態統計月報』，食品スーパーは全国スーパーマーケット協会・日本スーパーマーケット協会・オール日本スーパーマーケット協会「スーパーマーケット販売統計調査」，外食は日本フードサービス協会「外食産業市場動向調査」（いずれも各月版）より作成．

り，コロナ禍 2 年目（2021年 3 月〜2022年 2 月），同 3 年目（2022年 3 月〜2023年 2 月），同 4 年目（2023年 3 月〜2024年 2 月）においても，コロナ禍前（2019年 3 月〜2020年 2 月）と比べて，増加傾向が続いている．

　他方，「外食」はコロナ禍前同月比で2022年10月からはプラスに転じているが，それまではすべての月でマイナスとなっており，特に緊急事態宣言やまん延防止等重点措置が発出されていた時期には大きく落ち込んでいる．なお，2020年10月および2020年11月に，それぞれ▲5.7％減，▲7.8％減と比較的小さな減少にとどまっているが，この時期はコロナウイルス感染症が比較的落ち着いていたことや，「Go To Eat キャンペーン」による追い風とみられる．

　すなわち，コロナ禍においては，「外食」の減少，逆に「食品スーパー」で食事材料を調達して家庭内で調理する内食回帰傾向がみられた．また，「中食」の動向について，コンビニエンスストアの「FF・日配食品」の売上高からみると，コロナ禍 1 年目はオフィス街立地店の売上高減少などにより▲7.9％減となっている．コロナ禍においては，これまで一貫して増加してきたコンビニエンスストアの「中食」売上高が減少に転じ，「外食」の大幅な減少，「内食」の増加がみられるようになった．

① 食品スーパー

　表 4 - 2 は，「食品スーパー」の商品部門別売上高増加率について，コロナ禍前（2019年 3 月〜2020年 2 月）同月比増加率の推移を示したものである．これによると，「売上高計」では飲食料品の買い置き需要があった2020年 2 月期の反動で，若干のマイナスとなった2021年 2 月期以外はコロナ禍前同月比で売上高が増加している．商品分類別にみると，内食回帰傾向を受けて，「生鮮 3 部門（青果，精肉，鮮魚）」および「日配食品」はコロナ禍前同月比で一度もマイナスになることなく増加を続けている．「惣菜」については，コロナ禍 1 年目は概ね前年同月並みの水準で推移していた．しかし，同 2 年目に入ると増加傾向に転じて「生鮮 3 部門」や「日配食品」と同程度の増加率となり，同 3 年目および同 4 年目にはさらに増加傾向を強め，「生鮮 3 部門」や「日配食品」を上回る増加率となっている．すなわち，食品スーパーでは，内食回帰傾向による食事材料の売上高増加が継続していることに加えて，調理が不要な中食商品の売上高増加傾向がコロナ禍 2 年目以降に明確になってきている[2]．

表 4 - 2　食品スーパー売上高増加率（コロナ禍前，コロナ禍比較）(単位：%)

		売上高計	食品売上高計	生鮮3部門計	惣菜	日配	一般食品	非食品	その他
一年前同月比	2020年3月	8.6	9.6	8.8	0.7	11.5	12.7	3.2	▲5.8
	2020年4月	12.3	14.2	16.4	▲3.7	16.7	16.6	▲1.8	▲10.3
	2020年5月	11.5	12.7	16.8	▲1.0	13.7	11.9	4.2	▲5.6
	2020年6月	6.0	6.1	9.0	0.4	6.1	4.6	9.1	▲2.8
	2020年7月	6.8	7.3	12.1	1.1	5.9	4.8	5.9	▲3.9
	2020年8月	7.7	8.7	13.5	0.7	8.8	5.7	2.7	▲6.4
	2020年9月	2.1	3.4	6.9	0.8	3.7	▲0.4	▲10.7	▲3.4
	2020年10月	4.3	4.4	6.7	2.7	3.1	3.0	7.1	▲3.0
	2020年11月	4.6	4.9	5.6	1.7	4.0	5.9	4.1	▲1.9
	2020年12月	4.6	5.0	5.5	2.0	5.3	5.2	3.1	▲1.6
	2021年1月	6.8	7.7	9.0	0.8	7.7	8.6	0.3	▲3.2
	2021年2月	▲0.4	1.1	2.9	1.2	1.4	▲1.4	▲11.2	▲4.5
二年前同月比	2021年3月	4.3	5.2	6.2	4.4	6.1	3.5	▲1.9	▲6.8
	2021年4月	5.9	6.9	7.4	4.7	7.9	6.3	▲0.4	▲6.8
	2021年5月	8.8	10.4	11.8	8.0	9.6	10.1	▲3.2	▲6.6
	2021年6月	5.9	7.3	8.5	8.1	6.6	5.8	▲4.1	▲6.5
	2021年7月	7.3	8.4	9.0	8.8	8.9	7.0	1.3	▲6.7
	2021年8月	6.3	8.0	10.2	4.6	8.6	6.0	▲5.6	▲11.2
	2021年9月	4.6	6.4	9.5	7.8	6.4	1.9	▲15.4	▲6.8
	2021年10月	5.7	6.1	5.8	8.9	4.7	6.3	3.9	▲7.4
	2021年11月	4.1	4.5	3.6	5.9	3.9	5.4	2.7	▲6.2
	2021年12月	3.6	4.1	3.9	6.1	4.0	3.2	0.0	▲5.7
	2022年1月	5.7	6.5	6.6	5.3	6.3	6.9	▲1.5	▲5.4
	2022年2月	1.9	3.5	4.5	6.4	4.2	0.7	▲11.6	▲7.9
三年前同月比	2022年3月	6.2	7.5	8.5	11.1	7.3	4.9	▲2.1	▲14.1
	2022年4月	6.0	7.0	7.0	9.3	10.3	5.4	▲1.9	▲13.0
	2022年5月	6.4	8.0	8.5	10.9	7.3	6.4	▲3.9	▲7.8
	2022年6月	4.1	5.1	5.0	9.9	5.2	3.1	▲3.4	▲14.2
	2022年7月	8.7	9.8	8.6	13.8	11.8	8.1	0.5	▲12.3
	2022年8月	5.4	6.5	7.7	7.5	7.8	3.5	▲5.4	▲8.2
	2022年9月	7.4	9.2	11.9	14.1	10.0	3.1	▲13.5	▲8.4
	2022年10月	8.4	8.8	8.2	15.2	8.2	7.6	6.3	8.8
	2022年11月	7.5	8.3	6.3	12.5	9.2	8.5	1.1	▲11.7
	2022年12月	8.4	9.0	7.1	13.3	10.9	8.2	2.2	▲9.3
	2023年1月	8.0	9.3	8.0	10.8	11.2	8.8	▲3.4	▲9.3
	2023年2月	2.3	4.1	3.3	11.3	6.6	0.9	▲12.4	▲13.0
四年前同月比	2023年3月	8.3	9.8	7.8	17.3	12.8	7.3	▲2.6	▲17.5
	2023年4月	10.6	12.1	10.3	16.3	17.9	10.2	▲1.0	▲16.1
	2023年5月	10.5	12.6	10.9	17.6	14.7	10.6	▲2.7	▲10.6
	2023年6月	8.2	9.9	7.6	16.3	12.8	7.6	▲3.5	▲15.5
	2023年7月	14.2	15.8	13.0	21.1	20.2	13.8	3.2	▲13.1
	2023年8月	11.0	12.8	13.1	14.1	16.1	9.4	▲7.7	▲8.8
	2023年9月	12.5	15.1	16.6	22.6	19.7	6.6	▲13.4	▲9.7
	2023年10月	13.8	14.9	12.9	21.6	16.9	13.4	5.6	▲9.7
	2023年11月	12.3	13.8	10.9	17.7	16.0	14.0	2.1	▲11.3
	2023年12月	11.1	12.2	9.1	17.9	14.6	11.9	▲0.0	▲10.4
	2024年1月	11.1	12.9	10.4	15.7	15.4	13.1	▲3.9	▲11.4
	2024年2月	8.5	10.8	9.0	18.6	14.4	7.8	▲9.7	▲10.6

（出所）全国スーパーマーケット協会・日本スーパーマーケット協会・オール日本スーパーマーケット協会
「スーパーマーケット販売統計調査（各月版）」より作成.

② 外　食

「外食産業計」ではコロナ禍前（2019年3月～2020年2月）同月比売上高増加率において，2022年9月まではすべてマイナスとなっており，2022年10月以降にようやくプラスに転じている．外食業態別にみると，飲酒を伴う「パブレストラン／居酒屋」や「ディナーレストラン」の落込みが著しかったが，「ディナーレストラン」では5類感染症に移行した2023年5月からコロナ禍前と同程度，あるいは一桁程度の減少にまで回復している．また，「パブレストラン／居酒屋」では2024年2月になって，コロナ禍以降で初めてのプラスとなっている．逆に，「ファーストフード」の落込みは小さく，「Go To Eat キャンペーン」が実施されていた2020年10月および11月にはややプラスになるなどコロナ禍2年目は比較的小さな減少にとどまり，同3年目にはコロナ禍前と比べた増加傾向が明確になり，同4年目は増加傾向が加速している（表4‐3参照）．

(2)　小売業態別の動向

表4‐4は，売上高の実額が公表されている日本百貨店協会の調査による「百貨店」，および経済産業省「商業動態統計調査」による「コンビニエンスストア」「ドラッグストア」「ホームセンター」「家電大型専門店」のコロナ禍の売上高動向について，「商業動態統計調査」による「小売業計（自動車，燃料を除く）」と対比する形で示したものである．

これによると，コロナ禍前（2019年3月～2020年2月）と比べた同2年目（2021年3月～2022年2月）の売上高は，「小売業計」がやや減少傾向にあるのに対して，「百貨店」は大幅な減少，「コンビニエンスストア」でもやや減少している．「百貨店」「コンビニエンスストア」ともに，コロナ禍2年目は同1年目と比べると回復しているとはいえ，同2年目の売上高はコロナ禍前と比べて「百貨店」は▲21.4％減，「コンビニエンスストア」でも▲3.0％減となっている．同3年目（2022年3月～2023年2月）の売上高をみると，「百貨店」は▲10.1％減とコロナ禍前の水準には達していないものの，「コンビニエンスストア」はコロナ禍前と比べて1.0％増と回復している．さらに，同4年目（2023年3月～2024年2月）には，「百貨店」は▲3.1％減と，ほぼコロナ禍前の水準にまで回復し，「コンビニエンスストア」はコロナ禍前と比べて5.4％増となり，コロナ禍3年目以降は増加に転じている．

その他の小売業態では，コロナ禍1年目の売上高はコロナ禍前と比べて増加

表 4 - 3　外食売上高増加率（コロナ禍前，コロナ禍比較）

（単位：%）

		外食産業計	ファーストフード	ファミリーレストラン	パブレストラン/居酒屋	ディナーレストラン	喫茶	その他
一年前同月比	2020年 3 月	▲17.3	▲6.9	▲21.2	▲43.3	▲40.5	▲24.7	▲38.3
	2020年 4 月	▲39.6	▲15.6	▲59.1	▲91.4	▲84.0	▲72.4	▲50.2
	2020年 5 月	▲32.2	▲9.3	▲49.4	▲90.0	▲71.5	▲66.8	▲32.1
	2020年 6 月	▲21.9	▲11.8	▲26.5	▲60.1	▲43.0	▲38.0	▲22.9
	2020年 7 月	▲15.0	▲3.6	▲22.6	▲52.8	▲34.5	▲33.2	▲12.6
	2020年 8 月	▲16.0	▲3.4	▲24.9	▲59.0	▲34.9	▲32.2	▲18.6
	2020年 9 月	▲14.0	▲4.5	▲19.7	▲48.9	▲28.7	▲27.5	▲19.9
	2020年10月	▲5.7	1.8	▲8.7	▲36.3	▲20.4	▲21.0	▲14.8
	2020年11月	▲7.8	0.9	▲10.4	▲42.8	▲26.6	▲24.5	▲20.2
	2020年12月	▲15.5	▲3.0	▲21.8	▲60.9	▲41.9	▲28.3	▲26.5
	2021年 1 月	▲21.0	▲1.4	▲34.6	▲74.9	▲54.5	▲37.4	▲39.8
	2021年 2 月	▲22.3	▲8.7	▲32.4	▲70.7	▲46.3	▲32.6	▲29.5
二年前同月比	2021年 3 月	▲19.7	▲3.3	▲28.8	▲65.8	▲39.8	▲29.7	▲40.0
	2021年 4 月	▲17.4	▲0.7	▲28.3	▲73.8	▲52.6	▲36.8	▲16.5
	2021年 5 月	▲18.8	2.8	▲34.7	▲89.7	▲52.1	▲33.8	▲5.3
	2021年 6 月	▲21.8	▲3.8	▲35.0	▲83.5	▲51.5	▲31.1	▲29.3
	2021年 7 月	▲13.2	4.7	▲27.6	▲71.0	▲42.2	▲29.3	▲8.0
	2021年 8 月	▲23.2	▲2.4	▲40.4	▲87.2	▲50.8	▲38.0	▲24.6
	2021年 9 月	▲21.1	0.6	▲39.5	▲90.0	▲49.6	▲36.7	▲33.9
	2021年10月	▲6.2	7.3	▲14.6	▲55.9	▲28.4	▲23.8	▲13.1
	2021年11月	▲8.0	2.8	▲14.7	▲44.6	▲26.1	▲20.6	▲13.9
	2021年12月	▲7.5	1.8	▲11.7	▲43.6	▲27.5	▲19.8	▲9.2
	2022年 1 月	▲11.4	4.7	▲21.5	▲61.1	▲37.8	▲24.9	▲24.8
	2022年 2 月	▲18.6	▲2.2	▲32.9	▲68.1	▲45.3	▲29.9	▲28.3
三年前同月比	2022年 3 月	▲15.0	3.1	▲26.0	▲64.3	▲34.6	▲25.3	▲36.0
	2022年 4 月	▲6.3	7.6	▲15.7	▲52.3	▲35.4	▲28.5	2.6
	2022年 5 月	▲2.2	8.6	▲10.7	▲51.8	▲4.1	▲13.1	41.5
	2022年 6 月	▲6.3	3.9	▲14.7	▲44.6	▲16.8	▲15.3	▲4.8
	2022年 7 月	▲0.6	12.9	▲12.7	▲31.0	▲23.0	▲17.9	11.4
	2022年 8 月	▲9.4	4.5	▲21.6	▲43.4	▲24.4	▲22.0	8.0
	2022年 9 月	▲5.5	8.8	▲20.0	▲43.0	▲16.9	▲18.9	▲8.6
	2022年10月	7.7	17.9	2.7	▲34.0	▲10.7	▲9.3	▲0.7
	2022年11月	0.2	12.3	▲8.3	▲36.5	▲20.1	▲11.5	▲7.8
	2022年12月	0.5	12.5	▲7.6	▲38.9	▲21.1	▲13.1	▲4.0
	2023年 1 月	2.2	15.4	▲6.1	▲38.2	▲16.7	▲10.2	▲10.8
	2023年 2 月	0.6	7.8	▲6.7	▲9.5	▲7.3	▲1.7	4.8
四年前同月比	2023年 3 月	1.0	14.4	▲6.6	▲32.5	▲10.9	▲4.8	▲22.2
	2023年 4 月	8.5	21.5	▲0.5	▲37.1	▲20.9	▲11.2	24.4
	2023年 5 月	9.3	19.9	0.0	▲41.0	9.9	3.3	64.7
	2023年 6 月	4.8	15.6	▲4.6	▲36.5	▲6.0	▲1.7	10.8
	2023年 7 月	13.5	25.2	2.6	▲10.7	▲6.7	0.4	34.1
	2023年 8 月	5.6	16.6	▲5.0	▲14.9	▲1.7	▲3.5	29.8
	2023年 9 月	8.7	22.5	▲6.2	▲25.9	▲0.8	▲2.6	6.2
	2023年10月	17.2	26.5	13.4	▲26.1	▲1.1	4.6	1.7
	2023年11月	10.0	21.3	3.0	▲29.3	▲9.3	0.8	1.7
	2023年12月	11.5	23.2	3.9	▲27.8	▲10.1	▲1.6	7.2
	2024年 1 月	12.0	25.7	4.0	▲32.0	▲6.7	▲0.8	▲4.5
	2024年 2 月	12.0	19.3	5.2	0.3	3.6	10.2	17.4

（出所）日本フードサービス協会「外食産業市場動向調査」（各月版）より作成.

表4-4　小売業態別売上高増加率（コロナ禍前，コロナ禍比較）

（単位：十億円，％）

	小売業計（自動車，燃料を除く）	百貨店	コンビニエンスストア	ドラッグストア	ホームセンター	家電大型専門店
2019年3月〜2020年2月売上高（十億円）	121,370	5,677	11,524	6,967	3,292	4,577
2020年3月〜2021年2月売上高（十億円）	118,705	4,033	10,913	7,249	3,520	4,863
2021年3月〜2022年2月売上高（十億円）	119,677	4,462	11,175	7,365	3,374	4,669
2022年3月〜2023年2月売上高（十億円）	123,957	5,100	11,636	7,772	3,339	4,687
2023年3月〜2024年2月売上高（十億円）	130,268	5,502	12,150	8,462	3,342	4,600
2020年3月〜2021年2月／2019年3月〜2020年2月増加率（％）	▲2.2	▲29.0	▲5.3	4.0	6.9	6.2
2021年3月〜2022年2月／2019年3月〜2020年2月増加率（％）	▲1.4	▲21.4	▲3.0	5.7	2.5	2.0
2022年3月〜2023年2月／2019年3月〜2020年2月増加率（％）	2.1	▲10.1	1.0	11.6	1.4	2.4
2023年3月〜2024年2月／2019年3月〜2020年2月増加率（％）	7.3	▲3.1	5.4	21.5	1.5	0.5

（注）「小売業計（自動車，燃料を除く）」の2020年2月以前，「コンビニエンスストア」の2021年2月以前，「家電大型専門店」の2020年2月以前の売上高は，水準調整のために経済産業省が発表したリンク係数に基づいて補正した．

（出所）「百貨店」は日本百貨店協会「百貨店売上高」（各月版），その他の小売業態は経済産業省『商業動態統計月報』（各月版）より作成．

し，「ホームセンター」6.9％増，「家電大型専門店」6.2％増，「ドラッグストア」4.0％増となっている．このうち「ドラッグストア」は，コロナ禍2年目以降も増加傾向を継続している．これに対して，「ホームセンター」はコロナ禍2年目からは減少傾向に転じ，同3年目および同4年目にはコロナ禍前をやや上回る水準に戻っている．「家電大型専門店」でもコロナ禍2年目は同1年目と比べてマイナスとなり，同4年目にはコロナ禍前とほとんど変わらない水準に戻っている．

① 百貨店

「百貨店」は，コロナ禍1年目（2020年3月〜2021年2月）は休業要請やインバウンド需要の激減もあって，売上高総計（商品券を除く）は▲29.0％減と大きく落ち込んだ．その後は回復傾向にはあるものの，コロナ禍2年目（2021年3月〜2022年2月）はコロナ禍前（2019年3月〜2020年2月）と比べて▲21.4％減，コロナ禍3年目（2022年3月〜2023年2月）はコロナ禍前と比べて▲10.1％減，コロナ禍4年目（2023年3月〜2024年2月）には▲3.1％減と，コロナ禍前の水準をほぼ回復している．

大きく回復している商品部門として，雑貨部門の「美術・装飾・貴金属」があげられる．コロナ禍1年目ではコロナ禍前と比べて▲23.6％減となったが，同2年目は▲1.8％減まで回復し，コロナ禍3年目に21.0％増，コロナ禍4年目には31.2％増と，コロナ禍前の水準を大きく上回っている．「身の回り品」もコロナ禍3年目にはコロナ禍前と比べて4.7％増とコロナ禍前の水準を上回り，コロナ禍4年目には20.6％増まで増加している．コロナ禍4年目でもコロナ禍前の水準をかなり下回っているのは，衣料品部門の「子供服」▲28.4％減，「紳士服」▲17.0％減，雑貨部門の「化粧品」▲18.5％減，「家庭用品」▲15.9％減，「食堂・喫茶」▲10.5％減などである（表4-5，表4-6参照）．

② コンビニエンスストア

「コンビニエンスストア」の商品売上高合計は，コロナ禍1年目（2020年3月〜2021年2月）には，コロナ禍前（2019年3月〜2020年2月）と比べて▲5.3％減と落ち込んだが，その後回復に転じ，コロナ禍3年目（2022年3月〜2023年2月）1.0％増，コロナ禍4年目（2023年3月〜2024年2月）5.4％増と，コロナ禍前の水準を上回っている．

商品部門別にみると，いずれもコロナ禍1年目にマイナスとなって以降，回復傾向にあり，同3年目は「FF・日配食品」は▲2.9％減，「加工食品」でも▲2.3％減とコロナ禍前の水準を下回っていたが，同4年目には「FF・日配食品」1.8％増，「加工食品」6.3％増と，コロナ禍前の水準を上回っている．一方で，「非食品」は確実に増加傾向にあり，コロナ禍1年目の▲1.1％減から，同2年目3.9％増，同3年目8.7％増，同4年目には9.4％増となっている．（表4-7参照）．

表4-5　百貨店商品分類別売上高増加率（コロナ禍前・コロナ禍比較）（単位：%）

	総計（商品券を除く）	衣料品	身の回り品	雑貨	家庭用品	食料品	食堂・喫茶	サービス	その他
2020年3月～2021年2月／2019年3月～2020年2月増加率	▲29.0	▲35.5	▲30.6	▲33.3	▲22.1	▲19.1	▲48.3	▲32.9	▲5.7
2021年3月～2022年2月／2019年3月～2020年2月増加率	▲21.4	▲28.6	▲17.4	▲23.5	▲19.9	▲13.3	▲41.7	▲26.5	▲10.4
2022年3月～2023年2月／2019年3月～2020年2月増加率	▲10.1	▲17.3	4.7	▲11.3	▲16.8	▲7.3	▲21.8	▲14.0	▲3.5
2023年3月～2024年2月／2019年3月～2020年2月増加率	▲3.1	▲10.3	20.6	▲1.4	▲15.9	▲5.9	▲10.5	▲19.2	9.5

（出所）日本百貨店協会「百貨店売上高」（各月版）より作成.

表4-6　百貨店「衣料品」「雑貨」商品分類別売上高増加率（コロナ禍前・コロナ禍比較）（単位：%）

	衣料品					雑貨			
	計	紳士服	婦人服	子供服	その他の衣料品	計	化粧品	美術・装飾・貴金属	その他雑貨
2020年3月～2021年2月／2019年3月～2020年2月増加率	▲35.5	▲36.4	▲36.6	▲29.4	▲29.2	▲33.3	▲42.5	▲23.6	▲25.8
2021年3月～2022年2月／2019年3月～2020年2月増加率	▲28.6	▲31.0	▲27.8	▲29.2	▲27.9	▲23.5	▲37.5	▲1.8	▲26.5
2022年3月～2023年2月／2019年3月～2020年2月増加率	▲17.3	▲20.9	▲14.2	▲27.1	▲25.4	▲11.3	▲30.7	21.0	▲19.6
2023年3月～2024年2月／2019年3月～2020年2月増加率	▲10.3	▲17.0	▲4.1	▲28.4	▲27.9	▲1.4	▲18.5	31.2	▲17.1

（出所）表4-5と同じ.

110

表4-7　コンビニエンスストア売上高増加率（コロナ禍前・コロナ禍比較）

（単位：％）

	商品売上高	FF・日配食品	加工食品	非食品
2020年3月～2021年2月計／2019年3月～2020年2月計増加率	▲5.3	▲7.9	▲6.3	▲1.1
2021年3月～2022年2月計／2019年3月～2020年2月計増加率	▲3.0	▲6.7	▲5.6	3.9
2022年3月～2023年2月計／2019年3月～2020年2月計増加率	1.0	▲2.9	▲2.3	8.7
2023年3月～2024年2月計／2019年3月～2020年2月計増加率	5.4	1.8	6.3	9.4

（注）2021年2月以前の売上高は，水準調整のために経済産業省が発表したリンク係数に基づいて補正した．
（出所）経済産業省『商業動態統計月報』（各月版）より作成．

③ ドラッグストア

「ドラッグストア」の商品売上高合計は，コロナ禍前から増加傾向が続いていた．コロナ禍による医薬品や化粧品のインバウンド需要の激減という逆風を[4]受ける中でも，コロナ禍1年目（2020年3月～2021年2月）はコロナ禍前（2019年3月～2020年2月）と比べて4.0％増，同2年目（2021年3月～2022年2月）5.7％増，同3年目（2022年3月～2023年2月）11.6％増，同4年目（2023年3月～2024年2月）には21.5％増と，増加傾向が加速している．

商品分類別にみると，明確な増加傾向を示しているのは「調剤医薬品」およ[5]び「食品」であり，コロナ禍3年目（2022年3月～2023年2月）はコロナ禍前と比[6]べて「調剤医薬品」29.5％増，「食品」22.5％増，コロナ禍4年目（2023年3月～2024年2月）にはコロナ禍前と比べて「調剤医薬品」43.7％増，「食品」38.2％増と大幅な増加となっている．コロナ禍1年目に二桁のマイナスとなった「ビューティケア（化粧品・小物）」も，コロナ禍3年目にはコロナ禍前と比べて▲3.9％減，同4年目は5.6％増まで回復している．「OTC医薬品」は，コロナ禍1年目に▲4.3％減となったが，同3年目にはコロナ禍前と比べて1.5％増とプラスに転じ，同4年目は9.6％増となっている（表4-8参照）．

④ ホームセンター

「ホームセンター」の商品売上高合計は，コロナ禍1年目（2020年3月～2021年

表4-8　ドラッグストア売上高増加率（コロナ禍前・コロナ禍比較）

（単位：%）

	商品売上高	調剤医薬品	OTC医薬品	ヘルスケア用品(衛生用品)・介護・ベビー	健康食品	ビューティケア（化粧品・小物）	トイレタリー	家庭用品・日用消耗品・ペット用品	食品	その他
2020年3月〜2021年2月計／2019年3月〜2020年2月計増加率	4.0	5.6	▲4.3	16.3	▲0.7	▲12.1	2.5	8.6	11.1	10.1
2021年3月〜2022年2月計／2019年3月〜2020年2月計増加率	5.7	14.0	▲5.0	11.6	4.2	▲10.1	3.3	8.3	13.9	16.4
2022年3月〜2023年2月計／2019年3月〜2020年2月計増加率	11.6	29.5	1.5	17.2	14.0	▲3.9	▲1.1	7.6	22.5	29.0
2023年3月〜2024年2月計／2019年3月〜2020年2月計増加率	21.5	43.7	9.6	13.3	22.8	5.6	4.9	16.7	38.2	23.4

（出所）経済産業省『商業動態統計月報』（各月版）より作成.

2月）は巣ごもり需要を受け止める形で，コロナ禍前（2019年3月〜2020年2月）と比べて6.9%増と久々に好調であったが，同2年目（2021年3月〜2022年2月）2.5%増，同3年目（2022年3月〜2023年2月）1.4%増，同4年目（2023年3月〜2024年2月）には1.5%増となり，コロナ禍1年目の増加分が失われている.

　商品分類別にみると，「園芸・エクステリア」および「ペット・ペット用品」[7]はコロナ禍1年目の好調から同2年目以降もほぼその水準を維持しているが，「DIY用具・素材」「電気」「インテリア」「家庭用品・日用品」ではコロナ禍1年目の好調から同2年目以降は減少に転じている（表4-9参照）.

⑤ 家電大型専門店

　「家電大型専門店」の商品売上高合計は，コロナ禍1年目（2020年3月〜2021年2月）はテレワーク需要や巣ごもり需要を受け止める形でコロナ禍前（2019年3月〜2020年2月）と比べて6.2%増と好調であったが，同2年目（2021年3月〜2022年2月）からは減少傾向に転じ，同4年目（2023年3月〜2024年2月）には0.5%増とコロナ禍前をやや上回る水準にとどまっている.

　商品分類別にみると，コロナ禍1年目に大きく増加した商品分類は，いずれもコロナ禍2年目に大きく減少している．このうち「AV家電」はコロナ禍1

表4‑9　ホームセンター売上高増加率（コロナ禍前・コロナ禍比較）

（単位：％）

	商品売上高	DIY用具・素材	電気	インテリア	家庭用品・日用品	園芸・エクステリア	ペット・ペット用品	カー用品・アウトドア	オフィス・カルチャー	その他
2020年3月〜2021年2月計／2019年3月〜2020年2月計増加率	6.9	10.7	14.0	10.0	5.2	12.3	8.2	1.0	▲9.5	▲1.8
2021年3月〜2022年2月計／2019年3月〜2020年2月計増加率	2.5	7.7	4.7	▲0.7	▲2.0	11.9	9.9	▲2.3	▲12.2	▲7.9
2022年3月〜2023年2月計／2019年3月〜2020年2月計増加率	1.4	6.7	3.6	▲7.5	▲3.1	12.9	8.6	▲0.9	▲14.2	▲8.9
2023年3月〜2024年2月計／2019年3月〜2020年2月計増加率	1.5	5.0	▲0.4	▲11.2	▲1.5	10.9	14.5	1.2	▲12.8	▲5.9

（出所）経済産業省『商業動態統計月報』（各月版）より作成.

表4‑10　家電大型専門店売上高増加率（コロナ禍前・コロナ禍比較）

（単位：％）

	商品売上高	AV家電	情報家電	通信家電	カメラ類	生活家電	その他
2020年3月〜2021年2月計／2019年3月〜2020年2月計増加率	6.2	10.0	11.5	▲7.4	▲31.2	11.0	0.3
2021年3月〜2022年2月計／2019年3月〜2020年2月計増加率	2.0	0.4	3.4	3.5	▲31.9	4.6	8.7
2022年3月〜2023年2月計／2019年3月〜2020年2月計増加率	2.4	▲9.0	3.6	15.9	▲25.5	4.6	14.6
2023年3月〜2024年2月計／2019年3月〜2020年2月計増加率	0.5	▲14.9	▲4.1	22.0	▲18.4	▲2.1	16.1

（注）2020年2月以前の売上高は，水準調整のために経済産業省が発表したリンク係数に基づいて補正した.
（出所）経済産業省『商業動態統計月報』（各月版）より作成.

年目にはコロナ禍前と比べて10.0％増から，同2年目には0.4％増とコロナ禍前の水準に戻り，さらに同3年目▲9.0％減，同4年目▲14.9％減と，大きく減少している．逆に，「通信家電」はコロナ禍前と比べてコロナ禍1年目の▲7.4％減から，5Gスマートフォンへの買い替えが進んだこともあって，同2年目3.5％増，同3年目15.9％増，同4年目には22.0％増と，大きく増加している（表4‑10参照）．

2．コロナ禍の消費動向

⑴　コロナ禍のインターネット購入

　表 4 - 11 は，総務省「家計消費状況調査」に基づいて，2 人以上の一般世帯におけるコロナ禍前の「2019 年 3 月～2020 年 2 月」と比べたコロナ禍 1 年目「2020 年 3 月～2021 年 2 月」，同 2 年目「2021 年 3 月～2022 年 2 月」，同 3 年目「2022 年 3 月～2023 年 2 月」，同 4 年目「2023 年 3 月～2024 年 2 月」における 1 世帯あたりの年間電子商取引支出額をみたものである．

　コロナ禍前と比べたコロナ禍 1 年目の状況を大分類ベースでみると，「モノ」では「家具」68.9％増，「食料」66.0％増，「家電」56.6％増，「書籍」50.3％増となっている．従来からも電子商取引支出額の多かった「家具」「家電」「書籍」がさらに増加し，これに加えて「食料」が大きく増加していることが特徴である．「食料」を細分化すると，「出前」が110.1％増と 2 倍以上，「食料品」も64.9％増，「飲料」も49.1％増となり，フードデリバリー[8]やネットスーパーの成長をもたらした．「サービス（ソフトも含む）」では，大分類ベースでは「デジタルコンテンツ」64.2％増，「音楽・映像ソフト，パソコン用ソフト，ゲームソフト」35.2％増，「保険」34.0％増などが増加した．逆に，「旅行関係費」▲60.3％減，「チケット」▲58.7％減と大幅な減少となっている．すなわち，巣ごもり需要を受けて「デジタルコンテンツ」が大きく増加した一方で，「旅行関係費」および「チケット」は激減している．

　次に，コロナ禍前と比べた同 2 年目以降の状況をみると，「モノ」では「家具」「家電」「書籍」は横ばいないしは減少に転じている．他方，「食料」はコロナ禍 1 年目の大幅な増加は落ち着きつつあるものの，同 4 年目でも増加傾向が続いている．「サービス（ソフトも含む）」では，「音楽・映像ソフト，パソコン用ソフト，ゲームソフト」はコロナ禍 1 年目をピークに減少に転じている一方で，同 1 年目に大きく増加した「デジタルコンテンツ」および「保険」は，増加率が鈍化しているとはいえ増加が続いている．コロナ禍 1 年目に大きな減少となった「旅行関係費」および「チケット」は，同 2 年目には回復傾向にあったとはいえコロナ禍前と比べて大きなマイナスであった．しかし，「チケット」は同 3 年目から，「旅行関係費」も同 4 年目からはコロナ禍前を上回っている．

表 4-11 コロナ禍における 1 世帯あたり電子商取引支出額の増加率（2 人以上の世帯）

（単位：%）

	2020年3月〜 2021年2月／ 2019年3月〜 2020年2月	2021年3月〜 2022年2月／ 2019年3月〜 2020年2月	2022年3月〜 2023年2月／ 2019年3月〜 2020年2月	2023年3月〜 2024年2月／ 2019年3月〜 2020年2月
インターネットを利用した支出総額	16.5	32.2	46.7	62.8
贈答用				
51　贈答品	44.1	64.0	60.3	55.5
自宅用				
自宅用計	15.3	30.9	46.2	63.1
52〜54計（食料）	66.0	115.6	130.5	146.1
52　食料品	64.9	111.4	128.1	141.3
53　飲料	49.1	94.5	101.8	122.6
54　出前	110.1	192.0	210.1	233.2
55　家電	56.6	41.7	26.2	28.4
56　家具	68.9	56.5	39.6	43.7
57〜59計（衣類・履物）	30.6	43.5	44.9	56.3
57　紳士用衣類	31.7	45.8	46.6	61.6
58　婦人用衣類	30.2	44.2	46.9	58.2
59　履物・その他の衣類	30.0	39.6	39.5	47.6
60〜61計（保健・医療）	31.5	43.6	44.6	55.9
60　医薬品	60.0	74.7	85.6	103.4
61　健康食品	24.4	35.9	34.3	43.9
62　化粧品	31.3	39.7	40.9	56.0
63　自動車等関係用品	31.2	45.1	41.0	46.1
64　書籍	50.3	52.1	40.9	47.0
65　音楽・映像ソフト，パソコン用ソフト，ゲームソフト	35.2	31.9	27.4	18.3
66〜67計（デジタルコンテンツ）	64.2	97.3	102.5	112.3
66　電子書籍	66.5	97.3	108.2	137.9
67　ダウンロード版の音楽・映像，アプリなど	62.3	97.1	97.7	92.5
68　保険	34.0	50.9	62.9	70.8
69〜70計（旅行関係費）	▲60.3	▲50.3	▲1.3	39.3
69　宿泊料，運賃，パック旅行費（インターネット上での決済）	▲63.6	▲52.4	▲0.1	48.5
70　宿泊料，運賃，パック旅行費（上記以外の決済）	▲52.2	▲45.3	▲4.4	16.5
71　チケット	▲58.7	▲24.9	25.5	48.1
72　上記に当てはまらない商品・サービス	44.5	56.1	55.1	58.7

（出所）総務省「家計消費状況調査」（各月版）より作成.

(2)　コロナ禍の家計消費動向

　表 4 - 12 は，総務省『家計調査年報』に基づいて， 2 人以上の一般世帯における支出額（2000年＝100.0とした指数）の推移について，大分類ベースでみたものである．コロナ禍 3 年目の2022年にはコロナ禍で低迷していた「消費支出計」も増加に転じ，同 4 年目の2023年も増加傾向が続いている．

　長期的な動向と併せて，コロナ禍前の2019年とコロナ禍 4 年目の2023年との変化に注目すると，次の点が指摘できる．まず，「被服および履物」は，2000年の消費支出額を100.0とした指数で，2005年85.8，2010年75.8と大きく低下してきた．その後はほぼ横ばいで推移していたが，2019年の73.1から2023年は63.9へと， 4 年間で▲9.2ポイント減となっている．

　次に，入場・観覧・ゲーム代，宿泊料やパック旅行費などの教養娯楽サービスを含む「教養娯楽」の指数は，2005年99.7，2010年106.3，2015年97.3と一定の水準を維持してきた．しかし，コロナ禍で大きく低下し，2019年の101.8から2020年は83.5と▲18.3ポイント減となったが，それ以降は増加傾向となり，2023年は101.1とコロナ禍前の水準まで戻っている．

　コロナ禍の影響を大きく受けた一般外食を含む「食料」の指数は，2005年96.7，2010年97.3と横ばい傾向にあったが，2011年の96.3を底に増加に転じ，

表 4 - 12　1 人あたり消費支出額の推移（2 人以上の一般世帯）

	2000年	2005年	2010年	2015年	2016年	2017年	2018年	2019年	2020年	2021年	2022年	2023年
消費支出計	100.0	98.9	98.0	99.3	98.4	99.1	100.6	103.0	98.3	99.3	104.3	105.7
食料	100.0	96.7	97.3	105.6	107.7	108.0	108.6	110.5	110.9	110.5	114.8	121.8
住居	100.0	98.0	94.9	95.8	90.0	89.6	91.6	92.9	95.0	100.9	103.3	100.2
光熱・水道	100.0	103.8	108.7	117.6	108.4	110.6	113.1	113.1	113.3	112.5	129.0	125.9
家具・家事用品	100.0	93.9	97.7	101.4	101.3	103.7	106.3	112.6	123.0	117.9	121.5	121.8
被服および履物	100.0	85.8	75.8	76.9	73.9	74.0	73.4	73.1	59.8	59.4	62.7	63.9
保健医療	100.0	119.4	117.6	121.9	125.1	125.4	129.0	136.0	139.8	140.9	146.6	146.5
交通・通信	100.0	110.9	114.6	121.2	118.8	121.2	128.4	133.6	122.7	122.9	129.2	133.7
教育	100.0	93.6	90.3	86.6	89.9	88.3	94.0	92.0	82.9	96.6	93.4	85.6
教養娯楽	100.0	99.7	106.3	97.3	97.3	97.1	96.2	101.8	83.5	84.9	93.5	101.1
その他の消費支出	100.0	95.2	87.3	80.7	79.8	80.5	79.9	81.3	75.9	76.8	79.2	75.0

（注）2000年の消費支出額を100.0とした指数．
（出所）総務省『家計調査年報』（各年版）より作成．

2015年105.6，2019年110.5，2020年110.9，2021年110.5，2022年114.8，2023年121.8となっている．「食料」全体では，コロナ禍による悪影響はほとんどなく，2022年以降は円安の進展等を要因とする値上げの影響を受けているといえる．

　「家具・家事用品」の指数は，2005年93.9，2010年97.7，2015年101.4と横ばいであったが，2016年の101.3を底に増加に転じ，2019年の112.6からコロナ禍1年目の2020年は123.0へと10.4ポイント増となり，増加基調に拍車がかかった．しかし，同2年目の2021年はその反動もあって減少に転じたが，2023年には121.8まで戻っている．

　表4-13は，商品分類の小分類レベルでコロナ禍前の2019年3月～2020年2月の1年間の消費支出額と，コロナ禍1年目の2020年3月～2021年2月の1年間の消費支出額を比べて，15％以上の増減があった品目をあげたものである．コロナ禍1年目に増加した品目は，「保健医療用品・器具」に加えて，コロナ禍の巣ごもり需要を受けた「その他の家事用消耗品」「冷暖房用器具」，内食回帰傾向による「麺類」などである．逆に減少した品目は，旅行需要の激減による「パック旅行費」「宿泊料」「交通」，人との接触を伴う「入場・観覧・ゲーム代」「一般外食」「月謝類」「交際費」，外出機会の減少やテレワークの影響を受けた「婦人用洋服」「男子用洋服」「婦人用シャツ・セーター類」「履物類」「身の回り品」などである．

　次に表4-14は，コロナ禍前と比べた同2年目（2021年3月～2022年2月）の消費支出額において，15％以上の増減があった品目をあげたものである．これによると増加した品目は「たばこ」[9]だけである．逆に，減少した品目は，全体的に減少幅が縮小しているとはいえ，コロナ禍1年目とほとんど同じ品目があげられる．変化があったのは，「こづかい（使途不明金）[10]」が新たに減少ランキングに入り，「月謝類」および「交際費」[11]が減少ランキングから外れたことである．

　表4-15は，コロナ禍前と比べた同3年目（2022年3月～2023年2月）の消費支出額において，15％以上の増減があった品目をあげたものである．増加した品目は，コロナ禍2年目に引き続き「たばこ」，コロナ禍1年目に増加した品目のトップであった「保健医療用品・器具（健康維持，疾病治療用の用品・器具）」である．これに加えて，「電気代」「冷暖房用器具」「設備材料」があげられているが，これらはコロナ禍による好影響だけではなく，価格の上昇による影響も上乗せされていると考えられる．逆に，減少した品目をみると，コロナ禍2年

表 4 - 13　コロナ禍における消費支出額の変化 (2020年 3 月〜2021年 2 月／2019年 3 月〜 2020年 2 月)

増加した品目		減少した品目	
保健医療用品・器具		パック旅行費	▲82.2%
（健康維持，疾病治療用の用品・器具）	17.9%	宿泊料	▲58.7%
その他の家事用消耗品（ティッシュペーパー，		交通	▲54.7%
トイレットペーパー，洗剤など）	17.0%	入場・観覧・ゲーム代	▲46.6%
冷暖房用器具	16.3%	一般外食	▲34.1%
麺類	16.1%	婦人用洋服	▲27.2%
		月謝類	▲25.2%
		男子用洋服	▲24.3%
		婦人用シャツ・セーター類	▲23.5%
		履物類	▲23.3%
		身の回り用品（かばん，バッグなど）	▲21.9%
		交際費	▲20.8%

（注）2019年における 2 人以上の一般世帯の 1 か月支出額が1,000円以上，増減率が15%以上の品目のみ掲載.
（出所）総務省『家計調査月報』（各月版）より作成.

表 4 - 14　コロナ禍における消費支出額の変化 (2021年 3 月〜2022年 2 月／2019年 3 月〜 2020年 2 月)

増加した品目		減少した品目	
たばこ	17.1%	パック旅行費	▲78.6%
		交通	▲42.7%
		宿泊料	▲40.8%
		入場・観覧・ゲーム代	▲33.1%
		一般外食	▲30.1%
		婦人用洋服	▲24.1%
		こづかい（使途不明）	▲23.3%
		履物類	▲19.1%
		男子用洋服	▲19.1%
		婦人用シャツ・セーター類	▲18.7%
		身の回り用品（かばん，バッグなど）	▲16.9%

（注）表 4 - 13と同じ.
（出所）表 4 - 13と同じ.

表 4 - 15　コロナ禍における消費支出額の変化 (2022年 3 月〜2023年 2 月／2019年 3 月〜 2020年 2 月)

増加した品目		減少した品目	
電気代	24.8%	パック旅行費	▲50.1%
冷暖房用器具	17.7%	こづかい（使途不明）	▲28.3%
たばこ	16.9%	交通	▲22.9%
設備材料	15.6%	婦人用洋服	▲19.6%
保健医療用品・器具			
（健康維持，疾病治療用の用品・器具）	15.0%		

（注）表 4 - 13と同じ.
（出所）表 4 - 13と同じ.

118

表4‐16　コロナ禍における消費支出額の変化（2023年3月～2024年2月／2019年3月～2020年2月）

増加した品目		減少した品目	
設備器具	28.1%	こづかい（使途不明）	▲36.7%
設備材料	24.2%	パック旅行費	▲31.9%
インターネット接続料	21.2%	固定電話通信料	▲24.8%
主食的調理食品	20.5%	婦人用洋服	▲18.9%
宿泊料	19.0%	仕送り金	▲16.5%
他の飲料	16.1%	交際費	▲15.6%
麺類（生・乾うどん・そば，パスタ，中華麺，即席麺など）	15.9%		
他の調理食品（主食的調理商品以外）	15.7%		

（注）表4‐13と同じ.
（出所）表4‐13と同じ.

目において大きく減少した品目のうち「パック旅行費」「こづかい（使途不明）」「交通」「婦人用洋服」は回復せず，他方で同3年目になって大きく回復した「宿泊料」「入場・観劇・ゲーム代」「一般外食」は減少ランキングから外れている.

　さらに，表4‐16はコロナ禍前と比べた同4年目（2023年3月～2024年2月）の消費支出額において，15％以上の増減があった品目をあげたものである．増加した品目は，価格の上昇による影響が大きいとみられる「設備器具」「設備材料」，および「インターネット接続料」，インバウンドの増加による急激な需要回復を背景とした「宿泊料」を除くと，「主食的調理食品」など食料関係の品目が多い．これらは，需要の増加だけではなく，価格上昇も影響しているとみられる．逆に，減少した品目をみると，コロナ禍3年目にもあげられていた「こづかい（使途不明）」「パック旅行費」「婦人用洋服」に加えて，使途が特定しにくい「仕送り金」「交際費」，および増加した品目としてあげられている「インターネット接続料」の裏返しともいえる「固定電気通信料」である.

3．小売・外食業態，主要企業の営業利益の動向

　小売業態や個々の小売企業の動向を分析するにあたって，売上高や売上高対営業利益率をその指標として用いることは難しくなってきている.

　たとえば，コンビニエンスストアのほとんどはフランチャイズチェーン加盟店である．チェーン本部を運営する企業の売上高は，加盟店からのロイヤル

ティ収入，および直営店の売上高を合計したものであり，チェーン各店舗の売上高の合計ではない．そこで，コンビニエンスストアのチェーン本部を運営する各社では，参考データとして「チェーン全店売上高」を公表している．コンビニエンスストア業態あるいはコンビニエンスストアを展開する本部企業の動向をみるためには，当該企業の売上高だけではなく，「チェーン全店売上高」の分析が必要である[12]．

　さらに，百貨店企業の売上高を時系列比較する際には注意が必要である．これは，百貨店企業の多くが採用している「消化仕入れ契約」による取引は，「総額表示」（売上高と仕入高の双方に計上）であったが，企業会計基準委員会「収益認識に関する会計基準」2018年3月に基づいて，2021年4月以降に開始される会計年度からは，「純額表示」（売上高から仕入高を差し引いた金額を計上）に変更された．そのため，決算書に示される百貨店企業の売上高は大きく減少した形で表示されることになる[13]．

　このように売上高を用いて小売業態や小売企業の動向を把握することは困難になってきている．そこで，本節では営業利益ベースで小売業態間競争の動向と上場小売企業の動向を分析することとする．データはダイヤモンド社『ダイヤモンド チェーンストア』が毎年小売業態別にまとめている上場小売企業の「決算ランキング」を用いる．比較対象とした年度は，2006年度から6年おきに，2012年度，2018年度，および2022年度である．ちなみに，2018年度はコロナ禍前のデータであり，2022年度はコロナ禍のデータとなる．ランキングで使用されているデータは，2022年度の場合は2023年4月までの12か月間に決算期を迎えた各社のデータである．

(1)　小売業態別の営業利益の推移

　表4-17は，上場小売企業の営業利益およびその小売業態別割合の推移をみたものである．まず，上場小売企業の営業利益の総計をみると，2006年度1兆3531億円，2012年度1兆5432億円，2018年度2兆249億円，そしてコロナ禍の2022年度には2兆3384億円と着実に増加している．

　小売業態別の営業利益割合は，「百貨店」「総合スーパー」「コンビニエンスストア」では減少が続いている．「百貨店」では2006年度の13.7％から2022年度には4.0％と大幅に減少，「総合スーパー」も2006年度の8.7％から2022年度には4.2％へと半減している．「コンビニエンスストア」でも2006年度の20.5％

表 4-17　小売業態別営業利益の推移

（単位：百万円，％）

	2006年度	2012年度	2018年度	2022年度
百貨店	184,705（ 13.7）	92,756（ 6.0）	124,551（ 6.2）	94,628（ 4.0）
総合スーパー	117,777（ 8.7）	115,977（ 7.5）	93,397（ 4.6）	97,351（ 4.2）
食品スーパー	129,617（ 9.6）	130,034（ 8.4）	164,123（ 8.1）	209,546（ 9.0）
コンビニエンスストア	278,053（ 20.5）	307,778（ 19.9）	334,429（ 16.5）	330,063（ 14.1）
家電大型専門店	77,976（ 5.8）	52,454（ 3.4）	138,889（ 6.9）	165,352（ 7.1）
ドラッグストア	84,883（ 6.3）	171,934（ 11.1）	286,100（ 14.1）	340,192（ 14.5）
ホームセンター	57,362（ 4.2）	98,262（ 6.4）	100,569（ 5.0）	137,629（ 5.9）
専門店チェーン	422,724（ 31.2）	574,009（ 37.2）	782,866（ 38.7）	963,603（ 41.2）
上場小売企業計	1,353,097（100.0）	1,543,204（100.0）	2,024,944（100.0）	2,338,364（100.0）

（注）主として通信販売やインターネットを用いて販売している企業は除く.
（出所）ダイヤモンド社『ダイヤモンド チェーンストア エイジ』第38巻第12号（2007年7月1日），同第44巻第12号（2013年7月1日），同『ダイヤモンド チェーンストア』第50巻第12号（2019年7月1日），同第54巻第12号（2023年7月1日）より作成.

から2022年度には14.1％まで減少している.

　逆に，「専門店チェーン」「ドラッグストア」の営業利益割合は増加を続けている.「専門店チェーン」では2006年度の31.2％から2022年度には41.2％に増加，「ドラッグストア」も2006年度の6.3％から2022年度には14.5％と大幅に増加している.

　「食品スーパー」の営業利益割合は2006年度の9.6％から2018年度には8.1％と減少していたが，コロナ禍による好影響を受け，2022年度には9.0％と2006年度に近い水準まで回復している.「家電大型専門店」および「ホームセンター」も，コロナ禍による好影響を受け，「家電大型専門店」では2018年度の6.9％から2022年度には7.1％に，「ホームセンター」も2018年度の5.0％から2022年度には5.9％へと増加している.

(2)　主要小売企業の営業利益の推移

　表 4-18は，2021年度の上場小売企業営業利益のトップ3である3社の営業利益と，それが上場小売企業の営業利益の総計に占める割合の推移をみたものである.「セブン-イレブン」は，コロナ禍の2022年度は営業利益額およびその割合もやや減少しているが，「ニトリHD」および「ファーストリテイリング」は増加を続けている.

表4-18　主要小売企業3社の営業利益の推移

（単位：百万円，%）

	2006年度	2012年度	2018年度	2022年度
セブン-イレブン	172,737（ 12.8）	186,763（ 12.1）	245,088（ 12.1）	232,873（ 10.0）
ファーストリテイリング	70,355（ 5.2）	126,450（ 8.2）	236,312（ 11.7）	297,325（ 12.7）
ニトリHD	22,300（ 1.6）	61,550（ 4.0）	110,667（ 5.5）	140,076（ 6.0）
3社計	265,392（ 19.6）	374,763（ 24.3）	592,067（ 29.2）	670,274（ 28.7）
上場小売企業計	1,353,097（100.0）	1,543,204（100.0）	2,024,944（100.0）	2,338,364（100.0）

（注）主として通信販売やインターネットを用いて販売している企業は除く.
（出所）表4-17と同じ.

表4-19　上場小売企業営業利益ランキング別営業利益割合

	2006年度		2012年度		2018年度		2022年度	
	企業数	営業利益(百万円) 営業利益割合 (%)	企業数	営業利益(百万円) 営業利益割合(%)	企業数	営業利益(百万円) 営業利益割合(%)	企業数	営業利益(百万円) 営業利益割合(%)
1000億円以上	1社	172,737 （ 12.8）	2社	313,213 （ 20.3）	3社	592,067 （ 29.2）	3社	670,274 （ 28.7）
500億円以上	3社	295,236 （ 21.8）	4社	434,094 （ 28.1）	4社	633,747 （ 31.3）	8社	960,742 （ 41.1）
400億円以上	5社	383,297 （ 28.3）	5社	479,649 （ 31.1）	11社	942,648 （ 46.6）	12社	1,133,312 （ 48.5）
300億円以上	7社	450,122 （ 33.3）	9社	617,430 （ 40.0）	13社	1,012,070 （ 50.0）	20社	1,402,923 （ 60.0）
200億円以上	13社	585,595 （ 43.3）	14社	740,453 （ 48.0）	24社	1,292,498 （ 63.8）	31社	1,676,394 （ 71.7）
上場小売企業計	264社	1,353,097 （100.0）	229社	1,543,204 （100.0）	240社	2,024,944 （100.0）	235社	2,338,364 （100.0）

（注）主として通信販売やインターネットを用いて販売している企業は除く.
（出所）表4-17と同じ.

　上場小売企業の営業利益の総計に占める3社の営業利益割合の推移をみると，2006年度19.6%，2012年度24.3%，2018年度29.2%と大きく増加し，コロナ禍の2022年度はやや減少したとはいうものの，28.7%を占めている.

　表4-19は，上場小売企業の営業利益ランキング別の営業利益額，および上場小売企業の営業利益額総額に占める割合をみたものである．営業利益額が「1000億円以上」の企業は，2006年度は「セブン-イレブン」，2012年度は「セブン-イレブン」「ファーストリテイリング」，2018年度および2022年度は「セブン-イレブン」「ファーストリテイリング」「ニトリHD」の3社である（「セ

ブン – イレブン」「ファーストリテイリング」の2社は両年度ともに2000億円以上）.

　上場小売企業の営業利益額総額に占める営業利益額「1000億円以上」の企業の割合は，2018年度には29.2%，2022年度は「セブン – イレブン」の減益により28.7%と，わずかに減少しているとはいえ，3割近くを占めている．より下位のランクに目を移すと，企業数，営業利益割合ともに上位集中傾向が強まっている．営業利益「200億円以上」の企業数は2006年度13社，2012年度14社，2018年度24社，2022年度31社と着実に増加，上場小売企業の営業利益額総額に占める割合も2006年度43.3%，2012年度48.0%，2018年度63.8%，2022年度71.7%と，大きく増加している．

(3)　コロナ禍による上場小売企業の営業利益の変化

　表4 – 20および表4 – 21は，上場小売企業の営業利益について，コロナ禍前の2018年度とコロナ禍の2022年度を比較したものである[14]．上場小売企業の営業利益の総計では，2018年度の2兆249億円から，2022年度には2兆3384億円へと，3134億円の増加（15.5%増）となっている．営業利益の増加が大きい小売業態は，「専門店チェーン」1807億円増，「ドラッグストア」541億円増，「食品スーパー」454億円増，「ホームセンター」371億円増，「家電大型専門店」265億円増である．「専門店チェーン」では，「ニトリ HD」294億円増，「しまむら」279億円増が大きい．逆に，営業利益の減少が大きいのは，「百貨店」▲299億円減である．

　次に，上場小売企業の営業利益の総計に占める小売業態別割合をみると，2022年度においては「専門店チェーン」41.2%，「ドラッグストア」14.5%，「コンビニエンスストア」14.1%，「食品スーパー」9.0%，「家電大型専門店」7.1%と続く．「専門店チェーン」の中では，「ファーストリテイリング」が12.7%，「ニトリ HD」が6.0%と，「セブン – イレブン」の10.0%とともに，2022年度営業利益のトップ3となっている．コロナ禍前と比べると，「百貨店」2018年度6.2% ⇒ 2022年度4.0%（▲2.2ポイント減），「コンビニエンスストア」2018年度16.5% ⇒ 2022年度14.1%（▲2.4ポイント減）の減少が目立っている．

(4)　コロナ禍による上場外食企業の業績の変化

　表4 – 22および表4 – 23は，上場外食企業の「売上高」「営業利益」「税引前利益」について，コロナ禍前の2018年度とコロナ禍の2022年度を比較したもの

表 4 - 20　小売業態別営業利益（コロナ禍前，コロナ禍比較）

業態		営業利益（百万円）		営業利益割合（％）	
		2018年度	2022年度	2018年度	2022年度
百貨店		124,551	94,628	6.2	4.0
総合スーパー		93,397	97,351	4.6	4.2
食品スーパー		164,123	209,546	8.1	9.0
コンビニエンスストア		334,429	330,063	16.5	14.1
家電大型専門店		138,889	165,352	6.9	7.1
ドラッグストア		286,100	340,192	14.1	14.5
ホームセンター		100,569	137,629	5.0	5.9
専門店チェーン	計	782,866	963,603	38.7	41.2
	ファーストリテイリング	236,312	297,325	11.7	12.7
	ニトリ HD	110,667	140,076	5.5	6.0
	PPIH HD（旧ドンキホーテ HD）	51,568	55,261	2.5	2.4
	しまむら	25,451	53,302	1.3	2.3
	良品計画	44,743	32,773	2.2	1.4
	その他専門店	314,145	384,866	15.5	16.5
上場小売企業計		2,024,944	2,338,364	100.0	100.0

（注1）主として通信販売やインターネットを用いて販売している企業は除く.
（注2）ドンキホーテを運営する PPIH HD のディスカウントストア部門は，2018年度についてはドンキホーテ HD の営業利益，2022年度は PPIH セグメント事業セグメント利益をとった.
（出所）ダイヤモンド社『ダイヤモンド チェーンストア』第50巻第12号（2019年 7 月 1 日），同第54巻第12号（2023年 7 月 1 日）より作成.

表 4 - 21　営業利益200億円以上の上場小売企業（2022年度）
（単位：百万円）

百貨店	丸井グループ 38,771，三越伊勢丹 21,926
総合スーパー	イズミ 27,577，ユニー 25,500，イオングループ22,377
食品スーパー	ヤオコー 26,235，バロー HD 20,062
コンビニエンスストア	セブン - イレブン232,873，ファミリーマート 63,208，ローソン 35,188
家電大型専門店	ヤマダ HD 44,066，ノジマ 33,572，ケーズ HD 30,129
ドラッグストア	マツキヨココカラ＆カンパニー 62,276，ウエルシア HD 45,635，ツルハ HD 40,568，サンドラッグ 37,452，スギ HD 31,658，コスモス薬品 29,796
ホームセンター	DCM HD 30,068，コメリ 26,053，コーナン商事 22,019
専門店チェーン	ファーストリテイリング 297,325，ニトリ HD 140,076，PPIH HD（旧ドンキホーテ HD）55,261，しまむら 53,302，良品計画 42,447，エービーシー・マート 42,301，神戸物産 27,820，ワークマン 24,106

（注）主として通信販売やインターネットを用いて販売している企業は除く. 通信販売の上場企業では ZOZO が564億2100万円の営業利益をあげている.
（出所）表 4 - 20と同じ.

表 4 - 22　上場外食企業の業績（コロナ禍前，コロナ禍比較）

	売上高		営業利益		税引前利益	
	2018年度	2022年度	2018年度	2022年度	2018年度	2022年度
2022年度売上高200億円以上企業（18年度55社，22年度55社）	47,017億円	49,534億円 5.4%増	2,071億円	1,152億円 ▲44.4%減	1,083億円	793億円 ▲26.8%減
	増収企業23社 減収企業32社		増益企業19社 減益企業36社		増益企業27社 減益企業28社	
2022年度売上高200億円未満企業（18年度41社，22年度40社）	7,671億円	3,609億円 ▲53.0%減	184億円	▲95億円 ──	▲27億円	▲33億円 ──
上場外食企業計（18年度96社，22年度95社）	54,688億円	53,143億円 ▲2.8%減	2,255億円	1,057億円 ▲53.1%減	1,056億円	760億円 ▲28.0%増

（出所）ダイヤモンド社『ダイヤモンド チェーンストア』第50巻第12号（2019年7月1日），同第54巻第12号（2023年7月1日）より作成．

表 4 - 23　税引前利益50億円以上（2021年度または2022年度）の上場外食企業

	2018年度税引前利益（百万円）	2021年度税引前利益（百万円）	2022年度税引前利益（百万円）	2018-2022年度税引前利益増加額（百万円）
マクドナルド HD	21,939	23,945	19,937	▲2,002
ゼンショー HD	9,924	13,869	13,265	3,341
吉野家 HD	▲6,000	8,116	7,234	13,234
王将フードサービス	4,189	8,807	6,213	2,024
サイゼリア	5,074	1,765	5,660	586
トリドール HD	267	8,979	3,827	3,560
FOOD&LIFE COMPANIES	7,991	13,185	3,607	▲4,384
クリエイトレストランツ HD	1,321	5,919	3,385	2,064
スカイラーク HD	11,438	8,742	▲6,371	▲17,809

（注1）ゼンショー HD（すき家，なか卯，はま寿司他），FOOD&LIFE COMPANIES（スシロー，京樽他），トリドール HD（丸亀製麺，コナズ珈琲他），王将フードサービス（餃子の王将，GYOZA OHSHO 他），スカイラーク HD（ガスト，バーミャン，しゃぶ葉，ジョナサン，夢庵他），クリエイトレストランツ HD（かごの屋，しゃぶ菜，デザート王国，いっちょう他）．

（注2）ゼンショー HD は，2019年7月にジョリーパスタ，2020年2月にココスを経営統合した．ゼンショー HD の2018年度の税引前利益99億2400万円に，この両社の同年度の税引前利益14億900万円を加えると113億33万円となる．同様に算出すると，ゼンショー HD の2021年度税引前利益138億6900万円は，2018年度対比25億3600万円増（22.4%増）となる．

（出所）表 4 - 22と同じ．

である．これらの上場外食企業は，さらに2022年度の売上高200億円以上の企業（以下，「200億円以上企業」という）と，同200億円未満の企業（以下，「200億円未満企業」という）の2つに区分した．まず，「売上高」の変化をみると，「200億円以上企業」5.4％増（増収企業23社，減収企業32社），「200億円未満企業」▲53.0％減となっており，200億円未満企業が大きく減少している．「営業利益」では「200億円以上企業」においても▲44.4％減とほぼ半減（増益企業19社，減益企業36社），「200億円未満企業」では赤字である．上場外食企業は，コロナ禍により「売上高」「営業利益」ともに減少（特に200億円未満企業では大きく減少）している．次に，「税引前利益」では，上場企業全体では2018年度の1056億円から，2022年度は760億円へと▲296億円の減少（▲28.0％減）となっている．

　なお，コロナ禍1年目から2年目にかけての2021年度は，コロナ関連の協力金や助成金により多額の営業外利益や特別利益が計上された結果，上場企業の「税引前利益」全体では，2018年度比330億円増（31.2％増），「200億円以上企業」の「税引前利益」は同275億円増（26.9％増），「200億円未満企業」でも同55億円増（157.0％増）と，コロナ禍前よりも増益となっている．

4．客数・客単価からみる動向

　売上高を客数と客単価に分解することにより，コロナ禍以前からの売上高の長期的な動向を踏まえて，コロナ禍の特徴的な動向を分析することとする．分析対象とするのは，コロナ禍でも順調に売上高の増加を続けた「ドラッグストア（ウエルシア）」，コロナ禍での売上高増加が際立った「食品スーパー（ヤオコー）」，コロナ禍の影響を強く受けた外食産業の中でも，その落込みは軽微であった「ファーストフード（マクドナルド）」，コロナ禍直後の落込みから脱してコロナ禍3年目（2022年3月～2023年2月）になってコロナ禍前の水準に戻した「コンビニエンスストア」である．

(1)　ウエルシアの客数・客単価の推移
① ウエルシア客数・客単価の長期推移
　図4-1は，ドラッグストア業界の中でもトップの売上高であり，かつコロナ禍でも順調に売上高を増加させたウエルシアHDにおける2013年9月以降[15)]の売上高・客数・客単価の動向をみたものである．これによると，既存店前年

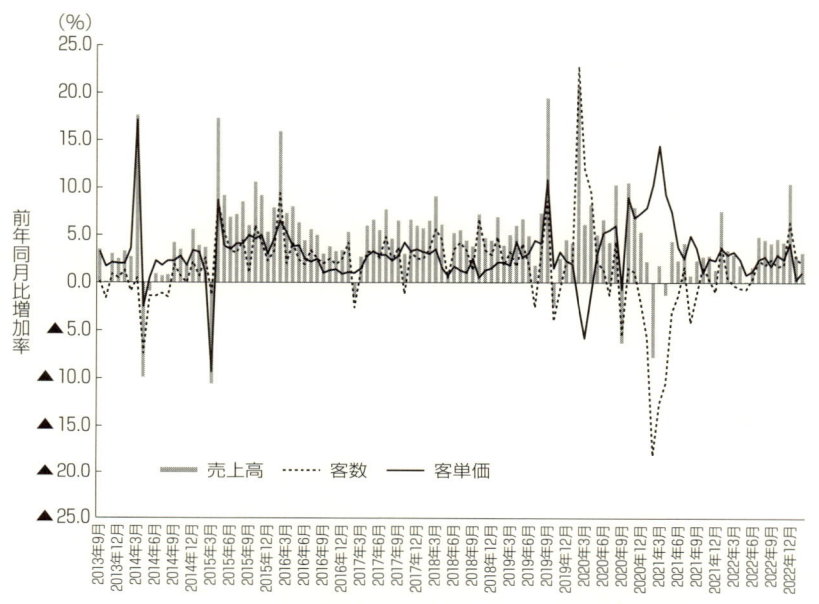

図4-1　ウエルシア既存店前年同月比増加率の推移（長期動向）

（出所）ウエルシアHD「月例報告」より作成.

同月比売上高増加率は，ほとんどマイナスになることなく推移している．既存店の売上高が増加を続けていることに加えて，活発な新規出店とM＆Aによって取得した店舗も含めて店舗数が大幅に増加しているため，急速に売上高が拡大している．

　ウエルシアHDの期末店舗数（2月末現在）は，2014年度1436店，2015年度1472店，2016年度1532店，2017年度1687店，2018年度1874店，2019年度2005店，2020年度2207店，2021年度2457店，2022年度2751店と順調に増加している．ウエルシアHDの売上高（2月決算）も，2015年度5284億円，2016年度6232億円，2017年度6953億円，2018年度7791億円，2019年度8682億円，2020年度9496億円，2021年度1兆259億円，2022年度1兆1443億円（2014年度は6か月の変則決算のため除外）と大きく増加している（ウエルシアHD「決算説明会資料」）．

　売上高を客数と客単価に分解すると，客数・客単価ともに，ほとんどの月においてプラスとなっている．なお，コロナ禍2年目（2021年3月～2022年2月）は同1年目（2020年3月～2021年2月）の反動減で前年同月比の客数が減少傾向にあったが，客単価が増加したため，売上高は増加基調となっている．

② コロナ禍のウエルシア客数・客単価の動向

ドラッグストアは，コロナ禍によりインバウンド需要の激減という逆風を受けたものの，それを大きく上回る成長を遂げ，多くの企業において既存店コロナ禍前同月比売上高は増加傾向が続いている．ウエルシア HD では，コロナ禍の 3 年間，いずれの年も 2 月および 9 月が減少しているが，これはコロナ禍前の2019年 9 月に前年同月比売上高19.4％増，2020年 2 月に前年同月比売上高20.6％増と大きな増加率となっているためである．2019年 9 月は消費税増税前の駆け込み需要，2020年 2 月はコロナ禍が小売業に大きな影響を及ぼす前の先行的な動きとして，マスクや消毒液などの売上が増加し，この時の売上高が比較対象となっている．

売上高を客数と客単価に分解すると，客数は大きく減少している 2 月および 9 月を除いてほぼ横ばい傾向にあるのに対して，客単価はコロナ禍直後の2020年 3 月および 4 月にはやや減少となったものの，それ以降は継続してコロナ禍前同月比で増加している．特にコロナ禍 3 年目（2022年 3 月〜2023年 2 月）にはコロナ禍前と比べて10％を超える増加となっている（2019年 9 月の消費税増税前の駆け込み需要の反動で一桁の増加にとどまった2022年 9 月を除く）（図 4 - 2 参照）．

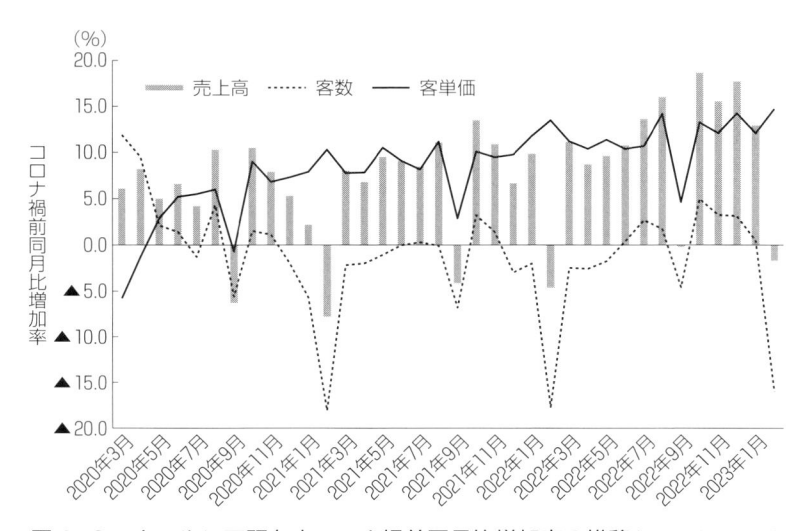

図 4 - 2　ウエルシア既存店コロナ禍前同月比増加率の推移（コロナ禍の動向）

（出所）図 4 - 1 と同じ.

(2)　ヤオコーの客数・客単価の推移

① ヤオコー客数・客単価の長期推移

食品スーパーは，コロナ禍による外食需要の減少，内食回帰傾向を受けて既存店前年同月比売上高増加率はコロナ禍 1 年目（2020年 3 月～2021年 2 月）に大きな増加を示した．**図 4 - 3** は，食品スーパー業界売上高上位企業のうち，既存店コロナ禍前同月比売上高増加率が大きく，[16] かつ客数・客単価のみならず，客単価を構成する買上点数・一品単価の前年同月比増加率を公表しているヤオコーの2011年 4 月以降の動向をみたものである．

ヤオコーの既存店前年同月比売上高増加率の推移をみると，コロナ禍における大幅な増加が際立っているが，コロナ禍前からもほとんどの月の増加率はプラスとなっている．コロナ禍前の状況は，2011年 8 月から2013年10月頃までは客数がやや減少，客単価はやや増加し，売上高はほぼ現状維持，2013年11月から2015年 1 月頃までは客数・客単価ともにやや増加し，売上高も増加した．その後，2018年 1 月からコロナ禍前の2020年 1 月頃までは客数がやや減少，客単価はやや増加し，売上高はほぼ現状維持となっている．

コロナ禍においては，客数が減少する一方で，客単価が大幅に増加したため，売上高も大きく増加している．コロナ禍により外食を避け，家庭内で調理する傾向が強まる内食回帰傾向に加えて，買物頻度が低下したことが客数の減少をもたらし，逆に買物頻度が低下した分，1 回あたりの買物金額が増えたことが客単価を増加させたといえる．さらに，客単価を「買上点数」と「一品単価」に分解すると，「一品単価」が増加しているものの，「買上点数」も大幅に増加したため，客単価が大きく増加している（**図 4 - 4** 参照）．

② コロナ禍のヤオコー客数・客単価の動向

図 4 - 5 は，コロナ禍におけるヤオコーの動向をみたものである．既存店コロナ禍前同月比売上高増加率はコロナ禍 1 年目に大きな増加を示した後，コロナ禍 2 年目および 3 年目にもその水準を維持している．毎年 2 月の増加率が比較的低い水準にとどまっているのは，2020年 2 月はコロナ禍が小売業に大きな影響を及ぼす前の先行的な動きとして，買い置き需要が発生したため，同月の前年同月比売上高増加率が11.0％増と大きく増加し，その時の売上高が比較対象となっていることによる．売上高を客数と客単価に分解すると，既存店コロナ禍前同月比売上高の増加は，客数の減少を大きく上回る形で客単価が増加し

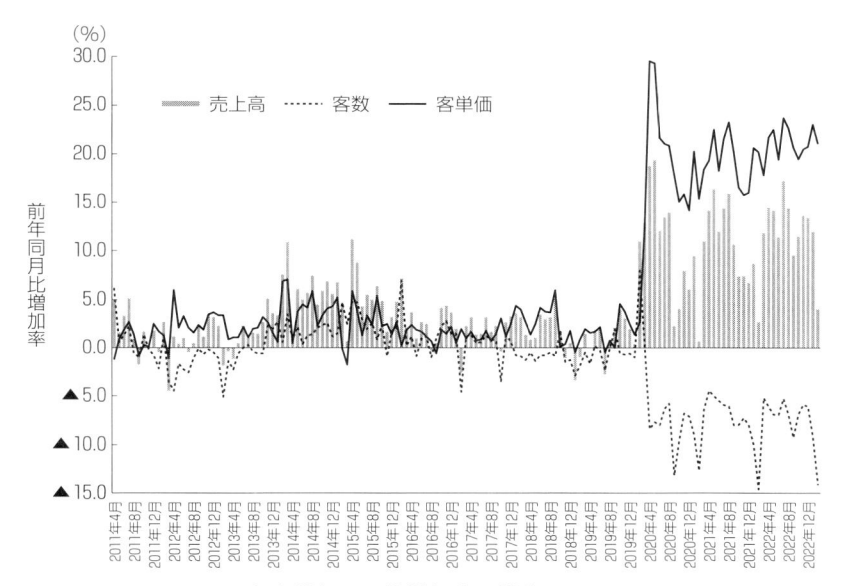

図 4‐3　ヤオコー既存店前年同月比増加率の推移（長期動向，客数・客単価分解）

（出所）ヤオコー「月次営業情報」より作成.

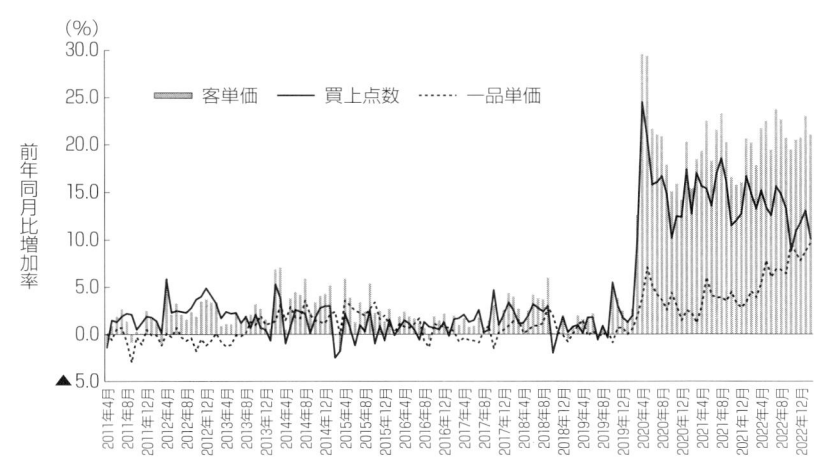

図 4‐4　ヤオコー既存店前年同月比客単価増加率の推移（長期動向，買上点数・
　　　　　一品単価分解）

（出所）図 4‐3 と同じ.

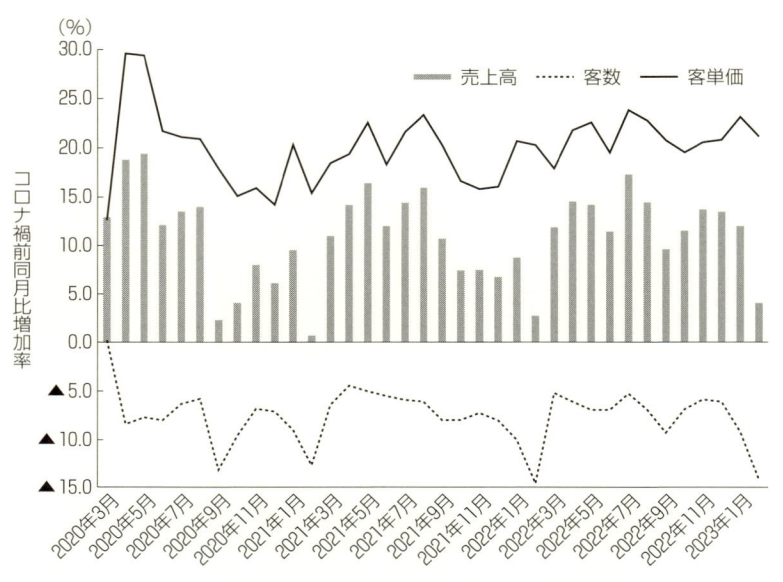

図 4-5　ヤオコー既存店コロナ禍前同月比増加率の推移（コロナ禍の動向,
**　　　　客数・客単価分解）**

（出所）図 4-3 と同じ.

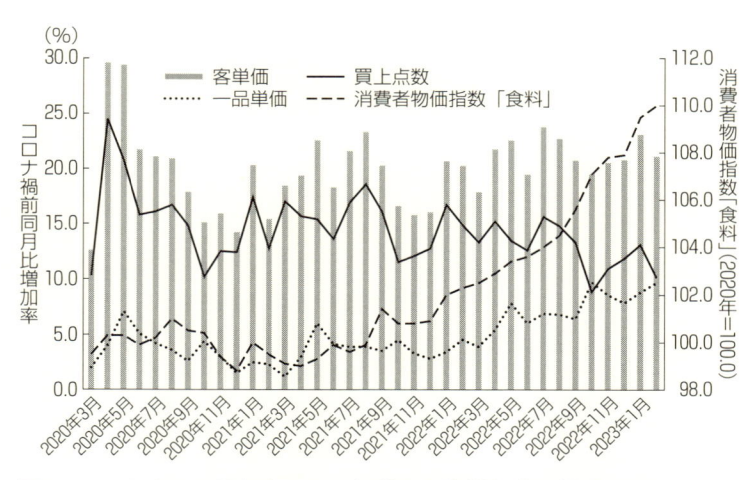

図 4-6　ヤオコー既存店コロナ禍前同月比増加率の推移（コロナ禍の動
**　　　　向,買上点数・一品単価分解）**

（出所）ヤオコー「月次営業情報」,総務省「消費者物価指数月報」より作成.

たためである.

　そこで，図4-6はヤオコーの客単価を買上点数と一品単価に分解する形で，その増加要因を分析したものである. これによると，買上点数・一品単価ともにコロナ禍前同月比で継続して増加し，両者があいまって客単価を押し上げているが，その増加率は買上点数増加率の方が高く，客単価の増加に大きな寄与をしている. なお，コロナ禍3年目（2022年3月～2023年2月）の一品単価の増加は，消費者物価指数の上昇に示されるように値上げによる影響が大きいといえる.

(3)　マクドナルドの客数・客単価の推移
① マクドナルドのハンバーガー価格の推移

　マクドナルドのハンバーガー価格の推移をみると，創業時の1971年8月80円，1973年4月100円，1973年11月120円，1974年11月150円，1980年12月180円，1985年12月210円と，物価上昇に伴って値上げされてきた. しかし，円高が進行し，牛肉の関税の段階的な引下げが始まる1995年4月には130円に値下げされている. さらに，デフレ状態にあった2000年2月からは「平日半額セール」として，平日のハンバーガー価格が65円と大幅な値下げがなされた. その結果，「ハンバーガー・チーズバーガーの平日販売個数は4.8倍，来店客数も18.3%増えた[17]」という. しかし，同年7月にはロッテリアもハンバーガーの半額セールを恒常化するなど，低価格競争が激化した.

　その後，2001年7月のジャスダック上場，2001年9月の日本でのBSE発生による客数の落込み，さらに円安方向に為替が変動する中で，2002年2月にはハンバーガーの価格を80円とした. 平日は，65円から80円へと値上げとなるが，土曜・日曜はそれまでの120円から80円へと値下げされたわけである. にもかかわらず，客離れが激しくなったため，2002年8月には59円まで値下げ，2003年7月には逆に80円に値上げされている.

　すなわち，2000年2月にそれまでの130円から平日は65円に値下げ，2002年2月には全日80円に変更，そのわずか半年後の2002年8月に59円に値下げ，さらに1年足らずの2003年7月に80円に値上げと，短期間に値上げ・値下げという価格改定が繰り返され，消費者に価格不信をもたらすことになった. この間，2002年12月期の決算では29年ぶりの当期純利益で赤字に転落し，翌2003年12月期も赤字となっている.

その後のハンバーガー価格は，2005年4月に80円（消費税込み，消費税分を実質値下げ），2007年6月には地域別価格を導入した（以下の価格は，より高い価格で販売されている一部の都市部の店舗に適用される価格ではなく，一般的な地域の価格を示す）．2008年5月には100円（消費税込み）に値上げ，2013年5月に120円（消費税込み）に値上げ，2014年4月に消費税が8％に増税されるのを機に，100円（消費税込み）に値下げされている．

この間のハンバーガー市場におけるマクドナルドのシェアをみると[18]，1994年度（ハンバーガー価格210円）の47.7％から，1995年4月の130円への値下げを経て，1995年度51.6％，1996年度55.6％，1997年度57.9％，1998年度61.4％，1999年度には62.4％までシェアを高めた．2000年度は同年2月から平日の価格を65円に引き下げたこともあり，シェアは65.2％に，さらに翌2001年度には68.1％まで高まっている．しかし，2002年2月に80円に値上げ，同年8月に59円に値下げされた2002年度のシェアは66.8％とやや低下し，2003年7月に80円に値上げされた2003年度のシェアはやや戻したものの67.5％となっている．その後は順調にシェアを高め，2004年度は68.4％と2001年度のシェアを上回り，2007年度には74.7％となっている．2008年10月には価格を100円に値上げしたが，その後もシェアを高め，2012年度には76.4％に達している．

しかし，2014年7月に輸入元である中国企業の保存期限切れチキンナゲット問題（のちに日本には輸出されていないことが確認）[19]，2015年1月に異物混入問題と不祥事が続き，客離れが進んだ．そのため，2014年12月期には当期純利益で▲218億円と大幅な赤字に陥り，翌2015年12月期も▲35億円の赤字となっている（表4-24参照）．

その後は，消費税増税に際して，持ち帰り食品に軽減税率が導入されたのを機に，2019年10月に110円（消費税込み）に値上げされている．そして，円安の影響などで原材料価格が高騰した2022年3月に130円（消費税込み），2022年9月に150円（消費税込み），2023年1月には170円（消費税込み）と，短期間に大幅な値上げを行っている．

② マクドナルド客数・客単価の長期推移

売上高を客数と客単価に分解することにより，売上高の増減要因を確認したい．ただし，同社の「月次IRニュース」において前年同月比客数・客単価のデータが確認できるのは2005年1月以降であるため，それ以降の期間について

表 4 - 24　マクドナルド全店売上高・当期純利益の推移

（単位：億円）

	全店売上高	当期純利益	ハンバーガーの価格など
1994年12月期	2,152	51	210円（1985年12月～）
1995年12月期	2,528	86	4月 130円に値下げ
1996年12月期	2,982	110	
1997年12月期	3,331	110	
1998年12月期	3,779	146	
1999年12月期	3,944	159	
2000年12月期	4,311	168	2月 平日65円に値下げ
2001年12月期	4,389	102	7月 ジャスダック上場，9月 日本で BSE 発生
2002年12月期	4,027	▲ 23	2月 80円（平日・休日とも），8月 59円に値下げ
2003年12月期	3,867	▲ 71	7月 80円に値上げ
2004年12月期	3,959	37	
2005年12月期	4,118	1	4月 80円（税込み，消費税5％分値下げ），FC 店を増加
2006年12月期	4,415	15	
2007年12月期	4,941	78	
2008年12月期	5,183	124	5月 100円（税込み）に値下げ，プレミアムローストコーヒー発売
2009年12月期	5,319	128	
2010年12月期	5,427	79	
2011年12月期	5,350	132	3月 東日本大震災
2012年12月期	5,298	129	
2013年12月期	5,045	51	5月 120円（税込み）に値上げ
2014年12月期	4,463	▲218	4月 100円（税込み）に値下げ（消費税8％を機に） 7月 期限切れ問題
2015年12月期	3,766	▲ 35	1月 異物混入問題，店舗改装促進，不採算店閉鎖
2016年12月期	4,385	56	
2017年12月期	4,902	240	
2018年12月期	5,242	219	
2019年12月期	5,490	168	10月 消費税軽減税率適用を機に110円（税込み）に値上げ
2020年12月期	5,892	210	
2021年12月期	6,520	239	
2022年12月期	7,175	199	3月 130円（税込み）に値上げ，9月 150円（税込み）に値上げ
2023年12月期	7,777	251	1月 170円（税込み）に値上げ

（出所）日本マクドナルド IR 資料，および日本マクドナルド編『日本マクドナルド「挑戦と変革」の経営』，東洋経済新報社，2022年より作成.

分析する.

　なお，マクドナルドに代表されるファーストフードは，コロナ禍で大きく売上高が減少した外食産業の中でも，その落込みは軽微であった．図4-7は，マクドナルドの既存店売上高が大きく増減した時期における要因について，客数と客単価に分解する形で分析したものである．特徴的な時期をあげると次のようになる.

1）2005年4月消費税5％分値下げ以降の1年間（2005年4月〜2006年3月）
　　客数の増加，客単価の減少が相殺され，売上高はほぼ横ばい.

2）2007年6月の地域別価格の導入直前からの1年間（2007年4月〜2008年3月）
　　客数は増加，客単価は横ばいで，売上高は増加.

3）2013年5月に120円に値上げされる前の1年間（2012年5月〜2013年4月）
　　客数は横ばい，客単価は減少し，売上高は減少.

4）2013年5月に120円に値上げされ，2014年4月に100円に値下げされる

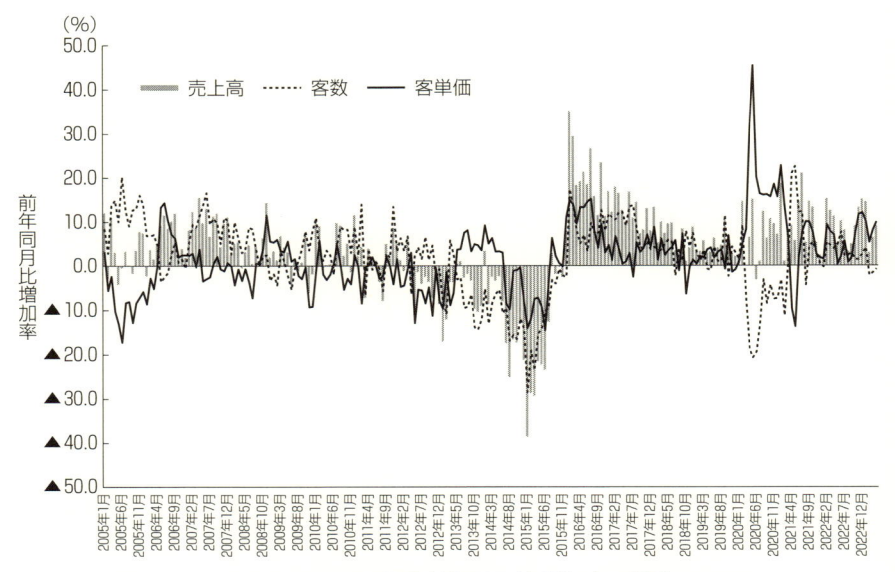

図4-7　マクドナルド既存店前年同月比増加率の推移（長期動向）
（出所）日本マクドナルドHD「月次IRニュース」より作成.

　　　前月までの10か月間（2013年 5 月～2014年 3 月）

　　　客数はやや減少，客単価はやや増加となったが，売上高では減少．

　 5) 2014年 4 月に100円に値下げされ，2014年 7 月の期限切れチキンナ
　　　ゲット問題前までの 3 か月間（2014年 4 月～同年 6 月）

　　　客数はやや減少，客単価はやや増加となったが，売上高では減少．

　 6) 2014年 7 月期限切れチキンナゲット問題に始まり，2015年 1 月異物混
　　　入問題を経た 1 年間（2014年 7 月～2015年 6 月）

　　　客数は大幅に減少，客単価もやや減少し，売上高は大きく減少．

　 7) 不祥事からの回復期の 1 年間（2016年 1 月～同年12月）

　　　客数は大幅に増加，客単価は増加（2016年 7 月までは大幅増加）し，売上
　　　高は大きく増加．

　　　この回復傾向は，2018年 6 月頃まで続く．

　 8) コロナ禍 1 年目の 1 年間（2020年 3 月～2021年 2 月）

　　　客数は大幅に減少，客単価は大幅に増加し，売上高は増加．

　 9) 短期間に大幅な値上げを実施（2022年 3 月130円に値上げ，2022年 9 月150円
　　　に値上げ，2023年 1 月170円に値上げ）したコロナ禍 3 年目の 1 年間（2022
　　　年 3 月～2023年 2 月）

　　　客数はやや増加，客単価も増加し，売上高もかなり増加．

③ コロナ禍のマクドナルド客数・客単価の動向

　図 4 - 8 に基づいて，コロナ禍におけるマクドナルドの既存店コロナ禍前同
月比売上高をみると，2022年 3 月および 6 月を除いて増加が続き，特にコロナ
禍 3 年目（2022年 3 月～2023年 2 月）には20～30％台の大幅な増加となっている．

　売上高を客数と客単価に分解すると，客数はコロナ禍 1 年目（2020年 3 月～
2021年 2 月）にはコロナ禍前同月比で二桁の減少となることもあった．コロナ
禍 2 年目（2021年 3 月～2022年 2 月）からは減少傾向に歯止めがかかったものの，
依然として減少基調が続いている．他方，客単価は大幅な増加傾向が続き，
2021年 5 月～2022年 8 月には20％を超える増加，2022年 9 月以降は30％を超え
る大幅な増加となり，客数の減少基調を大きくカバーする形で売上高の増加に
寄与している．

　なお，コロナ禍 3 年目（2022年 3 月～2023年 2 月）において，客単価が大幅に増
加し，また客数がコロナ禍前と比べて横ばいないしは減少傾向にある中でも売

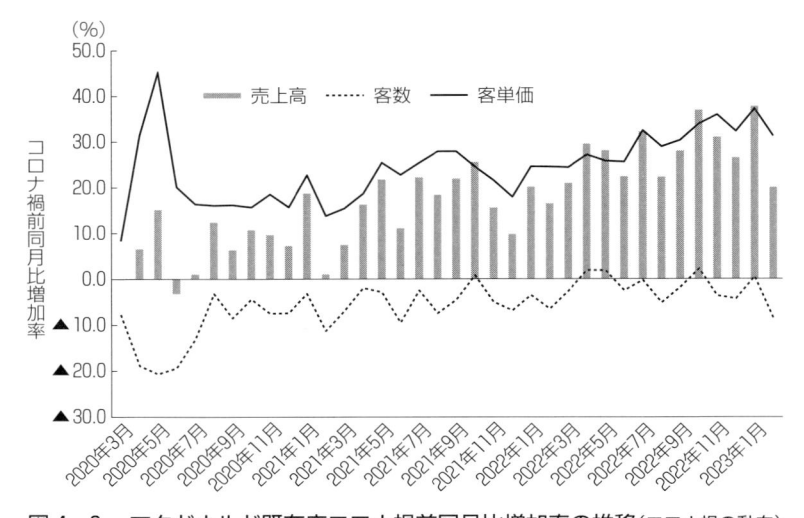

図4‑8　マクドナルド既存店コロナ禍前同月比増加率の推移（コロナ禍の動向）

　（注）ハンバーガーの価格は，輸入牛肉価格の高騰を理由として，短期間に次のように値上げされている．2022年3月110円⇒130円，2022年9月130円⇒150円，2023年1月150円⇒170円．
　（出所）図4‑7と同じ．

上高が大きく増加したのは，値上げによる影響が大きい．マクドナルドは，輸入牛肉価格の高騰を主な理由として，コロナ禍3年目には短期間のうちにハンバーガー価格の値上げを繰り返している（2022年3月110円⇒130円，2022年9月130円⇒150円，2023年1月150円⇒170円）．しかし，この値上げによっても客数はほとんど減少することなく，客単価の増加，売上高の増加に寄与している．

（4）　コンビニエンスストアの客数・客単価の推移
① コンビニエンスストア客数・客単価の長期推移

　図4‑9は，コンビニエンスストアにおける2008年1月以降の売上高・客数・客単価の動向をみたものである．2008年5月からの前年同月比売上高の増加は，自販機でのたばこの購入に際してタスポカード[20]が必要となり，自販機でのたばこの販売が大きく減少，その減少分の多くをコンビニエンスストアが取り込み，さらにたばこ購入のついでに他の商品も購入するという"ついで買い効果"が貢献したものと考えられる．商業動態統計調査における商品分類では，たばこは「非食品」として分類されるが，「非食品」の前年同月比売上高は20％を超えるほど大きく増加している[21]．これを「タスポ効果」とよぶことにする．

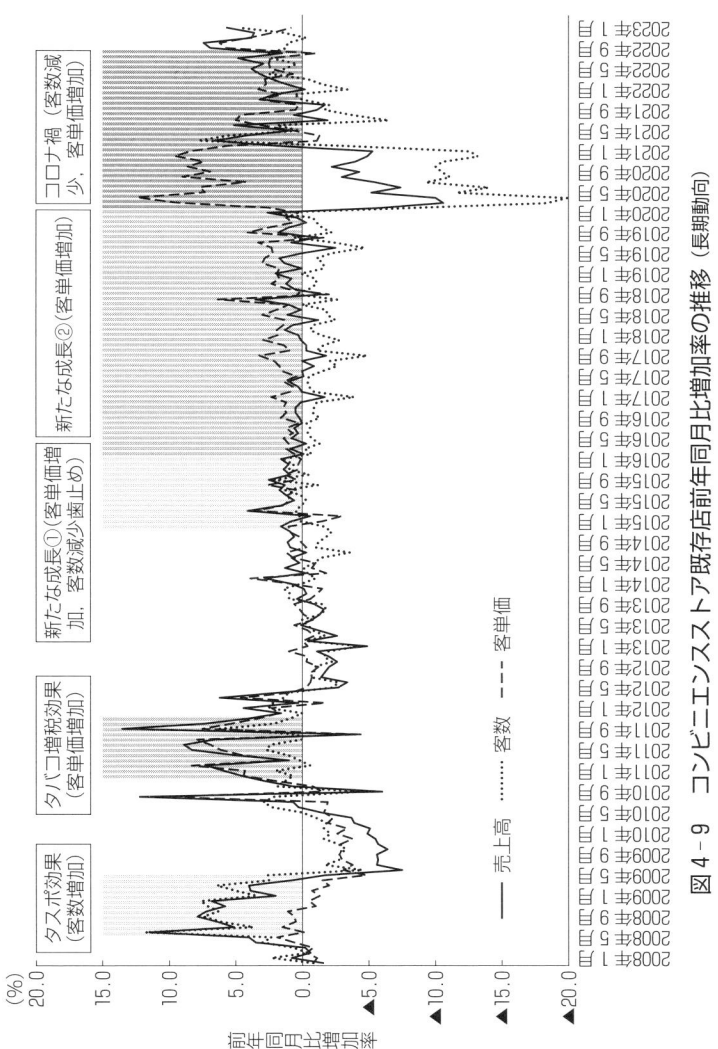

図 4 - 9　コンビニエンスストア既存店前年同月比増加率の推移（長期動向）

(出所) 日本フランチャイズチェーン協会『コンビニエンスストア統計調査月報』(各月版) より作成.

「タスポ効果」は，2008年5月から2009年6月まで続く「客数」の増加に明確に表れており，タスポカードの導入はコンビニエンスストアの新たな顧客の開拓に大きく貢献したといえる．

しかし，「タスポ効果」が一巡した2009年後半からは再び前年同月比売上高が水面下に陥る．その後，2010年10月に1箱300円のマイルドセブンが410円に値上げされるなど，たばこの大幅な増税が実施された[22]．そのため，同年9月には駆け込み需要により，さらに同年12月からは値上げ効果により「たばこ（非食品）」の売上高が大きく増加[23]，既存店前年同月比売上高はプラスに転じることとなった．これを「たばこ増税効果」とよぶこととする．「たばこ増税効果」は，買い置き需要の影響が薄れてきた2010年12月〜2011年8月まで続く「客単価」の増加に表れている．

しかし，「たばこ増税効果」が薄れてきた2012年後半からは，前年同月比売上高は再び水面下に陥り，コンビニエンスストアの成長の限界は明らかなように思われた．他方，セブン‐イレブンの既存店前年同月比売上高は，「たばこ増税効果」が薄れていった直後の2012年8月から2017年9月まで62か月連続で増加している．既存店前年同月比売上高の増加は，2014年末頃まではセブン‐イレブンのみで，ローソンやファミリーマートなど他の企業は，必ずしもそのような状況ではなかったため，“セブン‐イレブンの一人勝ち”というような状態が続いた[24]．セブン‐イレブンにこのような好調をもたらした要因は，PB商品である「セブンプレミアム」，さらにPB商品以外のオリジナル商品の開発・販売が進んだこと，また2013年1月から販売を開始した挽きたて・淹れたてコーヒー「セブンカフェ」の貢献が大きいといえる．

セブン‐イレブンの好調に刺激される形で，他のコンビニエンスストア企業もPB商品やオリジナル商品の開発・販売に取り組み，挽きたて・淹れたてコーヒーの販売を本格化していく．それらの効果もあり，2015年4月頃からはローソンやファミリーマートにおいても既存店前年同月比売上高が増加傾向を示し，コンビニエンスストアは「新たな成長ステージ」に入ったといえる．

ここで注意しなければならないことは，2014年4月から消費税率が5％から8％へと引き上げられたことである．消費税は企業が納税する義務を負っているため，消費税の税率アップはコンビニエンスストアの売上高を3％分押し上げるだけで，コンビニエンスストアに利益の増加をもたらすものではない．

そこで，消費税増税の影響を確認すると，増税直後の2014年4月の前年同月

比売上高はマイナスとなっている．その後も 1 ％程度の増加にとどまっており，実質的な既存店売上高はマイナスであったといえる．消費税増税の影響が前年同月比売上高増加率に反映されるのは2015年 3 月までであるが，2015年 4 月以降も前年同月比売上高は増加している．すなわち，この頃からコンビニエンスストアは「新たな成長ステージ」に入ったといえ，「客単価」の増加をもたらすと同時に，2014年 3 月から2015年 1 月まで継続していた「客数」の減少傾向に歯止めをかけることとなった．

　しかし，「客単価」が増加し，かつ「客数」も増加基調にあった時期は2015年 4 月から2016年 2 月の11か月間にとどまり，2016年 3 月からは「客単価」は増加しているものの，逆に「客数」は減少が続いている．既存店売上高も増加基調を続けているものの，その増加率はわずかであり，「新たな成長ステージ」も2020年 2 月下旬頃に始まるコロナ禍前には終焉に近づいていたといえる．

　コロナ禍に入ると，テレワークの進展によりオフィス街の売上高が落ち込むとともに，内食回帰傾向により中食需要が落ち込んだこともあって，コンビニエンスストア既存店売上高はコロナ禍前同月比を下回る状況が続いた．コロナ禍においては，「客単価」は増加したが，それを上回る形で「客数」が減少し，売上高の減少をもたらした．その後，「客数」は回復傾向となり，2022年 7 月には既存店コロナ禍前同月比売上高がコロナ禍に入ってわずかとはいえ初めての増加となったが，同年 8 月および 9 月は再び減少となったため，コロナ禍前同月比売上高が増加基調に転じたといえるのは2022年10月以降といえる．

② コロナ禍のコンビニエンスストア客数・客単価の動向

　図 4 - 10に基づいて既存店コロナ禍前同月比増加率をみると，客数はコロナ禍前同月比でほぼ10％台の減少が続いているのに対して，客単価はコロナ禍前同月比で一貫して増加，2021年12月以降は継続して10％を超える増加となり，客数の減少をカバーする形でコロナ禍前同月比売上高の回復・増加に貢献している．コロナ禍前同月比売上高が増加基調に転じたといえるのは2022年10月以降といえるが，それが増加に転じるのはセブン - イレブンが最も早く，2022年 6 月以降は増加となっているのに対して，ファミリーマートは2022年10月以降，ローソンでは2023年 2 月以降である．

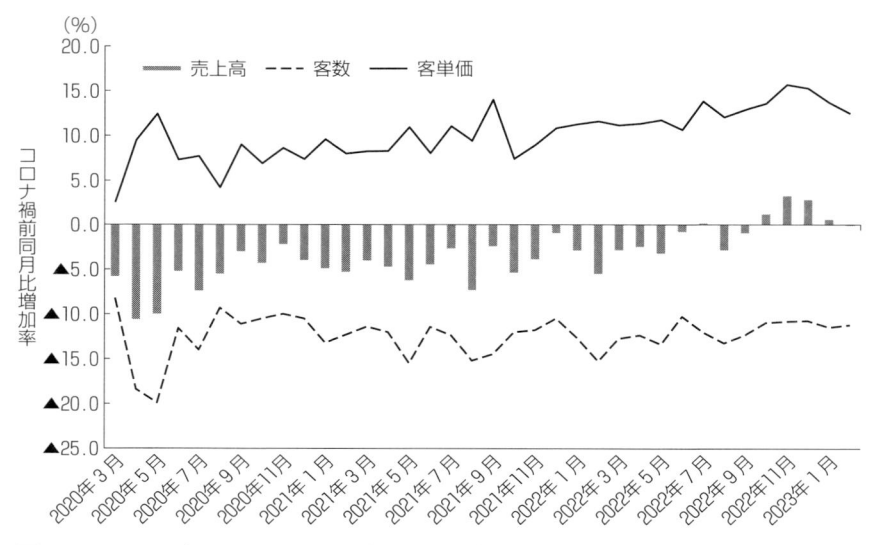

図4‐10　コンビニエンスストア既存店コロナ禍前同月比増加率の推移（コロナ禍の動向）
（出所）図4‐9と同じ.

む　す　び

　コロナ禍による悪影響を大きく受けたのは「百貨店」「外食」であるが，両者ともに2022年10月頃からはコロナ禍前と同程度の水準，あるいはコロナ禍前の水準をやや上回るまでに回復している．「コンビニエンスストア」は，コロナ禍前からやや停滞傾向にあったが，コロナ禍によるオフィス街立地店の売上高の落込みなどの影響を受けたものの，コロナ禍3年目からはコロナ禍前の水準を上回っている．

　「食品スーパー」は，コロナ禍前までは停滞傾向にあったが，内食回帰傾向による食事材料の売上高増加に加えて，コロナ禍2年目からは家庭内での調理が不要な中食商品の売上高増加が続き，コロナ禍による好影響を受けるとともに，その後も増加を続けている．「ドラッグストア」はコロナ禍前から成長を続けていたが，コロナ禍でも成長を続け，その後も増加傾向が加速している．

　「ホームセンター」「家電大型専門店」は，コロナ禍前には停滞傾向にあったが，巣ごもり需要やテレワークの進展を受けて，コロナ禍1年目は売上高が増

加したものの，コロナ禍 2 年目には減少に転じ，同 4 年目にはコロナ禍前をや
や上回る水準にとどまっている．

　コロナ禍の消費動向について電子商取引支出額からみると，コロナ禍 1 年目
には，「モノ」では従来からも電子商取引支出割合の多かった「家具」「家電」
「書籍」はさらに増加しているが，これに加えて「出前」など「食料品」が大
きく増加し，フードデリバリーやネットスーパーの成長をもたらした．「サー
ビス（ソフトも含む）」では巣ごもり需要を受けて「デジタルコンテンツ」が大
幅に増加した一方で，「旅行関係費」および「チケット」は激減している．

　次に，コロナ禍前と比べた同 2 年目以降の状況をみると，「モノ」では「家
具」「家電」「書籍」が減少に転じている．他方，「食料」はコロナ禍 1 年目の
大幅増加が落ち着きつつあるものの，同 3 年目でも増加傾向が続いている．
「サービス（ソフトも含む）」では，「音楽・映像ソフト，パソコン用ソフト，
ゲームソフト」が減少に転じた一方で，「デジタルコンテンツ」および「保険」
は，増加率が鈍化しているとはいえ増加傾向が続いている．「旅行関係費」お
よび「チケット」は，コロナ禍 2 年目には回復傾向にあったが，同 3 年目に
なって「チケット」ではコロナ禍前の水準を上回り，「旅行関係費」もほぼコ
ロナ禍前の水準に戻っている．

　次に，上場小売企業の営業利益に着目して分析すると，営業利益の総計は着
実に増加している．小売業態別の営業利益割合は，コロナ禍前までは「専門店
チェーン」「ドラッグストア」が増加傾向，逆に「百貨店」「総合スーパー」
「コンビニエンスストア」は減少傾向にあった．コロナ禍においては，「専門店
チェーン」「ドラッグストア」「食品スーパー」「ホームセンター」「家電大型専
門店」の営業利益割合が増加，逆に「百貨店」の営業利益割合は大きく減少し
た．上場小売企業の営業利益の総計に占める小売業態別の割合は，2022年度に
は「専門店チェーン」41.2％，「ドラッグストア」14.5％，「コンビニエンスス
トア」14.1％，「食品スーパー」9.0％，「家電大型専門店」7.1％と続く．「専
門店チェーン」の中では，「ファーストリテイリング」が12.7％，「ニトリ
HD」が6.0％と，「セブン‐イレブン」の10.0％とともに，2022年度営業利益
のトップ 3 となっている．

　また，上場外食企業の売上高・利益額は，コロナ禍により「売上高」「営業
利益」ともに減少（特に200億円未満企業では大きく減少）している．「税引前利益」
では，2021年度はコロナ関連の協力金や助成金により多額の営業外利益や特別

利益を計上された結果，コロナ禍前の2018年度よりも増益となったが，2022年
度の「税引前利益」は2018年度の水準を回復できていない．

　さらに，ドラッグストア（ウエルシアHD），食品スーパー（ヤオコー），ファー
ストフード（マクドナルド），コンビニエンスストアについて，売上高の動向を
客数と客単価に分解する形で分析したが，コロナ禍における共通した動向は，
客数の減少（ウエルシアHDは横ばい），客単価の増加（客単価を分解できるヤオコー
では買上点数の増加）である．

注

1）　2020年2月27日，当時の安倍首相が新型コロナウイルスの対策本部会議で全国すべ
　　ての小中高校や特別支援学校を同年3月2日から一斉休校にすると表明した．この頃
　　からコロナウイルス感染症による小売・外食業態への影響が本格的に出始めたとみて，
　　2020年3月をコロナ禍1年目の始まりとした．

2）　日本惣菜協会によると，惣菜の市場規模はコロナ禍1年目の2020年の9兆8195億円
　　からコロナ禍4年目の2023年は10兆9827億円へと，1兆1632億円の増加となっている．
　　小売業態別には，「食品スーパー」の惣菜売上高が4953億円増（「総合スーパー」も含
　　めると5907億円増）と大きく増加，「コンビニエンスストア」が3135億円増となってい
　　る．惣菜市場全体における2023年の小売業態別割合は，「コンビニエンスストア」31.5
　　％，「食品スーパー」29.7％，「惣菜専門店」26.8％，「総合スーパー」8.9％，「百貨
　　店」3.1％である．2023年における食品スーパーとコンビニエンスストアの商品分類別
　　の特徴をみると，「食品スーパー」が強い商品分類は，一般総菜36.4％（コンビニエン
　　スストア22.7％），「コンビニエンスストア」が強い商品分類は，袋物惣菜61.6％（食
　　品スーパー23.3％），調理麺62.2％（同17.3％），調理パン54.8％（同33.0％）である．
　　なお，米飯類では，「惣菜専門店」（仕出し弁当店，持ち帰り弁当店，寿司販売店等も
　　含む）が36.7％を占め，次いで「食品スーパー」27.5％，「コンビニエンスストア」
　　24.6％となっている（日本総菜協会『惣菜白書2024年』）．

3）　「百貨店」の化粧品売上高は，コロナ禍前の2019年の5592億円からコロナ禍1年目の
　　2020年は3213億円へと▲2379億円減（経済産業省「商業動態統計月報」）と大きく減少
　　しているが，これはインバウンド需要の激減による影響が大きい．コロナ禍前の2019
　　年において，訪日外国人の42.2％（免税購入率は29.2％）が化粧品・香水を購入し，
　　その平均単価は3万4176円（観光庁「訪日外国人の消費動向2019年」），訪日外国人1
　　人あたり1万4422円の化粧品・香水を購入したことになる．2019年の訪日外国人客数
　　は3188万人（日本政府観光局「訪日外客数」）であり，これを掛け合わせると4598億円
　　のインバウンド需要があったと推計される．このうち29.7％が百貨店での購入（富士
　　経済編『化粧品業態別販売動向とインバウンド実態調査2020年』富士経済，2020年）
　　と推計されており，百貨店のインバウンド需要は1366億円あったことになる．すなわ
　　ち，百貨店の化粧品売上高の減少分の半数以上はインバウンド需要の激減によって説
　　明できる．百貨店企業の事例をあげると，高島屋の国内売上高は，2019年度（2020年
　　2月期）の7603億円から2020年度には5688億円へと▲1915億円減となったが，この期

間に免税売上高も496億円から43億円へと▲453億円減となっている（高島屋「決算説明会資料2022年度」）．また，伊勢丹新宿本店の売上高は，2018年度（2019年3月期）の2889億円から2020年度には2070億円，▲819億円減となったが，この間に免税売上高は297億円から38億円，▲258億円減と激減している．三越銀座店の売上高も，2018年度（2019年3月期）の912億円から2020年度には443億円，▲469億円減となったが，この間に免税売上高は272億円から5億円，▲267億円減と激減している（三越伊勢丹HD「決算説明資料」）．

4）　「ドラッグストア」においては，コロナ禍1年目および同2年目に，コロナ禍前と比べてOTC医薬品の売上高が減少（コロナ禍1年目▲4.3％減，同2年目▲5.0％減），同じくコロナ禍1年目から同3年目にかけて，ビューティケア（化粧品・小物）の売上高が減少（コロナ禍1年目▲12.1％減，同2年目▲10.1％減，同3年目▲3.9％減）している（経済産業省「商業動態統計月報」）．これは，インバウンド需要の激減による影響が大きいと考えられる．OTC医薬品の売上高は，コロナ禍前の2019年度の9132億円からコロナ禍1年目の2020年度には8738億円へと▲394億円減となっている．2019年には訪日外国人の34.6％（免税購入率は22.7％）が医薬品を購入し，その平均単価は1万4637円（観光庁「訪日外国人の消費動向2019年」），訪日外国人1人あたり5064円の医薬品を購入している．2019年の訪日外国人客数は3188万人（日本政府観光局「訪日外客数」）であり，これを掛け合わせると1614億円のインバウンド需要があったと推計される．したがって，コロナ禍1年目のOTC医薬品の売上高▲394億円減は，インバウンド需要の激減による要因が大きいといえる．同様に，ドラッグストアのビューティケア（化粧品・小物）の売上高は，コロナ禍前の1兆119億円からコロナ禍1年目には8892億円へと▲1227億円減となっている．2019年には訪日外国人の42.2％（免税購入率は29.2％）が化粧品・香水を購入し，その平均単価は34,176円（観光庁「訪日外国人の消費動向2019年」），訪日外国人1人あたり1万4422円となっている．2019年の訪日外国人客数は3188万人（日本政府観光局「訪日外客数」）であり，これを掛け合わせると4598億円のインバウンド需要があったと推計される．このうち29.4％がドラッグストアで購入されており（富士経済編『化粧品業態別販売動向とインバウンド実態調査2020年』富士経済，2020年），ドラッグストアのインバウンド需要は1352億円であったと推計される．すなわち，ドラッグストアのOTC医薬品の減少は，インバウンド需要の激減が大きく影響しているといえる．

5）　ドラッグストアは近年急成長しており，売上高合計では2015年（2015年3月〜2016年2月の期間を2015年と表記する，以下同じ）は前年同期と比べて9.0％増，2016年5.8％増，2017年6.1％増，2018年5.2％増，2019年8.4％増と大きく増加している．コロナ禍では，インバウンド需要の激減という逆風を受けたものの，2020年4.0％増，2021年1.6％増，2022年5.5％増，2023年8.9％増と成長を続けている．「調剤医薬品」は2015年6.8％増，2016年▲0.3％減，2017年5.0％増と，売上高合計の増加率を下回っていたが，2018年には5.8％増と売上高合計の増加率5.2％増をやや上回り，2019年は37.0％増と大幅な増加となった．そして，コロナ禍でも2020年5.6％増，2021年7.9％増，2022年13.6％増，2023年11.0％増と高い成長を維持している（経済産業省『商業動態統計月報』）．

6）　「食品」は近年のドラッグストアの成長を牽引する役割を果たしており，2015年

（2015年3月〜2016年2月の期間を2015年と表記する，以下同じ）10.9％増，2016年10.4％増，2017年9.6％増，2018年10.2％増，2019年8.6％増，2020年11.1％増，2021年2.5％増，2022年7.6％増，2023年12.8％増と売上高合計の増加率を上回って成長しており，コロナ禍でも増加傾向が続いている（経済産業省『商業動態統計月報』）.

7）　ホームセンターの売上高合計は，2015年（2015年3月〜2016年2月の期間を2015年と表記する，以下同じ）は前年同期と比べて▲4.3％減，その後も2016年▲0.3％減，2017年▲0.4％減，2018年▲0.4％減，2019年▲0.4％減と停滞を続けていたが，コロナ禍の2020年は6.9％増と久しぶりに大きな増加率となった．しかし，2021年▲4.2％減，2022年▲1.1％減と再び減少に転じ，2023年も0.1％増にとどまっている．その中でも，「ペット・ペット用品」の前年比売上高増加率は，2015年3.3％増，2016年1.5％増，2017年0.3％増，2018年0.1％増，2019年3.0％増と着実に増加してきた．その傾向がコロナ禍で加速され2020年に8.2％増となったが，その後は2021年1.6％増，2022年▲0.1％減，2023年5.4％増と停滞傾向にある（経済産業省『商業動態統計月報』）.

8）　フードデリバリーの代表的企業である出前館では，「オーダー数」はコロナ禍前（2019年12月〜2020年2月期）を100.0とした指数で，コロナ禍1年目（2020年12月〜2021年2月期）180.5，同2年目（2021年12月〜2022年2月期）292.7，同3年目（2022年12月〜2023年2月期）246.5，同4年目（2023年12月〜2024年2月期）224.7，同様に「流通取引総額」はコロナ禍前を100.0とした指数で，コロナ禍1年目177.5，同2年目268.7，同3年目238.8，同4年目230.4となっており，コロナ禍2年目までは急増したが，コロナ禍3年目からは減少に転じている（出前館「決算説明会資料」）.

9）　2021年10月のたばこ税増税による販売価格値上げの影響が考えられる．日本たばこ協会による2021年10〜12月の紙巻たばこ販売実績をみても，前年同期間比2.4％増とわずかではあるが増加している．しかし，たばこの消費支出額の増加はこれだけでは説明しきれず，これまで「こづかい（使途不明）」の中に含まれていたものが在宅機会の増加により「たばこ」の消費として計上された可能性などが考えられる．

10）　「こづかい（使途不明金）」は，コロナ禍前と比べるとコロナ禍1年目▲13.6％減，同2年目▲23.3％減，同3年目▲28.3％減と，同4年目▲36.7％減と大幅な減少が続いている（総務省『家計調査月報』）.

11）　「月謝類」はコロナ禍1年目に▲25.2％の減少となったが，コロナ禍2年目は同1年目と比べて一転して18.4％の増加となり，同2年目はコロナ禍前と比べて▲11.4％の減少まで戻った．しかし，同3年目はコロナ禍前比▲8.7％，同4年目も▲14.2％の減少となり，コロナ禍前の水準を回復していない．同様に，「交際費」はコロナ禍1年目に▲20.8％の減少となったが，コロナ禍2年目になって同1年目と比べて7.5％の増加となり，同2年目はコロナ禍前と比べて▲14.8％の減少まで戻った．しかし，同3年目はコロナ禍前比▲14.7％の減少，同4年目も▲15.6％となり，コロナ禍前の水準には及ばない（総務省『家計調査月報』）.

12）　コンビニエンスストア業界最大手のセブン‐イレブンの2022年度（2023年2月期）のチェーン全店売上高（国内）は5兆618億円となっている．これに対して，同社の売上高は8728億円（うち加盟店からのロイヤルティ収入7792億円，直営店売上高855億円，その他の営業収入81億円），売上原価（直営店の売上高に対する売上原価）613億円，直営店の売上総利益率28.3％，営業利益2329億円（同社の売上高に対する営業利益率

26.7%）である（セブン‐イレブン「損益計算書」）．

13) 一例をあげると，百貨店業界最大手の高島屋は，2022年3月期から「収益認識に関する会計基準」（企業会計基準第29号）を適用している．同社の当該会計基準を適用した2022年3月期の営業収益（売上高）は4434億円，当該会計基準を適用しない場合は8818億円となり，営業収益（売上高）だけからみると，ほぼ半減したような形で示されている（高島屋「決算短信」）．

14) コロナ禍が小売・外食業態の売上高に与えた影響，および同時期の電子商取引支出額や家計消費の動向については，南方建明『現代小売業の潮流──統計データによる検証──』（補章 コロナ禍の小売・外食業態）晃洋書房，2023年も併せて参照されたい．

15) ドラッグストア主要企業のコロナ禍3年目の既存店コロナ禍前同月比売上高増加率の12か月単純平均をみると，ウエルシアHD 11.1%増，スギHD 8.7%増，コスモス薬品 7.1%増，ツルハHD 3.2%増，サンドラッグ ▲0.2%減となっている（各社「月次営業情報」より算出，2021年10月にマツモトキヨシHDとココカラファインが経営統合して誕生した「マツキヨココカラ＆カンパニー」を除く）．

16) 食品スーパー主要企業のコロナ禍3年目の既存店コロナ禍前同月比売上高増加率の12か月単純平均をみると，ヤオコー 12.3%増，バローHD 7.3%増，ユナイテッド・スーパーマーケットHD 0.8%増となっている（各社「月次営業情報」より算出，2020年7月から既存店前年比売上高増加率が公表されるようになった「ライフコーポレーション」を除く）．

17) 日経MJ編『流通経済の手引2002年』日本経済新聞社，2001年，124ページ（日本マクドナルド会長 藤田 田 談）．

18) 日経産業新聞編『日経市場占有率』（2000〜2011年版），『日経シェア調査』（2012〜2014年版），および『日本経済新聞』1997年3月25日，同1999年3月1日（夕刊）．

19) 日本マクドナルド編『日本マクドナルド「挑戦と変革」の経営』東洋経済新報社，2022年，74ページ．

20) タスポカードとは，社団法人日本たばこ協会，全国たばこ販売協同組合連合会および日本自動販売機工業会が未成年者の喫煙防止に向けて開発し，2008年3月から順次全国に導入している成人識別ICカードの名称，および同カードを使用したシステムの総称であり，2008年7月には全都道府県に導入された．財務省の調査（2008年12月実施，対象は「喫煙者」および「2005年7月以降喫煙を止めた者」）によると，たばこの購入先は「店頭」が79.4%と同年2月の前回調査の44.4%から急増し，他方で自販機は18.9%と，前回調査の53.7%から大幅に減少している．また，タスポカードの取得は喫煙者全体の35.2%にとどまっていた（財務省「新しい注意文言に関するアンケート調査結果」（財政制度等審議会第15回たばこ事業等分科会資料，2009年3月26日））．なお，タスポカードの利用は2026年3月末で終了することになっている（日本たばこ協会・全国たばこ販売協同組合連合会「『成人識別たばこ自動販売機システム（taspo）』の今後の運営について」2023年4月1日）．

21) コンビニエンスストアの商品分類別既存店前年同月比売上高をみると，「非食品」は2008年6月〜2009年4月にかけて，前年同月比20%を超える売上高増加となっている（経済産業省『商業販売統計月報』）．

22) 2009年末に閣議決定された税制改正大綱で，たばこ1本につき税金を3.5円引き上げることとなり，たばこメーカーの値上げ分の1.5円を合わせて1本5円・1箱100円の値上げが2010年10月より実施された．その影響で，たばこ販売数量は2010年9月には前年同月比87.8%増，同年10月にはその反動で前年同月比▲58.8%減にまで落ち込んだ．他方，たばこ売上高は2009年度3兆5460億円，2010年度3兆6163億円，2011年度4兆1080億円，2012年度4兆465億円，2013年度4兆744億円，2014年度3兆8418億円，2015年度3兆9227億円，2016年度3兆6377億円，2017年度3兆1655億円と推移している（日本たばこ協会「販売実績（数量・代金）推移一覧」）．たばこ販売数量は減少傾向にあるものの，2011年度までは増税のため売上高はかなり増加しており，コンビニエンスストアの非食品部門の売上高増加に貢献している．なお，たばこの粗利益率は10%程度であり，コンビニエンスストアの平均粗利益率約30%と比べると小さいが，たばこ売上高の増加はコンビニエンスストアに利益の増加をもたらした．

23) コンビニエンスストアの既存店前年同月比売上高を商品分類別にみると，「非食品」の増加率は，2011年3月，2011年5〜8月，2011年10月および同年11月において20%を超えている（経済産業省『商業販売統計月報』）．

24) セブン‐イレブンが主導したコンビニエンスストアの「新たな成長ステージ」については，南方建明『日本の小売業態構造研究』御茶の水書房，2019年，67-71ページを参照のこと．

第5章 加工食品をめぐる小売業態間競争
──ドラッグストアの成長に着目して──

はじめに

　日本ホームセンター研究所『ドラッグストア経営統計』に基づいて，「ドラッグストア」の売上高の長期推移をみると，1999年に1兆円台に達した後，2003年に2兆円台，2007年に3兆円台，2012年に4兆円台，2015年に5兆円台，2017年に6兆円台，2020年に7兆円台となり，急速に増加している．店舗数の推移をみても，「ドラッグストア」は2015〜2022年の7年間に4882店増（36.0%増）[1]となっている．他方，同期間に「スーパー」の店舗数は2899店増（14.4%増），「コンビニエンスストア」は1727店増（3.2%増）であり，ドラッグストアの店舗数の増加率はスーパーやコンビニエンスストアを大きく上回っている（経済産業省『商業動態統計年報』）．

　「ドラッグストア」は，ヘルス＆ビューティケアを中核商品とし，成長初期には薬局や化粧品店の需要を奪う形で成長してきた．しかし，それだけでは成長に限界があるため，近年では加工食品の取扱いに力を入れている[2]．

　食市場を外食・中食・内食に分けると，「スーパー」は内食に対応する生鮮食品など食事材料を中核商品とし，近年はすぐに食べることができる中食商品にも力を入れている．また，「コンビニエンスストア」は中食商品を中核商品としている．外食は1990年代後半をピークとして停滞傾向にあったが，コロナ禍により大きな打撃を受けることになった[3]．他方，「ドラッグストア」は一部の企業では内食材料である生鮮食品や，すぐに食べることができる中食商品を取り扱っている企業もあるが，取扱食品の多くは加工食品である．

　そこで，本章は主な食品取扱い小売業態である「食品スーパー」「コンビニエンスストア」「ドラッグストア」による加工食品をめぐる小売業間競争について，統計資料を用いて明らかにすることを目的とする．

　まず，「食品スーパー」「コンビニエンスストア」「ドラッグストア」の小売

業態としての成長過程について，売上高および店舗数の推移をもとに分析する．
次に，「ドラッグストア」の成長過程について，ヘルス＆ビューティケアの需
要を取り込んで成長する過程，および加工食品をめぐる小売業態間競争に焦点
をあてて明らかにする．

　さらに，「ドラッグストア」が加工食品の取扱いに力を入れる背景，および
加工食品の販売において競争力をもちうる要因について，商品部門別の粗利益
率，商品回転率に着目して分析する．また，「ドラッグストア」の加工食品の
販売価格は確かに低価格といえるのかについて検証する．ここまでは，小売業
サイドからみた分析であるが，最後に消費者が加工食品を購入する小売業態が
「ドラッグストア」にシフトしつつあることを確認する．

Ⅰ．主な食品取扱い小売業態の店舗数・売上高の推移

（1）　急速に成長したドラッグストア

　「ドラッグストア」は，近年他の小売業態をはるかに上回る成長をみせてい
る．経済産業省『商業動態統計年報』に基づいて，その売上高の推移をみると，
初めて同調査の対象となった2014年に４兆9375億円，コロナ禍でも成長を続け
2022年には７兆7087億円に達している．

　他方，「コンビニエンスストア」の売上高は順調に成長を続けてきたが，
2017年頃から増加率が鈍化，2019年に11兆5034億円となった後，2020年はコロ
ナ禍の影響で11兆291億円と初めてマイナスとなった．その後はやや回復した
ものの，2022年は11兆5482億円とコロナ禍前をわずかに上回る水準にとどまっ
ている．

　「百貨店（食堂・喫茶を除く）」の売上高は，1991年の11兆8056億円から大きく
減少してきたが，コロナ禍１年目の2020年は４兆6055億円まで減少，2022年に
はやや回復したとはいうものの５兆3936億円と，ピーク時の半分以下にまで減
少している．

　「家電大型専門店」の売上高は，初めて商業動態統計調査の対象となった
2014年の４兆5331億円から，2016年は４兆1830億円まで減少，その後増加傾向
となり，コロナ禍前の2019年には４兆5454億円まで回復し，さらにコロナ禍１
年目の2020年は４兆7928億円と一時的に増加した．しかし，その後は反動減と
なり，2022年は４兆6844億円とコロナ禍前の水準に戻っている．

　同様に，「ホームセンター」の売上高も，初めて同調査の対象となった2014年に 3 兆3452億円，その後はほぼ横ばいとなり，コロナ禍前の2019年は 3 兆2748億円であったものの，コロナ禍 1 年目の2020年は 3 兆4964億円と一時的に増加した．しかし，その後は反動減となり，2022年は 3 兆3420億円となっている．

　また，「スーパー」（総合スーパー，および売場面積1500 m² 以上の食品スーパー）の売上高は，初めて同調査が実施された1998年から2012年までは12兆円台後半で推移し，ほとんど横ばい状態であったが，2013年に13兆円台に達した．そして，コロナ禍前の2019年の13兆983億円から，コロナ禍 1 年目の2020年は14兆8112億円と大きく増加，2022年は15兆1533億円と，2013年以降は増加傾向にあり，コロナ禍においてその増加傾向が加速している．

　2022年の売上高を小売業態間で比較すると，「スーパー」15兆1533億円，「コンビニエンスストア」11兆5482億円，「ドラッグストア」 7 兆7087億円，「百貨店」 5 兆3936億円，「家電大型専門店」 4 兆6844億円，「ホームセンター」 3 兆3420億円となっている．

⑵　主な食品取扱い小売業態の店舗数の推移

　表 5 - 1 は，主な食品取扱い小売業態の店舗数の推移と，2015年を100.0とした指数の推移をみたものである．これによると，「ドラッグストア」は急速な店舗数の増加が続いており，コロナ禍以降も増加傾向が継続している[4]．他方，「コンビニエンスストア」の店舗数は，それまでの増加傾向が2018年に頭打ちとなり，それ以降は横ばいとなっている．「スーパー」は緩やかに店舗数が増加しており，コロナ禍以降も増加傾向が続いている．

⑶　主な食品取扱い小売業態の売上高の推移

　表 5 - 2 は，主な食品取扱い小売業態の売上高の推移をみたものである．なお，「中大規模スーパー（総合スーパーを含む）」は商業動態統計調査の対象である売場面積が1500 m² 以上のスーパーの売上高である．また，「全スーパー計」は商業統計表（業態別統計編）における「総合スーパー」および「食料品スーパー」の売上高合計であり，1999年25兆5977億円（中大規模スーパーの売上高の1.99倍），2002年24兆4189億円（同1.93倍），2007年24兆5530億円（同1.93倍），2014年21兆3892億円（同1.60倍）となっている．

表5-1　主な食品取扱い小売業態の店舗数の推移

	ドラッグストア	コンビニエンスストア	スーパー
2015年	13,547(100.0)	54,505(100.0)	20,129(100.0)
2016年	14,190(104.7)	55,636(102.1)	20,352(101.1)
2017年	15,049(111.1)	56,374(103.4)	20,480(101.7)
2018年	15,660(115.6)	56,574(103.8)	20,840(103.5)
2019年	16,422(121.2)	56,502(103.7)	22,229(110.4)
2020年	17,000(125.5)	56,542(103.7)	22,434(111.5)
2021年	17,622(130.1)	56,352(103.4)	22,762(113.1)
2022年	18,429(136.0)	56,232(103.2)	23,028(114.4)

（注1）カッコ内は，2015年を100.0とした指数.
（注2）「ドラッグストア」および「コンビニエンスストア」の店舗数は，各年12月末現在.
（注3）「スーパー」の店舗数は，全国スーパーマーケット協会『スーパーマーケット白書』（各年版）（原典は日本全国スーパーマーケット情報）. その業態別内訳は，2022年では大型店1,799店舗（総合スーパーマーケット1,269店舗，スーパーセンター530店舗），中型店15,972店舗（食品スーパーマーケット12,680店舗，食品ディスカウンター1,035店舗，業務用食品スーパー2,257店舗），小型店5,257店舗（小型食品スーパーマーケット3,014店舗，小型食品ディスカウンター702店舗，ミニスーパーマーケット1,541店舗）である.
（出所）経済産業省『商業動態統計年報』（各年版），全国スーパーマーケット協会・日本スーパーマーケット協会・オール日本スーパーマーケット協会『スーパーマーケット白書』（各年版）より作成.

　「中大規模スーパー（総合スーパーを含む）」の売上高は，コロナ禍前の2019年までは横ばいないしは微増傾向にあったが，コロナ禍1年目の2020年に大きく増加，その後も増加を続けている.「コンビニエンスストア」の売上高は増加を続けてきたが，2010年以降は増加傾向が加速された. コロナ禍1年目の2020年に初めて減少となったものの，コロナ禍3年目の2022年にはコロナ禍前の水準までに回復している. これに対して，「ドラッグストア」の売上高は一貫して増加を続けていることが注目される.

(4)　ドラッグストアの売上高・売場効率の推移

　わが国小売業の実質販売額は，バブル崩壊以降，横ばいないしは減少傾向にある中で，売場面積が増加したため，売場効率（売場面積1m²あたりの年間販売額）が低下している. 「ドラッグストア」においても，全体の売上高が急増する中で，売場効率は2004年頃までは低下してきたが，2004年からはほぼ60万円／m²を維持し，さらに2015年頃からはやや上昇傾向にある（図5-1参照）. 小売業全体の販売額が横ばい傾向にある中でも，ドラッグストアは急速に店舗数

表5‑2　主な食品取扱い小売業態の売上高の推移

（単位：億円）

	ドラッグストア	コンビニエンスストア	中大規模スーパー（総合スーパーを含む），カッコ内は全スーパー計
1998年	*9,305*	58,278	125,911
1999年	*11,192*	61,357	128,390(255,977)
2000年	*14,665*	63,894	126,224
2001年	*17,635*	65,173	127,147
2002年	*19,208*	66,312	126,677(244,189)
2003年	*22,007*	67,602	126,526
2004年	*23,579*	69,709	126,137
2005年	*27,018*	70,424	125,654
2006年	*29,045*	71,065	125,010
2007年	*31,333*	71,767	127,336(245,530)
2008年	*33,653*	76,203	128,724
2009年	*35,568*	76,450	125,986
2010年	*37,225*	77,618	127,373
2011年	*39,463*	84,018	129,327
2012年	*42,385*	90,444	129,527
2013年	*45,993*	93,914	130,579
2014年	49,375	98,905	133,699(213,892)
2015年	53,609	103,948	132,233
2016年	57,258	108,246	130,002
2017年	60,580	110,991	130,497
2018年	63,644	113,263	131,609
2019年	68,356	115,034	130,983
2020年	72,841	110,291	148,112
2021年	73,066	111,536	150,041
2022年	77,087	115,482	151,533

（注1）「ドラッグストア」を対象とした商業動態統計調査は2014年から開始された．それ以前の売上高は不明なため，2013年以前の売上高については日本ホームセンター研究所『ドラッグストア経営統計』を用いた（表中では斜体で表示）．なお，2014年の売上高は，ドラッグストア経営統計では4兆8180億円，商業動態統計調査では4兆9375億円となっており，大きな差はない．

（注2）「コンビニエンスストア」の売上高は，商業動態統計調査におけるサービスを除く商品売上高．

（注3）「中大規模スーパー（総合スーパーも含む）」の売上高は，商業動態統計調査における「スーパー」の売上高．同調査における「スーパー」とは，売場面積の50％以上についてセルフサービス方式を採用している事業所であって，かつ売場面積が1,500m²以上の事業所．ただし，家電大型専門店，ドラッグストア，ホームセンターの調査対象企業の傘下事業所で，調査対象となっている事業所を除く．「全スーパー計」の売上高は，経済産業省『商業統計表（業態別統計編）』における「総合スーパー」（衣，食，住にわたる各種商品を小売し，そのいずれも小売販売額の10％以上70％未満の範囲内にある事業所で，従業者が50人以上）の売上高，および「食料品スーパー」（売場面積250m²以上で，取扱商品は食が70％以上）の合計．

（出所）経済産業省『商業統計表（業態別統計編）』（各年版），経済産業省『商業動態統計年報』（各年版），日本ホームセンター研究所『ドラッグストア経営統計』（各年版）より作成．

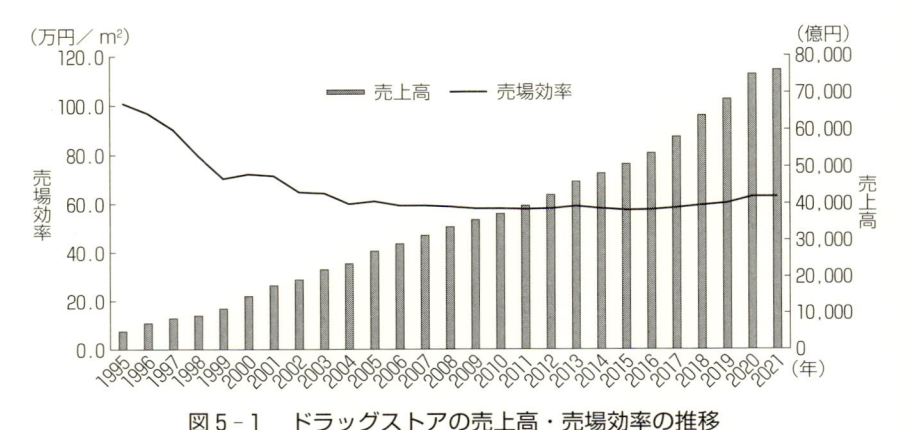

図5-1　ドラッグストアの売上高・売場効率の推移

（出所）日本ホームセンター研究所『ドラッグストア経営統計』（各年版）より作成.

を増やし，売場面積が大きく増加しているにもかかわらず，売場効率は維持ないしはやや上昇傾向にさえある．このことは，ドラッグストア業界が必ずしも過当競争に陥っているわけではなく，他の小売業態から需要を奪う形で成長していることを物語っている．

2．ドラッグストアの成長過程

(1)　ドラッグストアの商品部門別売上高の推移

　表5-3は，ドラッグストアの売上高計と主な商品部門の売上高の推移を示したものである．ドラッグストアの売上高は急速に増加しているが，コロナ禍前までは「医薬品（OTC）」，および「化粧品＋ビューティケア」の売上高増加，近年は「調剤薬」および「加工食品（酒類を含む）」の売上高増加に牽引されたものといえる．

　そこで，次項ではドラッグストアが医薬品専門店や化粧品専門店の需要を取り込んで成長してきた過程について分析する．

(2)　医薬品専門店，化粧品専門店の需要の取り込み
① ドラッグストアと医薬品専門店

　「一般用医薬品」の売上高に占める「ドラッグストア」の割合は，2002年の48.1％から2002年は52.7％と半数を超え，さらに2014年には56.7％へと，2002

表5-3 ドラッグストアの商品部門別売上高の推移

(単位：億円)

	売上高計	医薬品・調剤薬	医薬品(OTC)	調剤薬	化粧品＋ビューティケア	化粧	ビューティケア	加工食品(酒類含む)	その他
2002年	19,208	4,572	3,861	711	3,727	2,824	903	2,977	7,932
2007年	31,333	7,019	5,515	1,504	7,175	4,794	2,381	6,173	10,966
2014年	48,180	11,177	6,793	4,384	10,840	6,986	3,854	11,370	14,793
2019年	68,215	15,212	8,049	7,163	15,280	9,891	5,389	18,145	19,578
2021年	76,122	17,356	8,754	8,602	13,043	8,526	4,517	20,832	23,446

（注）表側の2002年，2007年，2014年は商業統計調査の実施年，2019年はコロナ禍直前，2021年はコロナ禍2年目の売上高をとった.
（出所）日本ホームセンター研究所『ドラッグストア経営統計』（各年版）より作成.

表5-4 ドラッグストアと「医薬品専門店＋中心店」（一般用医薬品）

(単位：十億円，%)

	ドラッグストア	医薬品専門店＋中心店	その他	計
2002年	932(48.1)	794(41.0)	210(10.8)	1,935(100.0)
2007年	898(52.7)	578(33.9)	229(13.4)	1,705(100.0)
2014年	1,015(56.7)	451(25.2)	325(18.1)	1,790(100.0)

（注1）計は，産業分類「百貨店，総合スーパー」を除く.
（注2）商業統計表（2014年）において，業種分類「医薬品小売業」として分類される商店は7,954店，うち業態分類「住関連専門店」は3,982店（医薬品小売業全体の50.1%），「住関連中心店」は3,972店（同49.9%）である. また，業種分類「医薬品小売業」として分類される商店の年間販売額は4200億円，うち業態分類「住関連専門店」の年間販売額は2160億円（医薬品小売業全体の51.6%），「住関連中心店」の年間販売額は2030億円（同48.4%）となっており，業種分類「医薬品小売業」は，業態分類ではすべてが「住関連専門店」か「住関連中心店」として分類されている（経済産業省『商業統計表（業態別統計編）』2014年）. そこで，主として医薬品を販売する「住関連専門店」と「住関連中心店」の合計を「医薬品専門店・中心店」と表記する.
（原典）経済産業省『商業統計表（業態別統計編）』（各年版）より作成.
（出所）南方建明『日本の小売業態構造研究』御茶の水書房，2019年，91-93ページ.

年と比べて8.6ポイント増加，他方で「医薬品専門店＋中心店」の割合は，2002年の41.0%から2014年は25.2%となり，▲15.8ポイント減と大きく減少している（表5-4参照）[6].

② ドラッグストアと化粧品専門店

「化粧品」の売上高に占める「ドラッグストア」の割合は，2002年の30.6%から2014年には40.9%へと10.3ポイント増加，他方で「化粧品専門店＋中心店」の割合は，2002年の42.0%から2014年には25.4%，▲16.6ポイントと，大

表 5 - 5 　ドラッグストアと「化粧品専門店＋中心店」（化粧品）

（単位：十億円，％）

	ドラッグストア	化粧品専門店＋中心店	その他	計
2002年	565（30.6）	776（42.0）	508（27.5）	1,848（100.0）
2007年	722（36.9）	672（34.4）	562（28.7）	1,957（100.0）
2014年	939（40.9）	582（25.4）	775（33.7）	2,295（100.0）

（注1）計は，産業分類「百貨店，総合スーパー」を除く．
（注2）商業統計表（2014年）において，業種分類「化粧品小売業」として分類される商店は13,371店，うち業態分類「住関連専門店」は8,949店（化粧品小売業全体の66.9％），「住関連中心店」は3,738店（同28.0％）である．また，業種分類「化粧品小売業」として分類される商店の年間販売額は6420億円，うち業態分類「住関連専門店」の年間販売額は3180億円（同49.6％），「住関連中心店」の年間販売額は2810億円（同43.8％）となっており，業種分類「化粧品小売業」の多くは，業態分類では「住関連専門店」か「住関連中心店」として分類されている（経済産業省『商業統計表（業態別統計編）』2014年）．そこで，主として化粧品を販売する「住関連専門店」および「住関連中心店」の合計を「化粧品専門店・中心店」と表記する．なお，商品分類「化粧品」の年間販売額2兆2950億円のうち，無店舗小売業が3070億円（化粧品全体の13.4％）を占めている（経済産業省『商業統計表（業態別統計編）』2014年）．
（原典）経済産業省『商業統計表（業態別統計編）』（各年版）より作成．
（出所）南方建明『日本の小売業態構造研究』御茶の水書房，2019年，93-95ページ．

きく減少している（表 5 - 5 参照）[7]．

③ ドラッグストアと調剤薬専門店チェーン

　表 5 - 6 は，調剤医療費計，および「調剤薬専門店チェーン」「ドラッグストア調剤部門併設店」のうち比較可能な主要企業の売上高，さらに調剤医療費に占める割合の推移をみたものである．調剤医療費計は，やや増加基調にあるが，「ドラッグストア調剤部門併設店」の調剤薬売上高は，調剤部門を併設する店舗の増加もあって[8]，2016年度3518億円，コロナ禍前の2019年度に4994億円，2022年度7000億円と，大きく増加している[9]．調剤医療費に占める割合をみても，2016年度4.7％，2019年度6.4％，2022年度8.9％と大きく増加しているものの，調剤医療費計に占める割合は 1 割にも満たない[10]．

　他方，「調剤薬専門店チェーン」の調剤薬売上高は増加を続けているとはいえ，「ドラッグストア調剤部門併設店」の増加率よりも低く，調剤医療費に占める割合は2016年度9.0％，2019年度10.1％，2022年度11.1％と緩やかな増加にとどまっている．調剤医療費に占める「ドラッグストア調剤部門併設店」の割合と比較すると，その差は明らかに縮小傾向にあるが，2022年度の「調剤薬専門店チェーン」の割合は11.1％と，「ドラッグストア調剤部門併設店」の8.9％を上回っている．

表 5-6　調剤医療費，調剤薬売上高・売上割合の推移

(単位：億円，％)

	2016年度	2017年度	2018年度	2019年度	2020年度	2021年度	2022年度
調剤医療費計	74,953 (100.0)	77,129 (100.0)	74,746 (100.0)	77,464 (100.0)	75,447 (100.0)	77,515 (100.0)	78,821 (100.0)
調剤薬専門店 チェーン	6,771 (9.0)	7,228 (9.4)	7,441 (10.0)	7,827 (10.1)	7,954 (10.5)	8,273 (10.7)	8,769 (11.1)
ドラッグストア 調剤部門併設店	3,518 (4.7)	3,899 (5.1)	4,267 (5.7)	4,994 (6.4)	5,548 (7.4)	5,895 (7.6)	7,000 (8.9)

（注1）調剤医療費は，厚生労働省「調剤医療費の動向」．
（注2）「調剤薬専門店チェーン」は，日本調剤（調剤薬局事業売上高），アイン HD，クオール HD，メディカルシステム NW，ファーマライズ HD，メディカル一光グループの調剤薬売上高の合計．
（注3）「ドラッグストア調剤部門併設店」は，ウエルシア HD，スギ HD，マツキヨココカラ＆カンパニー（2020度以前はココカラファインおよびマツモトキヨシ HD の合計），ツルハ HD，クリエイト SDHD，クスリのアオキ HD の調剤薬売上高の合計．
（出所）調剤医療費は厚生労働省「調剤医療費の動向」（各年度版）．「調剤薬専門店チェーン」および「ドラッグストア調剤部門併設店」の調剤薬売上高は『ダイヤモンド・チェーンストア』第48巻第12号（2017年 7 月 1 日），同第49巻第12号（2018年 7 月 1 日），同第50巻第12号（2019年 7 月 1 日），同第51巻第12号（2020年 7 月 1 日），同第52巻第12号（2021年 7 月 1 日），同第53巻第12号（2022年 7 月 1 日），同第54巻第12号（2023年 7 月 1 日）より作成．

　調剤薬局業界においては，中小規模の調剤薬局のシェアが約 8 割を占めており，調剤薬専門店チェーン」「ドラッグストア調剤部門併設店」のシェアは，未だ低いといえる．

(3)　ドラッグストアの市場シェアの推移

　表 5-7 は，商業統計表（業態別統計編）に基づいて，ドラッグストアの商品部門別の市場シェアの推移をみたものである．時系列的に把握することが可能な2002～2014年までの状況をみると，2014年の市場シェアは「一般用医薬品」で56.7％，「化粧品」で40.9％とかなり高い水準に達している．さらに，他の商品部門においてもその増加率は鈍化しており，持続的な成長のためには新たな市場の開拓，近年ドラッグストアが注力している食品部門や調剤薬部門の開拓が求められているといえる．

　また，表 5-8 は，『ドラッグストア経営統計』における推計に基づいて，「医薬品・調剤薬」「化粧品・ビューティケア」の市場シェアの推移を示したものである．「医薬品（OTC）」は2000年代後半までは急速にシェアを拡大してきたが以降は停滞傾向，「調剤薬」のシェアは一桁にとどまっているものの増加基調にある．「化粧品」は確実にシェアを拡大しており，「ビューティケア」も

156

表5-7　ドラッグストアの商品部門別市場シェアの推移

(単位：％)

	一般用医薬品	医療用医薬品	化粧品	荒物	紙・文房具	ペット用品	合成洗剤
2002年	48.1	7.1	30.6	5.2	4.2	3.8	27.7
2007年	52.7	4.1	36.9	9.0	3.7	3.9	32.1
2014年	56.7	5.8	40.9	9.1	5.2	5.3	32.6
2021年	*63.1*	*10.9*	*38.0*	*16.5*	*14.2*	*9.8*	*48.3*

（注1）産業分類「百貨店，総合スーパー」を除く市場シェア．
（注2）2002年以降の時系列比較が可能であり，2014年における市場シェアが5％以上のもの．
（注3）2021年は，参考値として「経済センサス活動調査2021年」によるシェアを斜体で示した．なお，経済センサス活動調査は法人商店の販売額のみが集計対象となっているため，商業統計調査との時系列比較はできない．
（出所）経済産業省『商業統計表（業態別統計編）』（2014年まで），総務省・経済産業省『経済センサス活動調査 産業別集計（卸売業，小売業に関する集計）2021年』より作成．

表5-8　ドラッグストア「ヘルス＆ビューティケア」部門の市場シェアの推移

(単位：％)

	医薬品（OTC）	調剤薬	化粧品	ビューティケア
2002年	29.7	3.7	10.9	11.7
2007年	50.1	3.3	18.4	38.4
2014年	49.6	6.3	30.4	38.9
2019年	55.1	9.6	66.8	50.4

（注1）表側の2002年，2007年，2014年は商業統計調査の実施年，2019年はコロナ禍直前の状況．
（注2）市場シェアは，産業分類「百貨店，総合スーパー」を含むすべての小売業態におけるシェア．
（注3）「医薬品（OTC）」「化粧品」「ビューティケア」の市場規模は，総務省『家計調査年報』を用いた日本ホームセンター研究所による推計．ここでは，家計調査の下記品目から市場規模を推計している．「医薬品（OTC）」（医薬品），「化粧品」（化粧クリーム，化粧水，乳液，ファンデーション，口紅，他の化粧品），「ビューティケア」（理美容電気器具，歯ブラシ，他の理美容品，浴用・洗顔石けん，シャンプー，ヘアリンス・ヘアトリートメント，歯磨き，整髪・養毛剤），また，「調剤薬」の市場規模は，厚生労働省「医療費の動向」を用いた日本ホームセンター研究所による推計．
（出所）日本ホームセンター研究所『ドラッグストア経営統計2020年』より作成．

2010年代後半からはシェアの拡大傾向が明確になってきている．

(4)　加工食品をめぐる小売業態間競争

　表5-9に基づいて，主な食品取扱い小売業態の加工食品売上高の推移をみると，「ドラッグストア」が大きく増加を続けているのに対して，「コンビニエンスストア」はコロナ禍前の2019年までは少しずつ増加してきたものの，コロ

表 5 - 9　主な食品取扱い小売業態の加工食品売上高と加工食品売上割合の推移

（単位：億円，％）

	加工食品売上高（億円）			加工食品売上割合（％）		
	ドラッグ ストア	コンビニエン ススストア	スーパー（総合 スーパー含む）	ドラッグ ストア	コンビニエン ススストア	スーパー（総合 スーパー含む）
2014年	12,065	27,743	52,647	24.4	28.1	30.1
2015年	13,394	29,344	53,908	25.0	28.2	29.7
2016年	14,915	30,795	54,540	26.0	28.4	29.2
2017年	16,206	31,688	54,744	26.8	28.6	29.0
2018年	18,061	32,302	55,694	28.4	28.5	29.0
2019年	19,420	32,494	55,707	28.4	28.2	29.0
2020年	21,834	30,883	58,456	30.0	28.0	28.6
2021年	22,338	30,765	59,505	30.6	27.6	28.3
2022年	23,877	31,437	60,432	31.0	27.2	28.4

（注1）「ドラッグストア」の加工食品売上高は，商業動態統計調査における「食品」の売上高．ここでは，食品売上高はすべて加工食品の売上高とみた．

（注2）「コンビニエンスストア」の加工食品売上高は，商業動態統計調査における「食品」の売上高．

（注3）2015〜2019年の「スーパー（総合スーパーも含む）」の加工食品売上高は，筆者による「スーパー（総合スーパーも含む）」食品売上高の推計に，全国スーパーマーケット協会『スーパーマーケット白書』における食品売上高に占める一般食品の割合（2015年29.7％，2016年29.2％，2017年29.0％，2018年29.0％，2019年29.0％）を掛け合わせて推計．

（注4）筆者による2015〜2019年の「スーパー（総合スーパーも含む）」の食品売上高の推計は，以下のステップによる（詳しくは，南方建明『現代小売業の潮流』晃洋書房，2023年，103-116ページを参照のこと）．

　1）「スーパー（総合スーパーも含む）」の食品売上高は，商業動態統計調査における「スーパー」（総合スーパー＋大規模食品スーパー）の食品売上高に，「中小規模食品スーパー」の食品売上高を加えたものとする．

　2）2014年の「中小規模食品スーパー」の売上高は，商業統計表（業態別統計編）における「総合スーパー（業態）」の飲食料品売上高に，「食料品スーパー（業態）」の飲食料品売上高を加え，ここから商業動態統計調査における「スーパー（総合スーパー＋大規模食品スーパー）」の食品売上高を差し引いて推計．

　3）「中小規模食品スーパー」の売上高は，2014年の「中小規模食品スーパー」の売上高に，全国スーパーマーケット協会・日本スーパーマーケット協会・オール日本スーパーマーケット協会「スーパーマーケット販売統計調査」における食品合計の全店前年比売上高増加率（2015年4.3％増，2016年3.5％増，2017年1.3％増，2018年1.6％増，2019年0.1％増）を掛け合わせて推計．

（注5）2020年以降の「スーパー（総合スーパーも含む）」の食品売上高の推計は，2019年の「スーパー（総合スーパーも含む）」の食品売上高に，全国スーパーマーケット協会・日本スーパーマーケット協会・オール日本スーパーマーケット協会「スーパーマーケット販売統計調査」における食品合計の全店前年比売上高増加率（2020年6.2％増，2021年2.9％増，2022年1.2％増）を掛け合わせ，さらに全国スーパーマーケット協会『スーパーマーケット白書』における食品売上高に占める一般食品の割合（2020年28.6％，2021年28.3％，2022年28.4％）を掛け合わせて推計．

（出所）経済産業省『商業統計表（業態別統計編）（品目編）2014年』，経済産業省『商業動態統計年報』（各年版），全国スーパーマーケット協会・日本スーパーマーケット協会・オール日本スーパーマーケット協会「スーパーマーケット販売統計調査」（各年版），全国スーパーマーケット協会『スーパーマーケット白書』（各年版）より作成．

ナ禍 1 年目の2020年に減少，2022年現在でもコロナ禍前の水準には戻っていない．「スーパー」はコロナ禍前の2019年までは微増であったが，コロナ禍 1 年目の2020年に大きく増加，2022年現在でも増加傾向は続いている．

2014～2022年の 8 年間の加工食品売上高の増加額は，「ドラッグストア」は 1 兆1812億円増，「スーパー」も7785億円増となっており，「ドラッグストア」の加工食品売上高の増加は，必ずしも「スーパー」の売上高を侵食したものではないといえる．小売業態別にコロナ禍前の2019年とコロナ禍 3 年目の2022年の売上高を比較すると，「スーパー」4725億円増，「ドラッグストア」4457億円増，「コンビニエンスストア」▲1057億円減となっており，コロナ禍は「スーパー」および「ドラッグストア」両業態に加工食品売上高の増加をもたらした．

同じく**表 5 - 9** に基づいて，売上高に占める加工食品割合をみると，「スーパー」ではやや減少傾向にある．実額で加工食品の売上高が大きく増加したコロナ禍においてもその割合はやや減少しており，スーパーの加工食品売上高の増加は，売上高全体の増加によるものである．「コンビニエンスストア」でも売上高に占める加工食品割合は2017年以降減少傾向にある．他方，「ドラッグストア」の売上高に占める加工食品割合は一貫して増加傾向にあり，ドラッグストアの加工食品売上高の増加は，売上高全体の増加に加えて，売上高に占める加工食品割合の増加によってもたらされたといえる[12]．

3．ドラッグストアが加工食品部門を強化する背景

ドラッグストアが加工食品の販売を強化している背景として，次の 2 点を指摘できる[13]．1 つは，これまで述べてきたように「医薬品専門店」や「化粧品専門店」の売上高を取り込む形での成長は限界に達しつつあり，新たな商品部門の開拓が求められていること，2 つは，粗利益率が高い「医薬品」の販売であげた利益を，「食品」の値下げ原資に充てることができ，価格競争力をもちうることである[14]．

(1) ドラッグストア食品部門の粗利益率，商品回転率

表 5 - 10は，日本ホームセンター研究所『ドラッグストア経営統計』に基づいて，ドラッグストアの商品部門別に，その売上割合，粗利益率，商品回転率をみたものである．「食品」の売上割合は28.2％と 3 割近くを占めるが，その

表 5-10　ドラッグストア商品部門別売上割合・粗利益率・商品回転率・交差比率
（2021年）

	売上割合（％）	粗利益率（％）	商品回転率（回）	交差比率
医薬品（OTC）	11.5	38.0	5.8	220.4
調剤薬	11.3	36.5	10.5	383.3
ヘルスケア	1.9	33.9	4.6	155.9
健康食品	1.9	34.2	6.1	208.6
ビューティケア	6.0	29.2	5.0	146.0
化粧品	11.2	29.0	4.0	116.0
ベビー用品	2.1	16.8	8.9	149.5
介護用品	1.1	32.8	6.8	223.0
家庭用品	6.8	22.8	7.2	164.2
日用消耗品	12.3	20.3	10.3	209.1
食品	28.2	16.2	19.5	315.9
酒類	2.6	14.4	14.4	207.4
その他	3.1	25.8	6.2	160.0
全体	100.0	26.9	8.4	226.0

（注1）　ドラッグストア企業へのアンケートをもとに集計した売上割合，粗利益率および商品回転率．
（注2）　「商品回転率」は，各商品部門の平均在庫額に対する年間売上高から算出される．「交差比率」は，各商品部門の「粗利益率」に「商品回転率」を掛け合わせたものであり，各商品部門の在庫額に対する粗利益の大きさを示す指標である．
（出所）日本ホームセンター研究所『ドラッグストア経営統計2022年』より作成．

粗利益率は16.2%[15]と，ドラッグストア全体の粗利益率26.9%と比べても10ポイント以上低い．

　商品部門別の粗利益率は，「酒類」14.4%，「食品」16.2%，「ベビー用品」16.8%などにおいて，ドラッグストア全体の粗利益率と比べてかなり低く，これらは価格競争力をもちうる商品部門であることをうかがわせる．ただし，その売上割合をみると，「食品」は28.2%と高いものの，その他の商品部門は「酒類」2.6%，「ベビー用品」2.1%と小さく，消費者の業態イメージに与える「食品」の影響力は大きい．他方，「医薬品（OTC）」の粗利益率は38.0%，「調剤薬」でも36.5%であり，これらの商品部門は人件費コストも高いとはいえ，ドラッグストアは医薬品の利益を「食品」の値下げ原資に活用し，価格競争力をもちうる条件をもっているといえる．

　商品回転率をみても，「食品」は19.5回と高く，低い粗利益率といえども高

い商品回転率に支えられる形で交差比率は315.9となっている．「食品」の交差比率は，「調剤薬」の383.3に次いで高く，「医薬品（OTC）」の220.4，「化粧品」の116.0を大きく上回り，「食品」は小さな在庫額で大きな粗利益をもたらす，効率の良い商品部門となっている．

(2) ドラッグストア主要企業の食品売上割合

　ドラッグストアの売上高に占める食品の割合は年々増加し，経済産業省『商業動態統計年報2022年』では31.0％，日本ホームセンター研究所『ドラッグストア経営統計2022年』でも「食品（酒類含む）」28.2％，「酒類」2.6％，合計30.8％と，約3割を占めている．

　表5-11は，主なドラッグストア企業の売上高に占める食品の割合をみたものであるが，2022年度にはGenky DrugStoresやコスモス薬品のように半数を超える企業もあれば，マツキヨココカラ＆カンパニーのように10％に満たない企業もある．しかし，多くの企業において，2017年度と2022年度を比較する

表5-11　ドラッグストア主要企業の食品売上高・食品売上割合

	売上高（2022年度）（百万円）	食品売上高（2022年度）（百万円）	食品売上割合（%）		
			2017年度	2022年度	増減
ウエルシアHD	1,144,278	253,863	21.7	22.2	0.5
マツキヨココカラ＆カンパニー	951,247	83,828	（注）	9.2	―
ツルハHD	915,700	220,346	15.2	24.1	8.9
コスモス薬品	755,414	437,118	55.6	57.9	2.3
サンドラッグ	690,462	257,945	―	37.4	―
スギHD	667,647	147,755	22.5	22.1	▲0.4
クリエイトSDHD	350,744	136,437	38.6	39.6	1.0
クスリのアオキHD	328,335	139,059	35.0	42.4	7.4
カワチ薬品	281,871	129,164	46.3	46.0	▲0.3
Genky DrugStores	154,639	102,545	55.8	66.3	10.5
薬王堂HD	128,791	59,921	41.0	45.3	4.3
サツドラHD	82,905	32,041	34.7	38.1	3.4

（注）2017年度のココカラファインは11.0％，マツモトキヨシHDは9.4％である．
（出所）『ダイヤモンド・ドラッグストア』第83号，2018年7月，56，59ページ，および同第113号，2023年7月，40，44ページより作成．

と，食品の売上割合は増加している.

(3)　ドラッグストア食品部門の価格競争力

表 5 - 12は，総務省の調査に基づいて，「スーパー」の価格を100.0とした
「ドラッグストア」および「コンビニエンスストア」の価格をみたものである.
「ドラッグストア」は，ほとんどの商品において「スーパー」を下回る価格と
なっており，強い価格競争力をもっている.

4.　小売業態別にみた加工食品購入割合

表 5 - 13は，全国スーパーマーケット協会の調査に基づいて，食品の商品部
門別に2012年と2022年の小売業態別食品購入割合，およびその差異をみたもの
である. これによると，すべての商品部門で「ドラッグストア」での購入割合
は大きく増加している.「ネット通販」は，ドラッグストアの購入割合の増加
ほどではないが，すべての商品部門で増加，他方で「ホームセンター・ディス
カウントストア」および小規模食料品業種店が含まれる「その他」の小売業態
での購入割合は，すべての商品部門で減少している.「スーパー」は，酒類お
よび清涼飲料においてやや増加しているが，その他の品目では減少している.
　「ドラッグストア」の購入割合の増加は，嗜好飲料や加工食品では「スー
パー」の購入割合の減少要因，酒類，乳飲料，主食，清涼飲料，調味料では
「その他」の小売業態の減少要因，清涼飲料，酒類，嗜好品では「ホームセン
ター・ディカウントストア」の減少要因となっている.

む　す　び

本章では，加工食品をめぐる小売業態間競争について，「ドラッグストア」
に着目して分析してきた.
　主な食品取扱い小売業態における加工食品の売上高動向をみると，「ドラッ
グストア」が急速に増加を続けているのに対して，「コンビニエンスストア」
はコロナ禍前まではやや増加傾向にあったものの，コロナ禍の2020年に減少，
2022年現在でもコロナ禍前の水準には戻っていない.「スーパー」はコロナ禍
前までは微増であったが，コロナ禍の2020年に大きく増加，現在でも増加傾向

表5−12 小売業態別価格（スーパーの価格を100.0とした指数）

			ドラッグストア	コンビニエンスストア
2019年調査	カップ麺	レギュラー	102.0	134.0
		ミニ	95.0	110.0
		ビッグ	95.0	105.0
	牛乳	成分無調整牛乳	96.0	109.0
		調整牛乳	93.0	113.0
	アイスクリーム（カップ入り）	アイスクリーム	100.0	139.0
		ラクトアイス	101.0	140.0
		氷菓	94.0	117.0
	茶飲料（500〜525 ml ペットボトル）	緑茶	99.0	152.0
		トクホ緑茶	96.0	102.0
2020年調査	食パン	6枚切り	93.0	96.8
		5枚切り	89.2	97.5
	カップ麺	レギュラー	100.7	133.3
		ミニ	95.2	109.5
		ビッグ	95.0	106.4
	牛乳	成分無調整牛乳	96.6	108.5
		調整牛乳	94.9	113.5
	チョコレート（板チョコ）	ミルク	93.5	118.3
		ブラック	91.5	116.0
	アイスクリーム（カップ入り）	アイスクリーム	99.0	140.0
		ラクトアイス	101.0	140.0
		氷菓	92.0	114.9
	茶飲料（500〜525 ml ペットボトル）	緑茶	98.8	154.9
		トクホ緑茶	97.0	102.4
2021〜2022年調査	食パン	普通品	92.2	108.6
	カップ麺	75〜87 g	100.5	133.3
	牛乳	成分無調整牛乳	97.0	112.4
	チョコレート	板チョコ	92.6	118.6
	アイスクリーム	ラクトアイス	100.3	141.3
	茶飲料	緑茶	103.1	167.1
2022〜2023年調査	無菌包装米飯	200 g×3 個	100.0	133.2
	レトルトカレー	箱入り180 g，商標 A	98.1	138.3
		箱入り180 g，商標 B	95.0	131.8
	缶コーヒー	185 g	99.7	158.1
	チューハイ	350 ml	95.7	134.8
		500 ml	95.8	131.0
	ヨーグルト	400 g	93.5	119.2
		112 g	89.6	110.9
	キャンデー	袋入りのど飴	100.0	107.9

（注）網掛けは，「スーパー」よりも低価格であることを示す．

（出所）総務省「小売物価統計調査関連分析 民間データを用いた店舗形態別価格等に関する分析結果2019年」2021年 6 月18日，1-4ページ，「同2020年」2022年 4 月28日，1-7ページ，「同2021〜2022年」2022年10月26日，1-5ページ，「同2022〜2023年」2023年11月30日，2-7ページより作成．

表 5-13　小売業態別食品購入割合（女性）

（単位：%）

		スーパー	ドラッグストア	コンビニエンスストア	ホームセンター・ディスカウントストア	ネット通販	その他
主食	2012年	71.7	6.3	4.2	3.0	1.4	13.4
	2022年	70.5	10.0	5.3	1.6	2.3	10.3
	2012-2022年	▲1.2	3.7	1.1	▲1.4	0.9	▲3.1
調味料	2012年	75.9	4.6	0.3	2.6	1.5	15.1
	2022年	74.1	8.6	0.3	1.1	3.6	12.3
	2012-2022年	▲1.8	4.0	0.0	▲1.5	2.1	▲2.8
加工食品	2012年	69.5	3.6	0.8	1.8	0.9	23.4
	2022年	66.1	7.8	1.9	0.8	1.8	21.6
	2012-2022年	▲3.4	4.2	1.1	▲1.0	0.9	▲1.8
嗜好品	2012年	61.9	10.0	6.8	3.8	1.1	16.2
	2022年	61.8	13.5	6.5	1.9	2.6	14.7
	2012-2022年	▲0.1	3.5	▲0.3	▲1.9	1.5	▲1.5
乳飲料	2012年	63.8	6.2	2.8	1.8	0.6	24.8
	2022年	62.3	11.6	3.6	1.1	0.9	20.5
	2012-2022年	▲1.5	5.4	0.8	▲0.7	0.3	▲4.3
嗜好飲料	2012年	59.2	7.0	0.8	3.4	8.3	21.3
	2022年	55.4	11.3	0.6	1.7	12.4	18.5
	2012-2022年	▲3.8	4.3	▲0.2	▲1.7	4.1	▲2.8
清涼飲料	2012年	49.9	12.2	9.2	4.6	5.3	18.9
	2022年	50.1	15.2	8.6	2.4	7.7	15.9
	2012-2022年	0.2	3.0	▲0.6	▲2.2	2.4	▲3.0
酒類	2012年	55.7	7.7	2.5	5.9	2.3	25.9
	2022年	57.0	12.3	3.7	3.8	5.2	18.0
	2012-2022年	1.3	4.6	1.2	▲2.1	2.9	▲7.9

（注）主食（米，パン，麺類，粉類など），調味料（和風・洋風調味料，バター，チーズ，スプレッド類など），加工食品（冷凍食品，ハム，ソーセージ，練物，カレー，納豆など），嗜好品（菓子，アイス，ヨーグルト，クリームなど），乳飲料（牛乳，ドリンクヨーグルト，乳酸菌飲料，豆乳など），嗜好飲料（インスタント・レギュラーコーヒー，紅茶，日本茶，中国茶など），清涼飲料（ジュース，炭酸飲料，コーヒー・紅茶ドリンク，液体茶，ミネラルウォーターなど），酒類（ビール類，洋和酒，低アルコール飲料など（ノンアルコールは除外）．

（出所）全国スーパーマーケット協会『スーパーマーケット白書2013年，2023年』より作成．

が続いている. とはいえ,「ドラッグストア」の加工食品売上高の増加は, 必ずしも「スーパー」の需要を奪う形とはいえない. 売上高全体の増加に加えて, 売上高に占める加工食品割合が増加したためであり, コロナ禍の3年間に限ると「スーパー」の加工食品の売上高増加額の方が上回っている.

「ドラッグストア」が食品部門を強化するのは, ヘルス&ビューティケア分野では成長の限界がみえてきたために, 新たな需要の獲得が必要とされることが背景にある.「ドラッグストア」は, 粗利益率が高い「医薬品」の販売であげた利益を,「食品」の値下げ原資に充てることができ, 価格競争力をもちうるためである.「ドラッグストア」の加工食品の価格は, 利便性の提供を主眼とする「コンビニエンスストア」よりも低価格であることは当然としても, ほとんどの加工食品において「スーパー」よりも低価格である. 食品部門は交差比率も高く, 在庫額に対して効率よく粗利益を生み出す部門となっている.

消費者が加工食品を購入する業態をみても, すべての商品部門において「ドラッグストア」の購入割合が大きく増加しており,「ホームセンター・ディスカウントストア」および「その他」の小売業態の需要を侵食する形で成長していることが分かる.「スーパー」は, 酒類および清涼飲料では購入割合がやや増加しているものの, その他の品目では減少している.

注
1) 2022年度において,「ドラッグストア」の営業利益は, 上場小売企業全体の営業利益の14.5%を占め,「コンビニエンスストア」の14.1%, 専門店チェーン大手5社(ファーストリテイリング12.7%, ニトリHD 6.0%, PPIH HD 2.4%, しまむら 2.3%, 良品計画 1.4%)を除く「専門店チェーン」合計の16.5%に匹敵している. 詳しくは, 第4章を参照のこと.
2)「ドラッグストア」の成長過程については, 南方建明『日本の小売業態構造研究』(第5章 ドラッグストアの成長過程と小売業態間競争)御茶の水書房, 2019年を参照のこと.
3) 外食・中食・内食の市場規模の推移については, 南方建明『現代小売業の潮流』(第6章 外食・中食・内食産業の業態構造変化)晃洋書房, 2023年を参照のこと.
4) 経済産業省「大規模小売店舗立地法新設届出の概要」を用いて, コロナ禍前の届出となる2019年度, およびコロナ禍での届出となる2021年度と2022年度について, 大規模小売店舗立地法新設届出の中で小売業者名として記載がある企業を小売業態別に抽出すると,「ドラッグストア」がその多くを占めている.「ドラッグストア」が届出件数に占める割合は, 2019年度34.9%, 2021年度51.4%, 2022年度41.7%に達している. 詳しくは, 第3章を参照のこと.
5) 小売業の実質年間販売額(自動車小売業, ガソリンスタンドなど商業統計調査にお

ける売場面積調査対象外業種を除く，2010年＝100.0とした消費者物価指数「総合」で調整）は，1991年から比較可能な2007年までの期間において100兆円から110兆円の間で推移し，ほぼ横ばいである．他方，売場面積は1991年の 1 億1000万 m² から2007年は 1 億5000万 m² へと大きく増加したため，売場効率は1991年95.5万円／m² から，1997年86.7万円／m²，2002年72.6万円／m²，2007年66.2万円／m² まで低下している（経済産業省『商業統計表（産業編）』（各年版），および総務省『消費者物価指数年報』）．

6 ）「医療用医薬品」を除く「一般医薬品」の年間販売額は，2021年において 2 兆4165億円，このうち「ドラッグストア」（産業分類「ドラッグストア」として分類された事業所）による売上高は63.1％，「調剤薬局」2.4％，一般的な医薬品専門店である「医薬品小売業」11.4％となっている（総務省・経済産業省『経済センサス活動調査 産業別集計（卸売業，小売業に関する集計 品目編）2021年』）．

7 ）「化粧品」の年間販売額は，2021年において 3 兆7160億円，このうち「ドラッグストア」による売上高は38.0％，「百貨店・総合スーパー」12.1％，一般的な化粧品専門店である「化粧品小売業」12.1％，「通信販売・訪問小売業」20.9％となっている（総務省・経済産業省『経済センサス活動調査 産業別集計（卸売業，小売業に関する集計品目編2021年』）．

8 ）　調剤部門併設店の割合を公表しているドラッグストアチェーンの調剤部門併設店の割合（2022年度）は，高い順に次のとおりである．スギ HD（スギ薬局事業）84.4％，ウエルシア HD 74.7％，クスリのアオキ HD 56.2％，クリエイト SDHD 39.9％，カワチ薬品 39.6％，ツルハ HD 23.2％（『ダイヤモンド・ドラッグストア』第113号，2023年 7 月，44ページ）．

9 ）　ドラッグストアの調剤部門併設が進む背景には，現状では「多くの患者が門前薬局で薬を受け取っている」状況から，今後は「患者はどの医療機関を受診しても，身近なところにあるかかりつけ薬局に行く」という基本政策が追い風になっている（厚生労働省「今後の薬局の在り方（イメージ）」（https://www.mhlw.go.jp/file/05-Shingikai-11121000-IyakushokuhinkyokuSoumuka/0000153586.pdf，2024 年 6 月30日アクセス）．厚生労働省「患者のための薬局ビジョン――「門前」から「かかりつけ」，そして「地域」へ――」2015年10月23日では，患者本位の医薬分業を実現するという趣旨・目的から，次のような基本的な考え方を示している．1 ）立地から機能へ：いわゆる門前薬局など立地に依存し，便利さだけで患者に選択される存在から脱却し，薬剤師としての専門性や，24時間対応・在宅対応等の様々な患者・住民のニーズに対応できる機能を発揮することを通じて患者に選択してもらえるようにする，2 ）対物業務から対人業務へ：患者に選択してもらえる薬剤師・薬局となるため，専門性やコミュニケーション能力の向上を通じ，薬剤の調製などの対物中心の業務から，患者・住民との関わりの度合いの高い対人業務へとシフトを図る，3 ）バラバラから 1 つへ：患者・住民がかかりつけ薬剤師・薬局を選択することにより，服薬情報が 1 つにまとまり，飲み合わせの確認や残薬管理など安心できる薬物療法を受けることができる．薬剤師・薬局が調剤業務のみを行い，地域で孤立する存在ではなく，かかりつけ医を始めとした多職種・他機関と連携して地域包括ケアの一翼を担う存在となる（同ビジョン，5-6ページ）．そして，2016年度診療報酬改定では，1 ）薬局グループ全体

の処方箋受付回数が月4万回超のグループに属する保険薬局のうち，特定の医療機関からの処方箋集中率が極めて高い保険薬局または医療機関と不動産の賃貸借関係にある保険薬局の調剤基本料を引下げ，2）特定の医療機関からの処方箋受付回数が月4000回超の場合は集中率にかかわらず調剤基本料を引下げ，3）処方箋受付回数と集中率による調剤基本料引下げの特例範囲の拡大が行われた（厚生労働省「2016年度診療報酬改定について」2016年3月4日）．また，2024年度診療報酬改定では，処方箋受付回数が月4000回超，かつ上位3の保険医療機関に係る処方箋による調剤の割合が7割を超える薬局についても，調剤基本料の引下げが行われた（厚生労働省「2024年度診療報酬改定について」2024年3月5日）．

10）「医療用医薬品」の年間販売額は，2014年において5兆4679億円，このうち「調剤薬局」の売上割合が93.8％を占め，「ドラッグストア」は5.8％にとどまっている（経済産業省『商業統計表（業態別統計編）2014年』）．また，2021年には「医療用医薬品」の年間販売額は6兆1962億円，このうち「調剤薬局」の売上割合が88.1％を占め，「ドラッグストア」は10.9％にとどまっている（総務省・経済産業省『経済センサス活動調査 産業別集計（卸売業，小売業に関する集計 品目編）2021年』）．

11）主な食品取扱い小売業態のそれぞれについて，加工食品の売上高がトップの企業をあげると次のとおりである．コンビニエンスストア「セブン‐イレブン」加工食品1兆3117億円（2023年2月期，セブン＆アイHD決算補足資料），ドラッグストア「コスモス薬品」一般食品4839億円（2023年5月期，コスモス薬品決算短信），食品スーパー「ユナイテッド・スーパーマーケット」一般食品3408億円（2023年2月期，ユナイテッド・スーパーマーケットHD決算説明会資料）．

12）流通経済研究所の推計に基づいて，主な食品取扱い小売業態別に加工食品のより詳細な商品部門ベースでシェアが高いものをみると，次のとおりである．ここでは，加工食品は次の6つに区分されている．「冷凍食品・アイスクリーム」，「冷蔵食品（日配品，乳製品，乳飲料，乳酸菌飲料，加工肉，デザート等）」，「常温菓子（菓子類，珍味等）」，「飲料（乳飲料，乳酸菌飲料を除く）」，「酒類」と，それらを除いた加工食品を「常温食品」．2021年においてシェアが高い順に，「ドラッグストア」では常温菓子，酒類，飲料，常温食品，「スーパーマーケット」では冷蔵食品，常温食品，常温菓子，酒類，「コンビニエンスストア」では飲料，常温菓子，酒類，冷凍食品・アイスクリームとなっている（山﨑泰弘「ドラッグストア成長機会の考察」『流通情報』第54巻第1号，2022年5月，6ページ，㈱エムキューブが収集している消費者パネル購買データを用いた推計）．

13）南方建明『日本の小売業態構造研究』御茶の水書房，2019年，96-100ページ．ここでは，「ドラッグストアは店舗面積が比較的小さいため，狭い商圏範囲でも存立可能であり，購入頻度の高い食品の販売に適している」という点を指摘している．小売業態別の平均売場面積は，小さな順に「コンビニエンスストア」124㎡，「ドラッグストア」436㎡，「食料品スーパー」1271㎡，「ホームセンター」2820㎡，「総合スーパー」1万285㎡である（経済産業省『商業統計表（業態別統計編）2014年』）．「ドラッグストア」は売場面積が比較的小さいために，必要商圏人口は小さく，購入頻度の高い食品等の販売に適しているといえる．他方，「ホームセンター」は売場面積が大きいため，比較的大きな商圏人口が必要であり，かつ食品をはじめとする購入頻度の高い商

品の販売には限界がある．さらに，人口1000人あたりの売場面積について全国を100.0
とした東京都の指数をみると，「コンビニエンスストア」は108.8で，「ホームセン
ター」の36.2と比べると明らかに大きく，都市型の出店といえる．「ホームセンター」
は，人口密度が相対的に低い非大都市への出店が多いため，一定の商圏人口を確保す
るためには，より広い商圏範囲が必要となり，購入頻度の高い商品の販売には適して
いない小売業態といえる．「ドラッグストア」の指数は73.3となっており，「コンビニ
エンスストア」と「ホームセンター」の中間型と位置づけられる（経済産業省『商業
統計表（業態別統計編）2014年』，総務省『国勢調査2015年』）．

14)　ドラッグストア以外の小売業態の売上高上位企業のうち，商品部門別の粗利益率を
公表している企業における「加工食品」の粗利益率は，次のとおりである．総合スー
パーでは「イトーヨーカ堂」食品27.2％（2023年 2 月期，セブン＆アイ HD 決算補足
資料），食品スーパーでは「ユナイテッド・スーパーマーケット」一般食品26.4％
（2023年 2 月期，ユナイテッド・スーパーマーケット HD 決算参考資料），「ライフ」
加工・日配26.3％（2023年 2 月期，ライフコーポレーション決算説明会資料），コンビ
ニエンスストアでは「セブン‐イレブン」加工食品39.8％（2023年 2 月期，セブン＆
アイ HD 決算補足資料），「ファミリーマート」加工食品38.7％（2023年 2 月期，ファ
ミリーマート営業概況資料）などにおいて，ドラッグストアよりも高い利益率となっ
ている．

15)　ドラッグストアの売上高上位企業でも，食品の粗利益率を公表していない企業が多
いが，公表企業では「ウエルシア」粗利益率18.5％（売上高に占める割合22.2％）
（2023年 2 月期，ウエルシア HD 決算説明会補足資料），「マツキヨココカラ＆カンパ
ニー」粗利益率15.1％（売上高に占める割合9.2％）（2023年 3 月期，マツキヨココカ
ラ＆カンパニー決算補足説明資料）となっている．

第6章 加工食品市場における冷凍食品の動向

は じ め に

コロナ禍により，居酒屋など酒類提供店の売上高は大きく減少，また外出機会の減少やインバウンド需要の激減により，化粧品など百貨店の売上高も大きく減少した．その一方で，家庭内での飲酒や，外食を避け家庭内で食する内食回帰傾向により需要が拡大した分野もある．総務省『家計調査年報』を用いてコロナ禍で消費支出が増加した品目をみると，『2人以上の一般世帯』『単身世帯』ともに，内食回帰傾向の下で食事準備時間を節減する「冷凍調理食品」，居酒屋等での酒類提供の制限に伴って家庭内飲酒が増加したことによる「チューハイ・カクテル」，マスクなどの「保健用消耗品」があげられる．このうち，「保健用消耗品」は，コロナ禍1年目には大きく増加したものの，コロナ禍2年目には反動減となった．また，「チューハイ・カクテル」はコロナ禍1年目に大きく増加したものの，コロナ禍2年目以降は横ばい傾向となっている．そうした中で，「冷凍調理食品」はコロナ禍1年目に大きく増加，コロナ禍2年目以降は増加率が縮小したとはいえ，増加を続けている[1]．

「冷凍調理食品」への支出額の増加は，コロナ禍の一過性のものではなく，「食事の管理（料理，食器洗い等）」についての時間節約ニーズが強まっていること[2]も追い風になっている．一般世帯の女性が「食事の管理」に費やす時間は1日平均で2016年の88分から2021年には78分へと▲10分減少し，時間節約が進んでいる．特に，就業している妻や子育て中の妻の「食事の管理」時間は，他の類型と比べて明らかに短く，時間節約ニーズが強いといえる[3]．

そこで，本章では「冷凍食品」に焦点をあて，統計資料を用いて供給側（生産者・販売者側）の視点，および需要側（消費者側）の視点からその動向を明らかにする．

Ⅰ．冷凍食品の概念と食品冷凍技術

(1) 冷凍食品とは
① 冷凍食品規格基準（食品衛生法）

冷凍食品は，食品衛生法に基づく「1959年厚生省告示第370号」において，次のように規格基準が定められている．「製造し，又は加工した食品（清涼飲料水，食肉製品，鯨肉製品，魚肉ねり製品，ゆでだこ及びゆでがにを除く）及び切り身又はむき身にした鮮魚介類（生かきを除く）を凍結させたものであって，容器包装に入れられたもの」．

同規格基準によると，冷凍食品は次の４つに分類されている[4]．

1）**無加熱摂取冷凍食品**：冷凍食品のうち製造し，又は加工した食品を凍結させたものであって，飲食に供する際に加熱を要しないとされているもの．「ケーキ」「デザート」「パン」「枝豆」「果実」など．冷凍のままお弁当に詰め，約６時間後に食べることを想定した「自然解凍冷凍食品」も含む．

2）**加熱後摂取冷凍食品**（凍結直前加熱）：加熱した後に摂取する冷凍食品（同）であって凍結させる直前に加熱されたもの．餃子，焼売，ハンバーグ，焼魚，煮魚など．

3）**加熱後摂取冷凍食品**（凍結直前未加熱）：加熱した後に摂取する冷凍食品（冷凍食品のうち製造し，又は加工した食品を凍結させたものであって，無加熱摂取冷凍食品以外のもの）であって凍結させる直前に加熱されたもの以外のもの．パン粉付き製品（コロッケ，メンチカツ，魚フライ，えびフライ），グラタン，ドリアなど．

4）**生食用冷凍鮮魚介類**：冷凍食品のうち切り身又はむき身にした鮮魚介類であって，生食用のものを凍結させたもの．生で食べられるお刺身などを凍結した冷凍食品で，解凍するだけで刺身として食べられるもの．なお，高度な衛生管理が必要とされる「生食用冷凍鮮魚介類」だけは，「冷凍食品の加工基準」が定められている．

また，同規格基準では，「冷凍食品の保存基準」を次のように定めている．1）冷凍食品は，これを▲15°以下で保存しなければならない．2）冷凍食品

は，清潔で衛生的な合成樹脂，アルミニウム箔または耐水性の加工紙で包装して保存しなければならない．

② 冷凍食品の要件（日本冷凍食品協会）

日本冷凍食品協会では冷凍食品の要件として次の4点をあげている[5]．

1）**前処理していること**：新鮮な原料を選び，これをきれいに洗浄したうえで，利用者に代わってあらかじめ前処理する．

2）**急速凍結していること**：食品を凍結する際，食品中の水分が凍結する．一般に，食品中の水分は，▲1℃あたりから凍り始め，▲5℃程度で氷結晶となる．この温度帯を通過する時間が長いと氷結晶が大きくなり，食品の組織が損傷し品質低下を招く．この温度帯を急速に通過させ，概ね30分以内に凍結する．

3）**適切に包装していること**：冷凍食品が利用者の手元に届くまでの間に，汚れたり，形くずれしたりするのを防ぐ．

4）**品温を▲18℃以下で保管していること**：食品衛生法は安全面を重視した基準となっており，微生物の増殖リスクを排除するための保存基準とし「▲15℃以下」としている．一方で，日本冷凍食品協会の保存基準は，賞味期限まで品質を適切に保持できることを考慮しており，国際基準であるコーデックス（Codex）の「▲18℃以下」に準拠している[6]．国内で販売されている冷凍食品の大半は，この保存基準を準用している．

　なお，調理冷凍食品の日本農林規格（JAS規格）は，1968年に制定（農林水産省告示第155号，1968年8月25日）され，その後10回にわたって改正されたが，同規格では次のように定義されていた．「農林畜水産物に，選別，洗浄，不可食部分の除去，整形等の前処理及び調味，成形，加熱等の調理を行ったものを凍結し，包装し，及び凍結したまま保持したものであって，簡便な調理をし，又はしないで食用に供されるもの」[7]．しかし，同規格は2013年に廃止される[8]．その理由として，「同規格は利用されておらず，格付率，利用率等の改善が見込めない」点が指摘されている[9]．そのため，現在は調理冷凍食品の日本農林規格（JAS規格）は存在しない．

(2)　食品冷凍技術

急速凍結技術は次の4つに大別される[10].

> 1）エアブラスト方式：低温の空気や二酸化炭素を食品に当てて凍らせる
> 方法．氷核を多数生成するので，氷結晶の1つ1つが小さくなる．冷
> 凍時にドリップが生じないので高鮮度で高品質な食材の凍結が可能．
>
> 2）液体侵漬（ブライン方式）：低温の液体に食品を漬ける方法．アルコー
> ルに浸すことによって凍結するタイプが多く，非常に短時間で凍結可
> 能．氷結晶生成温度帯を通過する時間が極めて短いのでドリップを極
> 限まで抑えることができる．ただし，液体なので完全密閉のものしか
> 使用できない．
>
> 3）接触式（コンタクト方式）：低温の冷凍板に接触させて凍結する方法で，
> 効率を上げるために挟んで圧力をかける設備が多い．
>
> 4）液化ガス凍結方式：液化窒素を利用することで，超高速で食材を凍結．
> ランニングコストが高価なので近年ではあまり使われない傾向にある．

2．小売業態・主な小売企業の冷凍食品取扱い動向

(1)　冷凍食品の小売業態別売上割合

表6-1は，『経済センサス活動調査』に基づいて，2021年における冷凍食品の小売業態別売上高および売上割合をみたものである．

2021年における冷凍食品の売上高は8200億円であるが，その売上割合は「各種食料品小売業」（小売業態としての食品スーパー）45.1％，「コンビニエンスストア（飲食料品を中心とするもの）」6.8％（その他の飲食料品小売業全体では24.9％），「ドラッグストア」4.9％，「百貨店，総合スーパー」4.2％などとなっているが，「無店舗小売業」も20.1％を占めている．

(2)　主な小売企業の動向

①　イオンリテール

イオンリテールは，2022年8月に千葉県新浦安駅前に約1500品目の冷凍食品を取り揃える新業態「＠FROZEN（アットフローズン）」を開店した（イオンスタイルMONA，売場面積424m²）．毎日の朝食に利用できるパンやフルーツ，ランチ

表 6 - 1　小売業態別冷凍食品売上高（2021年）

（単位：百万円，%）

	売上高（百万円）	売上割合（%）
百貨店，総合スーパー	34,229	4.2
各種食料品小売業	370,001	45.1
その他の飲食料品小売業	204,552	24.9
コンビニエンスストア（飲食料品を中心とするもの）	(55,400)	(6.8)
他に分類されない飲食料品小売業	(139,619)	(17.0)
ドラッグストア	40,160	4.9
無店舗小売業	164,530	20.1
その他の小売業	6,707	0.8
計	820,179	100.0

（出所）総務省・経済産業省『経済センサス活動調査 産業別集計（卸売業，小売業に関する集計 品目編）2021年』より作成.

用としてストックできるおなじみの外食チェーンメニューや夕食を手軽にムダなく作ることができるミールキット，おやつやデザートに最適な和・洋のスイーツ，さらにプロの料理人が作った料理がリーズナブルな価格で楽しめる「俺のフレンチ」や「俺のイタリアン」の洋食メニュー，カレーや中華・スイーツなどの専門店の味，これまで一部の百貨店やネットでしか購入できなかった有名店の本格的な味や，フランス発の冷凍食品専門店「Picard（ピカール）」など世界の冷凍食品を取り揃えている[11].その後，「@ FROZEN」は，イオンスタイル横浜瀬谷（2023年7月），イオンスタイルレイクタウン（2023年8月），イオンモール与野（2023年11月），イオンスタイル品川シーサイド（2023年11月），イオンスタイル新百合ヶ丘（2024年5月）と，相次いで開店している.

　「イオンリテールは，冷凍食品の売り場を拡大，中でも大胆に拡大したのが農産・畜産・水産の生鮮素材だ.たとえば魚はこれまで冷凍で店舗に届くものを解凍して鮮魚売り場で販売していたが，鮭の切り身，干物などの定番ものは店内で真空パックにして冷凍のままで販売.その結果，定番ものはロスが減り，鮮魚売り場は空いたスペースで旬の魚やその日の販促商品を大々的に展開できるという効果も生まれている[12]」.

② 全国生活協同組合連合会

　全国生活協同組合連合会では，コロナ禍前の2019年度と比較した2023年度の

冷凍食品事業供給額（売上高）が全体で27.5％増，商品分類別には，唐揚げや焼き鳥，ハンバーグ等，畜肉商品等の「畜産」29.3％増，麺類や米飯類，スナック等の「調理冷食」28.8％増，「冷凍野菜」24.5％増，「アイス冷菓」18.5％増となっている[13]．

　「組合員は毎週コープデリの商品を注文する，という買物行動をとっているため，保存性に優れ家庭内で一定量を在庫できる冷凍食品に対するニーズが，実店舗である食品スーパーの利用者よりも高い傾向がある．そんなコープデリは近年，品揃えの拡大や新商品開発など，冷凍食品を強化してきた．その大きな理由は，同社が目標に掲げる『40代以下の若い層の支持獲得』にある．組合員の高齢化という課題を抱えているコープデリは，40代以下の消費者の支持が高い冷凍食品を強化することで，上記の目標を達成しようとしている．具体的には，商品政策（MD）において『冷凍ミールキット』をはじめ，市場の伸びが著しい冷凍米飯・麺類や，時短ニーズに訴求する冷凍おかずの品揃えを拡大させた．コープデリはコロナ禍前より，"時短調理"や"即食"といったニーズに応えるため，チルドのミールキットを強化してきた．コロナ禍が長引き，家にいながら"専門店の味"や"非日常を楽しめる商品"に対する消費者のニーズが顕在化した[14]」．

3. 供給側からみた冷凍食品の動向

(1) 冷凍食品家庭用・業務用国内生産額

　図6-1は，冷凍食品を家庭用と業務用に区分し，その生産額の推移をみたものである．冷凍食品の生産額合計は，1999年の7499億円をピークに減少傾向にあったが，2010年の6284億円を底に増加基調に転じ，コロナ禍前の2019年に6980億円，コロナ禍3年目の2022年は7639億円となっている．

　家庭用冷凍食品の生産額は，1995年2040億円，2000年2309億円，2005年2376億円，2010年2551億円，2015年2947億円，そしてコロナ禍前の2019年は3162億円と増加傾向にあった．そして，コロナ禍1年目の2020年は3727億円と大きく増加，同3年目の2022年も4061億円へと増加基調を続けている．

　他方，業務用冷凍食品の生産額は1997年の5370億円をピークに減少傾向にあり，コロナ禍前の2019年は3818億円まで減少していた．そして，コロナ禍1年目の2020年は外食需要の大幅な減少に伴い，業務用冷凍食品の生産額は3278億

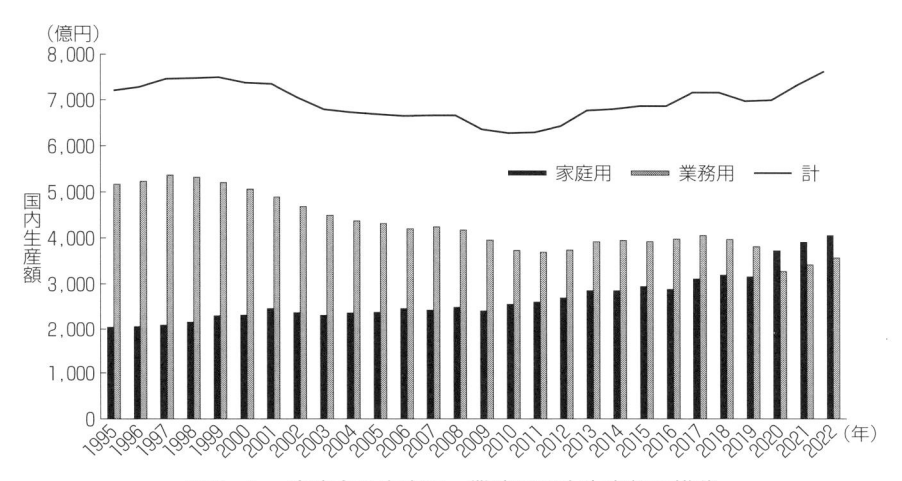

図 6−1　冷凍食品家庭用・業務用国内生産額の推移

（出所）日本冷凍食品協会調べ（『酒類食品統計月報』第43巻第 3 号，2001年 5 月，25-26ページ），および日本冷凍食品協会「冷凍食品の生産・消費について」（各年版）より作成．

円と大幅減となった．コロナ禍 2 年目の2021年は3428億円，同 3 年目には3578億円へとやや回復しているものの，コロナ禍前と比べると大きく減少している．

　すなわち，家庭用冷凍食品の生産額は増加基調にあったが，コロナ禍はその増加傾向を加速させ，逆に業務用冷凍食品の生産額は減少基調にあったが，コロナ禍によりさらに大きな減少となった．そのため，冷凍食品生産額に占める家庭用の割合は，1998年までは20％台であったものが，1999〜2009年は30％台，2010年からコロナ禍前の2019年は40％台，コロナ禍 1 年目の2020年は50％台に達している．

　表 6−2 は，長期にわたる比較が可能な冷凍食品製造業の「ニチレイ」，および冷凍食品卸売業の「日本アクセス」を例にとって，冷凍食品売上高の推移をみたものである．両社とも，家庭用（市販用），業務用ともに着実に売上高を増加させてきたが，コロナ禍 1 年目の2021年 3 月期には業務用の減少，家庭用の増加が明確にみられ，両者が相殺されて冷凍食品の売上高全体ではほぼコロナ禍前の売上高を維持している．そして，コロナ禍 3 年目の2023年 3 月期には，業務用の復調，家庭用（市販用）が引き続き増加したため，冷凍食品売上高全体では，コロナ禍前との比較（2023年 3 月期／2020年 3 月期）で「ニチレイ」11.5％増，「日本アクセス」14.8％増となっている．

表6-2　冷凍食品製造業・冷凍食品卸売業の売上高推移（長期推移）

（単位：億円）

	ニチレイ（冷凍食品製造業）				日本アクセス（冷凍食品卸売業）		
	冷凍食品 売上高	家庭用調理 品売上高	業務用調理 品売上高	その他の 売上高	冷凍食品 売上高	市販用 売上高	業務用 売上高
2010年3月期	1,698	464	774	460	1,576	824	752
2011年3月期	1,726	480	771	475	1,657	887	769
2012年3月期	1,831	521	811	499	1,926	934	990
2013年3月期	1,944	543	845	556	1,830	1,000	830
2014年3月期	2,091	571	911	609	2,005	1,054	952
2015年3月期	2,197	597	965	635	2,100	1,126	974
2016年3月期	1,978	470	862	646	2,300	1,182	1,091
2017年3月期	2,059	525	888	646	2,399	1,122	1,276
2018年3月期	2,180	572	973	635	2,647	1,208	1,439
2019年3月期	2,243	603	984	656	2,600	1,100	1,500
2020年3月期	2,296	648	995	652	2,652	1,128	1,523
2021年3月期	2,202	703	868	631	2,650	1,259	1,391
2022年3月期	2,386	768	926	692	2,895	1,392	1,503
2023年3月期	2,560	814	1,001	746	3,044	1,394	1,650

（注）日本アクセスの2016年3月期は，市販用売上高と業務用売上高の合計が冷凍食品売上高合計よりもやや少ないが，出所である『酒類食品統計月報』第58巻第4号，2016年6月に記載のままとした．

（出所）『酒類食品統計月報』第52巻第4号，2010年6月，52-58ページ，同第53巻第4号，2011年6月，5-11ページ，同第54巻第4号，2012年6月，20-26ページ，同第55巻第4号，2013年6月，5-11ページ，同第56巻第4号，2014年6月，5-11ページ，同第57巻第4号，2015年6月，27-32ページ，同第58巻第4号，2016年6月，5-10ページ，同第59巻第4号，2017年6月，4-10ページ，同第60巻第4号，2018年6月，5-11ページ，同第61巻第4号，2019年6月，4-10ページ，同第62巻第4号，2020年6月，5-10ページ，同第63巻第4号，2021年6月，5-11ページ，同第64巻第4号，2022年7月，6-11ページ，同65巻第4号，2023年7月，5-11ページより作成．

　次に，表6-3は，冷凍食品売上高が家庭用（市販用）と業務用に区分して公表されている冷凍食品製造業2社と冷凍食品卸売業2社について，コロナ禍前の2019年3月期〜2020年3月期，コロナ禍の2021年3月期〜2023年3月期について，売上高の変化をみたものである．コロナ禍1年目の2021年3月期は4社ともに業務用売上高の減少がみられ，コロナ禍2年目の2022年3月期にもコロナ禍前の売上高には戻っていない．しかし，コロナ禍3年目の2023年3月期には，「ニチレイ」および「日本アクセス」がコロナ禍前の水準を回復している．逆に，家庭用（市販用）売上高はコロナ禍1年目の2021年3月期には4社とも

表6‒3　冷凍食品製造業・冷凍食品卸売業の売上高推移（コロナ禍前，コロナ禍）

（単位：億円）

			コロナ禍前		コロナ禍		
			2019年3月期	2020年3月期	2021年3月期	2022年3月期	2023年3月期
冷凍食品製造業	ニチレイ	冷凍食品売上高	2,243	2,296	2,202	2,386	2,560
		家庭用調理品売上高	603	648	703	768	814
		業務用調理品売上高	984	995	868	926	1,001
		その他売上高	656	652	631	692	746
	マルハニチロ	冷凍食品売上高	1,134	1,148	1,131	1,053	1,053
		家庭用売上高	510	516	547	527	524
		業務用売上高	624	631	584	526	529
冷凍食品卸売業	三菱食品	冷凍食品売上高	5,348	5,303	4,340	4,479	4,772
		家庭用売上高	1,282	1,303	2,127	2,191	2,301
		業務用売上高	4,066	4,000	2,243	2,288	2,471
	日本アクセス	冷凍食品売上高	2,600	2,652	2,650	2,895	3,044
		市販用売上高	1,100	1,128	1,259	1,392	1,394
		業務用売上高	1,500	1,523	1,391	1,503	1,650

（注）三菱食品の2021年3月期の業務用売上高および家庭用売上高は，2002年3月期の前年比売上高増加率より算出.

（出所）『酒類食品統計月報』第61巻第4号，2019年6月，4-10ページ，同第62巻第4号，2020年6月，5-10ページ，同第63巻第4号，2021年6月，5-11ページ，同第64巻第4号，2022年7月，6-11ページ，同65巻第4号，2023年7月，5-11ページより作成.

増加し，その後も「マルハニチロ」を除いて，引き続き増加傾向にある.

(2)　家庭用冷凍食品国内生産額

　図6‒2は，家庭用冷凍食品の国内生産額の推移を商品分類別にみたものである．コロナ禍前の2019年において，生産額の合計は3161億円であるが，そのうち「調理食品（フライ類以外）」は2365億円（合計の74.8％），「調理食品（フライ類）」551億円（同17.4％），「農水畜産物」178億円（同5.6％），「菓子類」67億円（同2.1％）となっており，調理食品，その中でも「調理食品（フライ類以外）」が大きな割合を占めている．

　図6‒3は，2012年を100.0とした指数を用いて，その推移をみたものである．コロナ禍前の2019年までは「農水畜産物」および「菓子類」は減少傾向，「調理食品（フライ類）」も横ばい傾向にある中で，「調理食品（フライ類以外）」は明

178

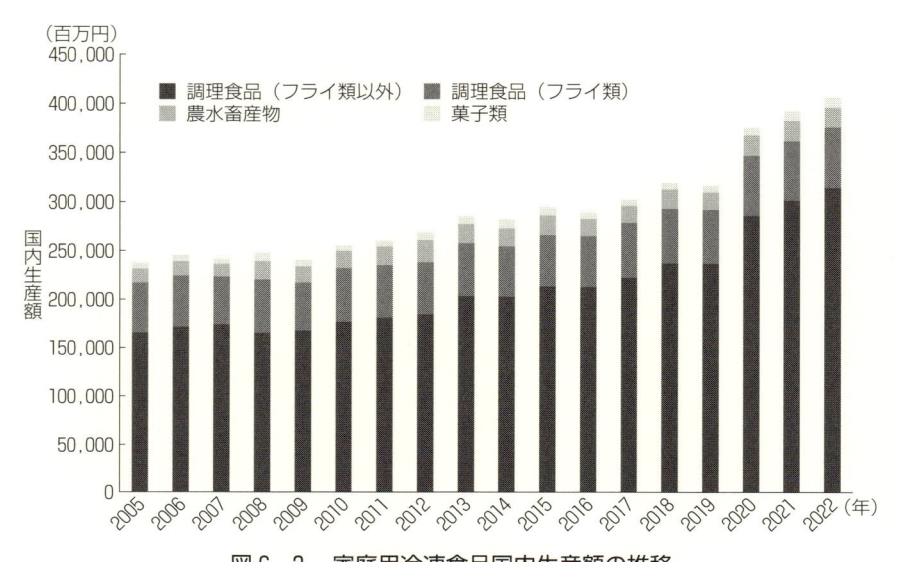

図6-2　家庭用冷凍食品国内生産額の推移

（出所）日本冷凍食品協会「冷凍食品の生産・消費について」（各年版）より作成.

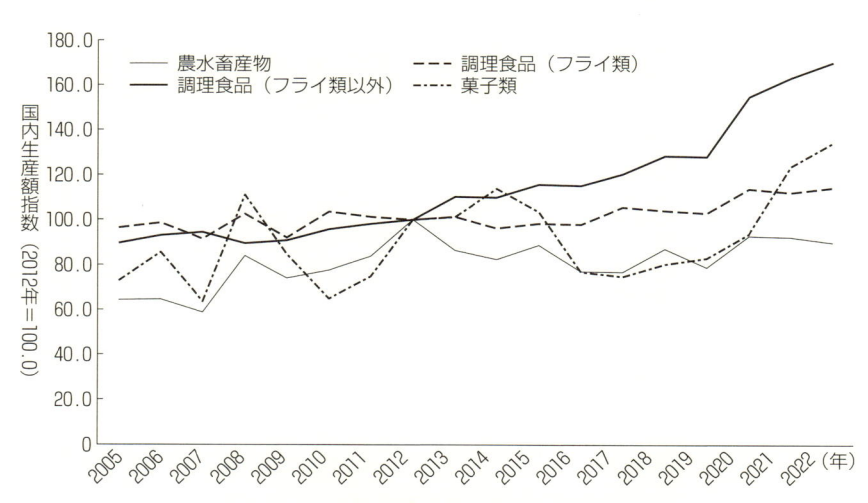

図6-3　家庭用冷凍食品国内生産額指数

（出所）図6-2と同じ.

らかに増加傾向を示している.

　コロナ禍の2020年はいずれの商品分類でも増加となったが,生産額の最も大きな「調理食品（フライ類以外）」が大きく増加し,冷凍食品生産額の増加を牽引している.また,生産額は小さいとはいえ,「菓子類」も大きく増加している.「調理食品（フライ類以外）」および「菓子類」の大きな増加傾向は,コロナ禍3年目の2022年においても継続している.

(3)　外食・中食市場と冷凍調理済み食品市場

　表6-4は,調理の手間を省いた食生活に関連する「飲食店での外食」「調理済み食品を購入する中食」,および家庭内で食する内食ではあるが調理時間を短縮する「冷凍調理済み食品」について,それぞれの市場規模の推移をみたものである.

　コロナ禍前の2019年の市場規模をみると,「外食（飲食店）」14兆5776億円,「中食」10兆3200億円に対して,「冷凍調理済み食品」は5594億円とかなり小さな規模にすぎない.しかし,本項は「冷凍調理済み食品」の動向について,「外食（飲食店）」および「中食」の動向と比較することを目的としているため,2012年を100.0とした指数でその推移をみることにした.

　まず,2005〜2012年に至るまでの期間は,「外食（飲食店）」および「冷凍調理済み食品」の市場規模はほぼ横ばいであるのに対して,「中食」は市場規模を増加させている.次に,2012年からコロナ禍前の2019年の期間は,「中食」は引き続き市場規模を増加させ,「外食（飲食店）」および「冷凍調理済み食品」も横ばい傾向から増加に転じている.とはいえ,この期間における「冷凍調理済み食品」の増加傾向は,「中食」および「外食（飲食店）」を下回るものであった.しかし,コロナ禍1年目の2020年になると,「外食（飲食店）」が大幅に減少,「中食」もそれまでの増加傾向から一転して減少に転じ,他方で内食回帰傾向の中で,「冷凍調理済み食品」の市場規模は大きく増加した.その後,「中食」の市場規模はコロナ禍3年目の2022年になってコロナ禍前を上回るまでに回復したが,「外食（飲食店）」はコロナ禍前の水準には回復できていない.このような中で,「冷凍調理済み食品」は増加傾向が続いている.

　すなわち,「冷凍調理済み食品」の増加傾向は,コロナ禍前までは「中食」および「外食（飲食店）」と比較すると緩やかであったものの,コロナ禍で内食回帰傾向が進む中で一気に増加傾向を加速させたといえる.

180

表6-4　外食（飲食店）・中食市場規模，冷凍調理済み食品市場規模の推移

（単位：億円）

	外食（飲食店）市場規模	中食市場規模	冷凍調理済み食品市場規模
2005年	121,565(97.5)	75,804(87.0)	4,854(98.9)
2006年	124,083(99.5)	78,129(89.7)	4,852(98.9)
2007年	127,510(102.3)	79,490(91.2)	4,874(99.3)
2008年	128,435(103.0)	82,156(94.3)	4,765(97.1)
2009年	126,079(100.1)	80,541(92.4)	4,792(97.6)
2010年	124,946(100.2)	81,238(93.2)	4,855(98.9)
2011年	122,230(98.0)	83,578(95.9)	4,768(97.2)
2012年	124,683(100.0)	87,132(100.0)	4,908(100.0)
2013年	129,088(103.5)	88,962(102.1)	4,973(101.3)
2014年	132,204(106.0)	92,605(106.3)	5,035(102.6)
2015年	136,247(109.3)	95,814(110.0)	5,117(104.3)
2016年	139,464(111.9)	98,399(112.9)	5,173(105.4)
2017年	142,215(114.1)	100,556(115.4)	5,281(107.6)
2018年	142,800(114.5)	102,518(117.7)	5,529(112.7)
2019年	145,776(116.9)	103,200(118.4)	5,594(114.0)
2020年	109,780(88.0)	98,195(112.7)	6,566(133.8)
2021年	104,018(83.4)	101,149(116.1)	6,770(138.0)
2022年	119,140(95.6)	104,652(120.1)	7,020(143.0)

（注1）カッコ内は，2012年を100.0とした指数.
（注2）2020年の「冷凍調理済み食品市場規模」は，2021年売上高と2020年対比2021年増加率をもとに算出.
（出所）外食（飲食店）市場規模は日本フードサービス協会「外食産業市場規模」（各年版），中食市場規模は日本惣菜協会『惣菜白書』（各年版），冷凍調理済み食品市場規模は2005～2012年は『食品マーケティング総覧2014年（品目編 No. 2）』富士経済，2013年10月，2013～2015年は『同2016年（品目編 No. 2）』富士経済，2015年10月，2017～2022年は富士経済プレスリリースより作成.

(4)　調理済み食品市場

　図6-4は，「冷凍調理済み食品」も含む「調理済み食品」の年間売上高の推移をみたものである．コロナ禍前の2019年の年間売上高は，「調理済み食品計」8737億円，その内訳は「冷凍調理済み食品」5594億円，「チルド調理済み食品」1552億円[15]，「その他調理済み食品」1591億円となっており，「冷凍調理済み食品」が「調理済み食品計」の64.0%を占めている．

　図6-5は，2012年を100.0とした指数を用いて，その推移をみたものである．コロナ禍前の2019年までの動向をみると，「冷凍調理済み食品」はほぼ一貫し

図 6 - 4　調理済み食品年間売上高の推移

（注）2020年の「冷凍調理済み食品売上高」は，2021年売上高と2020年対比2021年増加率をもとに算出.
（出所）2005〜2012年は『食品マーケティング総覧2014年（品目編 No. 2）』富士経済，2013年10月，2013〜
　　　2015年は『同2016年（品目編 No. 2）』富士経済，2015年10月，2017〜2022年は富士経済プレスリリー
　　　スより作成.

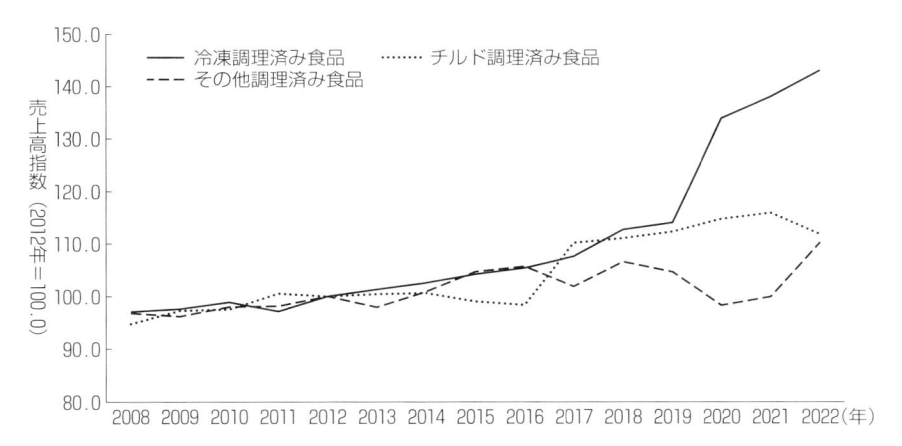

図 6 - 5　調理済み食品売上高指数

（出所）図 6 - 4 と同じ.

て増加傾向，「チルド調理済み食品」は横ばい傾向が続いていたが2017年から
は増加傾向，「その他調理済み食品」は微増ないしは横ばい傾向にあった．し
かし，コロナ禍の2020年以降は，「チルド調理済み食品」および「その他調理
済み食品」は横ばい傾向にあるのに対して，「冷凍調理済み食品」はそれまで

の増加傾向が加速され，大きく増加している．

4．需要側からみた冷凍食品の動向

(1)　2人以上の一般世帯

これまで供給側の視点から，調理済み食品や冷凍食品の動向をみてきたが，ここでは『家計調査年報』を用いて需要側，消費者側の視点からその動向をみることとする．

表6-5は，2人以上の一般世帯における1人あたりの年間消費額をみたものである．コロナ禍前の2019年において，「消費支出額」は118万5369円，うち「食料」が32万5096円と27.4％を占める．「食料」のうち調理食品に注目すると，「主食的調理食品」1万8152円，「その他の調理食品」2万5076円，その他の調理食品のうち「冷凍食品」2632円となっている．なお，「外食（食事代）」は4

表6-5　2人以上の一般世帯1人あたり年間消費支出額の推移 (単位：円)

	消費支出	食料	主食的調理食品	その他の調理食品	うち冷凍食品	外食（飲食代）
2005年	1,137,658(101.7)	284,544(99.3)	12,856(90.6)	19,019(95.6)	1,633(85.2)	40,085(98.6)
2006年	1,120,037(100.1)	282,101(98.5)	12,964(91.4)	19,284(97.0)	1,644(85.7)	39,974(98.3)
2007年	1,138,020(101.7)	287,134(100.2)	13,089(92.3)	19,048(95.8)	1,658(86.5)	41,381(101.8)
2008年	1,138,398(101.8)	289,315(101.0)	13,161(92.8)	18,330(92.2)	1,517(79.1)	41,747(102.7)
2009年	1,125,675(100.6)	288,144(100.6)	13,080(92.2)	18,582(93.4)	1,669(87.0)	40,821(100.4)
2010年	1,127,162(100.8)	286,333(100.0)	13,254(93.4)	19,066(95.9)	1,758(91.7)	40,669(100.0)
2011年	1,102,463(98.6)	283,393(98.9)	13,837(97.5)	19,257(96.8)	1,830(95.4)	39,525(97.2)
2012年	1,118,575(100.0)	286,450(100.0)	14,188(100.0)	19,888(100.0)	1,918(100.0)	40,658(100.0)
2013年	1,142,772(102.2)	293,725(102.5)	14,505(102.2)	19,932(100.2)	1,955(102.0)	42,766(105.2)
2014年	1,153,242(103.1)	301,406(105.2)	14,844(104.6)	20,822(104.7)	2,038(106.3)	43,715(107.5)
2015年	1,141,881(102.1)	310,501(108.4)	15,549(109.6)	21,744(109.3)	2,209(115.2)	44,334(109.0)
2016年	1,132,527(101.2)	316,929(110.6)	16,547(116.6)	23,017(115.7)	2,342(122.1)	44,725(110.0)
2017年	1,139,708(101.9)	317,597(110.9)	16,701(117.7)	23,567(118.5)	2,492(129.9)	45,191(111.1)
2018年	1,156,974(103.4)	319,520(111.5)	17,089(120.4)	24,162(121.5)	2,607(135.9)	45,593(112.1)
2019年	1,185,369(106.0)	325,096(113.5)	18,152(127.9)	25,076(126.1)	2,632(137.2)	46,797(115.1)
2020年	1,130,547(101.1)	326,228(113.9)	18,788(132.4)	26,125(131.4)	2,979(155.3)	35,929(88.4)
2021年	1,142,760(102.2)	325,192(113.5)	20,248(142.7)	27,491(138.2)	3,222(168.0)	35,600(87.6)
2022年	1,199,444(107.2)	337,684(117.9)	21,320(150.3)	28,564(143.6)	3,473(181.1)	41,735(102.6)

（注）カッコ内は，2012年を100.0とした指数．
（出所）総務省『家計調査年報』より作成．

万6797円と，調理食品計（主食的調理食品＋その他の調理食品）の 4 万3228円を上回っている.

　次に，2012年を100.0とした指数を用いて，その推移をみることとする. コロナ禍前の2019年までの動向をみると，「消費支出」および「食料」ともに2012年まではほぼ横ばい傾向にあったが，それ以降は「消費支出」は微増ないしは横ばい傾向であるのに対して，「食料」は増加傾向にある.「食料」のうち「主食的調理商品」および「その他の調理食品」は2015年以降「食料」を上回る増加となり，コロナ禍の2021年と2022年はその増加傾向が加速され，2012年を100.0とした指数で2022年は「主食的調理商品」150.3，「その他の調理食品」143.6と大きく増加している. その他の調理食品のうち「冷凍食品」は，金額は小さいものの増加傾向が続いており，2012年を100.0とした指数でコロナ禍前の2019年に137.2，コロナ禍で増加傾向が加速され，2022年は181.1まで増加している. 他方，「外食（食事代）」は2019年まではやや増加傾向にあったが，コロナ禍の2020年と2021年は大きく減少，2022年は回復したものの，コロナ禍前の水準には戻っていない.

(2)　単 身 世 帯

　表 6 - 6 は，単身世帯における 1 人あたりの年間消費額をみたものである. 2022年において，2 人以上の一般世帯における 1 人あたりの年間消費額と，単身世帯の年間消費額を比べると，次のような特徴がある.

　1 つは，「食料」の 1 人あたりの年間消費額は，2 人以上世帯では 1 人あたり33万7684円であるのに対して，単身世帯では51万9311円と，単身世帯の方が53.8％も多い. 2 つは，「食料」に占める「調理食品」の割合，および「外食（食事代）」の割合は，単身世帯の方が高く，食の外部化が進んでいる.「食料」に占める「主食的調理食品」の割合は，2022年において単身世帯8.8％，2 人以上世帯6.3％，同様に「その他の調理食品」の割合は単身世帯9.3％，2 人以上世帯8.5％，また「外食（食事代）」の割合も，単身世帯17.3％，2 人以上世帯12.4％となっており，単身世帯では「食料」に占める「主食的調理食品」および「外食（食事代）」の割合が高い.

　次に，2012年を100.0とした指数を用いて，単身世帯における 1 人あたりの年間消費額の推移をみることとする. コロナ禍前の2019年までの動向は，「消費支出」「食料」「外食（食事代）」については，概ね横ばい傾向であるのに対し

表6-6　単身世帯1人あたり年間消費支出額の推移

(単位：円)

	消費支出	食料	主食的 調理食品	その他の 調理食品	うち冷凍食品	外食（食事代）
2005年	2,128,117(113.4)	532,079(105.0)	27,282(74.4)	36,775(111.3)	632(52.3)	131,932(119.7)
2006年	1,964,392(104.6)	507,348(100.2)	27,216(74.2)	37,188(112.5)	806(66.7)	119,621(108.6)
2007年	2,029,835(108.1)	520,767(102.8)	29,617(80.8)	37,802(114.4)	1,031(85.3)	122,176(110.9)
2008年	2,059,224(109.7)	536,042(105.8)	30,756(83.9)	38,891(117.7)	1,026(84.9)	123,829(112.4)
2009年	1,952,770(104.0)	511,321(100.9)	30,826(84.1)	36,826(111.4)	1,134(93.9)	112,865(102.4)
2010年	1,944,112(103.6)	505,190(99.7)	30,313(82.7)	37,748(114.2)	1,084(89.7)	108,208(98.2)
2011年	1,930,686(102.8)	508,997(100.5)	32,065(87.5)	37,219(112.6)	1,157(95.8)	109,335(99.2)
2012年	1,877,396(100.0)	506,568(100.0)	36,656(100.0)	33,046(100.0)	1,208(100.0)	110,182(100.0)
2013年	1,929,309(102.8)	511,044(100.9)	35,704(97.4)	34,124(103.3)	1,473(121.9)	110,951(100.7)
2014年	1,944,019(103.5)	521,496(102.9)	38,650(105.4)	35,085(106.2)	1,468(121.5)	109,609(99.5)
2015年	1,920,680(102.3)	542,443(107.1)	41,924(114.4)	36,109(109.3)	1,319(109.2)	113,754(103.2)
2016年	1,906,931(101.6)	535,003(105.6)	42,419(115.7)	38,467(116.4)	1,640(135.8)	110,336(100.1)
2017年	1,939,478(103.3)	531,681(105.0)	42,807(116.8)	39,421(119.3)	1,774(146.9)	108,515(98.5)
2018年	1,953,996(104.1)	528,805(104.4)	42,119(114.9)	41,792(126.5)	1,726(142.9)	103,574(94.0)
2019年	1,965,371(104.7)	531,153(104.9)	41,498(113.2)	40,689(123.1)	1,770(146.5)	106,688(96.8)
2020年	1,806,076(96.2)	496,472(98.0)	43,577(118.9)	43,401(131.3)	2,401(198.8)	80,440(73.0)
2021年	1,860,557(99.1)	500,773(98.9)	43,273(118.1)	47,094(142.5)	4,672(386.8)	82,477(74.9)
2022年	1,941,038(103.4)	519,311(102.5)	45,716(124.7)	48,417(146.5)	3,495(289.3)	89,765(81.5)

（注）カッコ内は，2012年を100.0とした指数．
（出所）総務省『家計調査年報』より作成．

て，「主食的調理食品」は2014年以降，「その他の調理食品」も2013年以降は増加傾向にある．その他の調理食品のうち「冷凍食品」は，金額は小さいとはいえ，大きく増加しており，コロナ禍の2020年および2021年は急激な増加となっている．

　2020年以降のコロナ禍においては，「外食（食事代）」が大きく減少する一方で，「主食的調理食品」「その他の調理食品」ともに大きく増加し，とりわけその他の調理食品のうち「冷凍食品」が急激に増加している．2022年の「冷凍食品」の消費支出額は，2020年，2021年と続く急激な増加の反動で減少しているとはいえ，コロナ禍前の2019年と比べるとほぼ倍増している．

む　す　び

　本章では，「冷凍食品」に焦点をあて，統計資料を用いて供給側（生産者・販

売者側）の視点，および需要側（消費者側）の視点からその動向を明らかにした．

　まず，供給側（生産者・販売者側）からみた「冷凍食品」の動向をみると，家庭用冷凍食品の生産額は増加基調にあったが，コロナ禍はその増加傾向を加速させた．逆に，業務用冷凍食品の生産額は減少基調にあったが，コロナ禍によりさらに大きな減少となった．

　「冷凍調理済み食品」の売上高をみると，コロナ禍前までは「中食」および「外食（飲食店）」の増加傾向には及ばなかったものの，コロナ禍で内食回帰傾向が進む中で一気に売上高を拡大している．また，調理済み食品市場における動向をみると，「冷凍調理済み食品」はコロナ禍前の2019年まではほぼ一貫して増加傾向，これに対して「チルド調理済み食品」は横ばい傾向が続いていたものの2017年からは増加傾向，「その他調理済み食品」は微増ないしは横ばい傾向にあった．しかし，コロナ禍の2020年以降は，「チルド調理済み食品」および「その他調理済み食品」は横ばい傾向であったのに対して，「冷凍調理済み食品」はそれまでの増加傾向が加速され，大きく増加している．

　次に，需要側（消費者側）の視点から「冷凍食品」の動向を分析した．「2人以上の一般世帯」における1人あたりの年間消費額は，「主食的調理商品」および「その他の調理食品」では2015年以降「食料」を上回る増加となり，コロナ禍の2021年と2022年はその増加傾向が加速されている．その他の調理食品のうち「冷凍食品」は，金額は小さいものの増加を続けており，コロナ禍で増加傾向が加速されている．他方，「外食（食事代）」は2019年まではやや増加傾向にあったが，コロナ禍の2020年と2021年は大きく減少，2022年は回復したものの，コロナ禍前の水準には戻っていない．

　「食料」に占める「調理食品」および「外食（食事代）」の割合は，「2人以上の一般世帯」よりも「単身世帯」の方が高く，食の外部化が進んでいる．「単身世帯」においては，コロナ禍前の2019年までは，「消費支出」「食料」「外食（食事代）」は，概ね横ばい傾向にあるのに対して，「主食的調理食品」は2014年以降，「その他の調理食品」も2013年以降は増加傾向にある．「その他の調理食品」のうち「冷凍食品」は，金額は小さいとはいえ，大きく増加してきた．2020年以降のコロナ禍においては，「外食（食事代）」が大きく減少する一方で，「主食的調理食品」「その他の調理食品」ともに大きく増加し，とりわけ「冷凍食品」は急激に増加している．

186

注

1 ）　付表 6 - 1 は，2 人以上の一般世帯においてコロナ禍で年間消費支出額が増加した品目について，コロナ禍前の2019年（2019年 3 月～2020年 2 月）と，コロナ禍 1 年目の2020年（2020年 3 月～2021年 2 月），同 2 年目の2021年（2021年 3 月～2022年 2 月），同 3 年目の2022年（2022年 3 月～2023年 2 月）の消費支出額をみたものである．「冷凍調理食品」は，コロナ禍でも毎年着実に年間消費支出額が増加している．また，日経MJによるスーパーのバイヤーを対象とした調査をみると，食品37品目のうち市場規模が拡大すると予測する品目（「拡大する」という割合から「縮小する」という割合を差し引いたポイント）は，「冷凍食品」が2024年予測で64ポイント（2023年予測81ポイント，2022年予測63ポイント）と，3 年連続の首位となっている．主食とおかずを 1 皿にまとめた「ワンプレート冷食」など新しいコンセプトの冷凍食品も増えている．次いで，「総菜・弁当」49ポイント（同59ポイント，同43ポイント），「レンジ・レトルト食品」38ポイント（同56ポイント，同37ポイント）と続き，時短調理へのニーズは高い（『日経MJ』2022年 1 月19日，2023年 1 月18日，2024年 1 月31日）．ただし，冷凍食品においても値上げの影響で，先行きは不透明となってきている．データコム㈱による食品スーパーを対象とした分析によると，2020年 2 月～2021年 1 月までの 1 年間を100.0とした移動平均の月次推移は，2022年 3 月以降売上高では微増となっているものの，買上点数および購入者数では下降傾向にある．これは，値上げによる単価の上昇が買上点数および購入者数の減少をカバーしていることを示唆している．2020年の冷凍食品の 1 品単価を100.0とすると，全体平均で2021年は100.8とほとんど変化はないが，2022年は110.1と大きく上昇している（清原和明「今年最も需要拡大が予測される冷凍食品」『食品商業』第52巻第 5 号，2023年 5 月，102-103ページ）．

付表 6 - 1　コロナ禍で年間消費支出額が増加した品目（2 人以上の一般世帯）

	コロナ禍前	コロナ禍		
	2019年	2020年	2021年	2022年
冷凍調理食品	7,823円(100.0)	9,021円(115.3)	9,492円(121.3)	10,200円(130.4)
チューハイ・カクテル	3,654円(100.0)	4,812円(131.7)	4,999円(136.8)	4,862円(133.1)
保健用消耗品	9,985円(100.0)	17,240円(172.7)	14,118円(141.4)	15,270円(152.9)

（注 1 ）2020年 2 月27日，当時の安倍首相が新型コロナウイルスの対策本部会合で全国すべての小中高校や特別支援学校を同年 3 月 2 日から一斉休校にすると表明した．この頃からコロナ感染症による小売・外食業態への影響が本格的に出始めたとみて，2020年 3 月をコロナ禍 1 年目の始まりとした．2019年は2019年 3 月～2020年 2 月，2020年は2020年 3 月～2021年 2 月，2021年は2021年 3 月～2022年 2 月，2022年は2022年 3 月～2023年 2 月の消費支出額である．なお，アフターコロナの2023年（2023年 3 月～2024年 2 月）においても，冷凍調理食品の年間消費支出額は10,584円（2019年を100.0とした指数で135.3）と，増加を続けている．
（注 2 ）消費支出額に占める割合が0.1%以上，2019年対比2021年の増加率が10%以上の品目を抽出した．
（出所）総務省『家計調査年報』より作成．

2 ）　日本冷凍食品協会『"冷凍食品の利用状況"実態調査』（2022年 2 月調査）によると，『コロナ禍で食材の買物方法や内容をどのように変えたのか（女性）』については，「と

ても増えた」と「やや増えた」の合計で「買い置きができる食品の購入」47.5％が最も多く，次に「家庭で調理できる素材の購入」37.1％となり，「料理のデリバリー・配達」15.0％，「ネットスーパー」14.0％を大きく上回っている．また，同『"冷凍食品の利用状況"実態調査』（2023年2月調査）によると，『冷凍食品を利用する頻度（女性）』は，「ほぼ毎日」10.7％，「週2～3回」26.6％，「週1回」22.7％となっており，週1回以上の利用者は60.0％を占めている．他方，「ほとんどまたは全く使わない」も12.9％みられる．次に，『冷凍食品を購入する際に，どこに魅力を感じて購入しているか（女性，複数回答）』については，時間節約ニーズとして「調理の手間が省ける」67.0％，「調理時間が短縮できる」54.6％，保存性を評価するものとして「買い置きができる」58.7％，「必要な分だけ調理できる」37.9％，「品数が足りない時に便利」36.3％，その他に「おいしい」も53.9％となっている．

3）　**付表6-2**は，総務省『社会生活基本調査』の詳細行動分類（調査票B）を用いて「食事の管理（料理，食器洗い等）」の1日平均時間をみたものである．一般世帯の妻が1日平均で「食事の管理」に費やす時間をみると，就業状況および家族類型別のいずれの類型においても，その時間は減少している．

付表6-2　就業状況・家族類型別にみた「食事の管理」時間

		2016年	2021年	2016～2021年
就業状況	夫も妻も有業	110分	94分	▲16分
	うち夫も妻も被雇用	104分	91分	▲13分
	夫が無業で妻が有業	111分	107分	▲ 4分
	夫が有業，妻が無業	142分	118分	▲24分
	夫も妻も無業	146分	139分	▲ 7分
家族類型	夫婦と子供の世帯	125分	106分	▲19分
	うち末子6歳未満	—	84分	
	夫婦のみの世帯	124分	—	
（参考）女性総計		88分	78分	▲10分

（出所）総務省『社会生活基本調査2016年，2021年』より作成．

4）　朝川良徳「冷凍食品の規格基準」堀越智・渡辺守監修『食品の冷凍・解凍技術と商品開発』エヌ・ティー・エス，2023年，201-204ページ．

5）　日本冷凍食品協会「冷凍食品 Q＆A」Q1（https://www.reishokukyo.or.jp/frozen-foods/qanda/qanda1/，2024年6月30日アクセス），朝川良徳，前掲論文，206-207ページ．

6）　「品温が▲18℃以下であること」に関して，冷凍食品協会では次の理由をあげている．食品衛生法では，食品の安全の観点から微生物が増殖できない▲15℃以下を基準としている．一方，冷凍食品では良好な品質を維持するため1971年に生産・流通・販売の行政と各団体で構成する冷凍食品関連産業協力委員会を設置し，冷凍食品自主的取扱基準を作成した．この中で，各段階で▲18℃以下を保持することが定められ，現在まで一貫してこの基準を守っている．また，国際標準である Codex（Codex Alimentarius Commission）の「急速冷凍食品の加工及び取扱いに関する国際的実施規範」（CAC/RCP 8-1976）においても，急速冷凍食品は▲18℃以下で保存されるとなっている（日本冷凍食品協会「冷凍食品Q&A」Q11（https://www.reishokukyo.or.jp/frozen-foods/qanda/qanda1/，2024年6月30日アクセス）.

7）　農林水産省告示第1367号第2条，2008年8月29日．また，農林水産大臣の諮問機関である農林物資規格調査会（現日本農林規格調査会）では，「調理冷凍食品」の定義および流通実態について，次のように指摘している．「調理冷凍食品とは，農林畜水産物を調理し凍結したもので，簡便な調理をし，又はしないで食用に供されるものをいう．その種類は，フライ類（コロッケ，魚フライ等），米飯類（ピラフ，チャーハン等），めん類（うどん，パスタ等），その他（ぎょうざ，ハンバーグ，パン等）と多岐にわたる．調理冷凍食品は，商品の入れ替えがはげしく，年々新しい商品が出回っていることから，JAS規格では，需要が定着した品目について，規格が定められている．電子レンジの普及により，電子レンジで温めることで食用に供することができるものが増加したが，近年は主に弁当用に解凍するだけで食べられる自然解凍品が増えている」（農林物資規格調査会「調理冷凍食品の日本農林規格に係る規格調査の概要」2013年3月22日）.

8）　農林水産省告示第2774号，2013年11月12日.

9）　農林水産省「調理冷凍食品の日本農林規格の見直しについて」2013年3月22日.

10）　日本冷凍食品協会「冷凍食品Q&A」Q16（https://www.reishokukyo.or.jp/frozen-foods/qanda/qanda1/，2024年6月30日アクセス），渡辺学「食品冷凍と凍結のメカニズム」堀越智・渡辺守監修『食品の冷凍・解凍技術と商品開発』エヌ・ティー・エス，2023年，8-9ページ，およびFlash Freezer「冷凍技術の種類」（https://flash-freeze.net/ja/freeze-technology/freeze.html，2024年6月30日アクセス）をもとに作成.

11）　イオンリテールニュースリリース「イオンリテールが展開する新業態『@FROZEN』」2022年8月30日.

12）　石橋忠子「需要爆発が引き起こす未体験の胃袋争奪戦」『激流』第47巻第4号，2022年4月，24ページ.

13）　日本生活協同組合連合会ニュースリリース「冷凍食品事業 2022年度実績」2023年4月20日，同「冷凍食品事業 2023年度実績」2024年4月24日.

14）　ダイヤモンド・チェーンストア編「冷凍食品が核売場になる日（日本生活協同組合連合会）」『ダイヤモンド・チェーンストア』第53巻第21号，2022年12月1日，40ページ.

15）　チルド食品は，1975年に農林省（現農林水産省）の下で発足した食品低温流通推進協議会において，▲5℃〜+5℃の温度帯で流通する食品とされた．また日本農林規格では，チルド食品として「チルドハンバーグステーキ」「チルドミートボール」の規格が定められており，その温度条件は「氷結点を超え，5℃以下で保存」と規定されている．「チルド食品の温度帯に法的な規制はないが，現在チルド食品は食品別に最適な温度帯が設定され，通常は0℃〜+10℃の温度帯で流通しているのが一般的である」（日本冷凍食品協会「冷凍食品Q&A」Q4（https://www.reishokukyo.or.jp/frozen-foods/qanda/qanda1/，2024年6月30日アクセス）).

第7章 統計からみる消費者の買物行動
——全国家計構造調査，社会生活基本調査より——

はじめに

　小売業に関する統計分析について，商業統計調査や商業動態統計調査など供給側（小売業）からの分析は多くの研究がなされている[1]．しかし，需要側（消費者側）からの分析は，就業状況や労働時間と家事時間に関する研究[2]が蓄積されているものの，買物行動に焦点をあてた研究は少なく，しかもその多くは食生活に関する研究である[3]．

　そこで本章は，「全国家計構造調査（全国消費実態調査）」および「社会生活基本調査」を用いて，統計からみた買物行動について分析することを目的とする．分析に際しては，高齢化の進展，就業女性の増加，モータリゼーションの進展などの環境変化が小売業に及ぼす影響に焦点をあてる．

　全人口に占める65歳以上人口の割合は，1950年4.9%，1960年5.7%，1970年7.1%，1980年9.1%，1990年12.0%，2000年17.4%，2005年20.2%，2010年23.0%，2015年26.6%，2020年28.6%と推移し，その後は2025年29.6%，2030年30.8%，2035年32.3%，2040年34.8%，2045年36.3%，2050年37.1%まで増加すると予測されている[4]．

　次に，20歳から59歳における女性の労働力人口比率の推移をみると，1970年57.4%，1975年53.9%，1980年57.7%，1985年60.7%，1990年64.4%，1995年65.5%，2000年66.3%，2005年67.6%，2010年70.1%，2015年73.9%，2020年78.7%となっており，1975年以降着実に増加している[5]．

　また，モータリゼーションの進展に関して，軽自動車も含む1世帯あたりの乗用車保有台数は，1965年0.07台，1970年0.24台，1980年0.64台，1990年0.81台，2000年1.09台，2010年1.11台，2020年1.11台と推移しており，2000年代に入ってからは頭打ちとなっているが，1990年代までのモータリゼーションの急速な進展を示している[6]．

　本章では，「全国家計構造調査（全国消費実態調査）」を用いて，小売業態別購入割合の推移，一般小売店での購入割合が大きな商品の抽出，世帯類型別にみた食品の買物行動，および年齢階層や世帯年収からみた洋服の買物行動に焦点をあてて明らかにする[7]．次に，「社会生活基本調査[8]」を用いて，女性の就業が買物時間に及ぼす影響について，曜日別の買物時間の推移，女性の就業と買物時間について分析する．さらに，女性のライフステージと買物時間との関係，モータリゼーションの進展が買物行動に及ぼす影響，そして東京都と大阪府を比較した買物時間帯の差異に焦点をあてて明らかにする．

Ⅰ．小売業態別購入割合（全国家計構造調査）

(1)　小売業態別購入割合の推移

　「全国家計構造調査（全国消費実態調査）[9]」に基づいて，1964年以降の小売業態別購入割合（コンビニエンスストア，ディスカウントストアおよび通信販売は，1994年から調査対象業態に追加）の推移をみると**表7-1**のようになる[10]．消費支出のうち，「サービス」を除く「モノ」支出計について，「一般小売店」での購入割合は1964年73.0％，1974年63.2％，1984年53.1％，1994年41.6％，2004年32.8％，2009年28.8％，2014年18.5％，2019年14.6％と大幅に減少している．他方，「スーパー」での購入割合は，1964年7.7％，1974年19.2％，1984年27.1％，1994年29.4％，2004年32.8％，2009年36.0％と増加してきたが，その後は2014年27.1％，2019年26.5％と減少している．

　食料に限定すると，「一般小売店」での購入割合は1964年79.2％，1974年63.4％，1984年44.3％，1994年27.8％，2004年16.0％，2009年14.0％，2014年10.1％，2019年9.5％と大幅に減少している．他方，「スーパー」での購入割合は1964年9.3％，1974年26.6％，1984年42.0％，1994年47.2％，2004年56.6％，2009年60.5％，2014年51.2％，2019年53.0％と推移し，1999年以降は半数を超えている．家具・家事用品においては，食料ほどではないが，「一般小売店」での購入割合が減少し，「ディスカウントストア・量販専門店」が増加している．2019年には，「一般小売店」19.9％に対して，「ディスカウントストア・量販専門店」34.8％，「スーパー」18.4％となっている．被服および履物においても，食料ほどではないが，「一般小売店」での購入割合が減少し，「ディスカウントストア・量販専門店」が増加している．2019年には，「一般小売店」

表7-1　小売業態別購入割合の推移（2人以上の一般世帯）

（単位：％）

	1964年	1969年	1974年	1979年	1984年	1994年	1999年	2004年	2009年	2014年	2019年
消費支出計	100.0	100.0	100.0	100.0	100.0	100.0	100.0	100.0	100.0	100.0	100.0
一般小売店	73.0	69.9	63.2	57.4	53.1	41.6	34.8	32.8	28.8	18.5	14.6
スーパー	7.7	12.1	19.2	24.0	27.1	29.4	34.6	32.8	36.0	27.1	26.5
コンビニエンスストア	—	—	—	—	—	1.1	1.6	1.8	2.0	2.1	2.5
百貨店	9.0	8.5	9.3	10.1	9.8	9.7	9.4	8.1	6.7	4.5	3.4
生協・購買	2.4	1.9	2.1	2.9	4.2	5.6	5.5	5.5	4.6	2.3	2.7
ディスカウントストア・量販専門店	—	—	—	—	—	3.6	4.9	9.8	12.5	7.9	7.9
通信販売	—	—	—	—	—	1.5	1.7	2.8	3.4	3.6	3.6
その他	7.8	7.6	6.3	5.6	5.8	7.6	7.5	6.3	6.2	34.0	38.7
食料	100.0	100.0	100.0	100.0	100.0	100.0	100.0	100.0	100.0	100.0	100.0
一般小売店	79.2	73.5	63.4	52.8	44.3	27.8	18.8	16.0	14.0	10.1	9.5
スーパー	9.3	15.5	26.6	35.8	42.0	47.2	55.4	56.6	60.5	51.2	53.0
コンビニエンスストア	—	—	—	—	—	1.8	2.4	2.8	2.9	3.4	4.1
百貨店	2.7	2.7	2.5	3.2	3.4	4.3	4.9	4.8	4.4	3.2	2.7
生協・購買	1.7	2.0	2.9	4.0	6.1	9.0	8.8	9.6	7.8	4.3	5.2
ディスカウントストア・量販専門店	—	—	—	—	—	2.1	2.5	3.8	4.3	3.7	4.5
通信販売（インターネット）	—	—	—	—	—	0.4	0.6	1.5	1.4	2.6	1.6
その他（外食を含む）	7.1	6.3	4.5	4.2	4.2	7.5	6.7	4.8	4.6	21.4	19.3
家具・家事用品	100.0	100.0	100.0	100.0	100.0	100.0	100.0	100.0	100.0	100.0	100.0
一般小売店	64.7	63.9	59.2	55.0	49.9	39.6	34.1	25.6	21.5	20.8	19.9
スーパー	7.2	11.7	16.7	19.8	21.8	21.7	25.6	21.0	22.0	22.0	18.4
コンビニエンスストア	—	—	—	—	—	0.3	0.3	0.3	0.3	0.4	0.5
百貨店	15.6	14.0	12.5	14.2	14.1	11.1	9.8	8.1	5.8	4.5	3.3
生協・購買	5.0	3.0	2.6	3.1	4.0	5.2	4.8	4.3	3.5	2.1	2.7
ディスカウントストア・量販専門店	—	—	—	—	—	11.6	15.2	29.9	36.9	31.6	34.8
通信販売（インターネット）	—	—	—	—	—	3.6	3.4	4.8	5.3	7.5	8.3
その他	7.5	7.4	9.0	8.0	10.2	6.9	6.7	5.9	4.8	11.0	12.0
被服および履物	100.0	100.0	100.0	100.0	100.0	100.0	100.0	100.0	100.0	100.0	100.0
一般小売店	51.1	51.1	45.4	41.8	39.1	34.4	29.6	27.4	27.2	27.2	31.2

スーパー	6.8	10.6	15.0	16.9	16.6	16.3	19.5	17.0	19.5	19.2	14.8
コンビニエンスストア	—	—	—	—	—	0.1	0.2	0.1	0.1	0.1	0.1
百貨店	31.5	31.3	31.8	34.9	37.0	35.2	37.2	35.1	26.6	23.6	18.3
生協・購買	2.6	1.4	1.1	1.3	1.6	1.9	1.9	1.9	1.6	1.1	1.5
ディスカウントストア・量販専門店	—	—	—	—	—	2.8	3.7	10.2	16.9	16.2	17.9
通信販売（インターネット）	—	—	—	—	—	3.8	3.4	4.2	4.7	5.4	9.3
その他	8.0	5.5	6.6	5.1	5.6	5.5	4.6	4.0	3.3	7.3	6.8

（注1）1989年は購入先が調査されていない.

（注2）サービス料金，公共料金等を除く.

（注3）各小売業態の定義は，次のとおりである.「一般小売店」下記のスーパー，コンビニエンスストア，百貨店，生協・購買，ディスカウントストア・量販専門店以外の小売店.たとえば，個人商店，ガソリンスタンド，新聞小売店，チケットショップなど.「スーパー」食品，日用雑貨，衣類，電化製品など，各種の商品をセルフサービスで販売.「コンビニエンスストア」食品を中心に，家事雑貨，雑誌など各種最寄品を取り揃え，セルフサービスで販売，店舗規模が小さく，24時間または長時間営業.「百貨店」衣・食・住にわたる各種の商品を主に対面販売により販売，常時50人以上の従業員.「生協・購買」組合員の出資によって作られている生活協同組合，農業協同組合や会社，官公庁等が職員のために設けている購買部.「ディスカウントストア・量販専門店」店頭商品を原則的に全品値引きして，安い価格を売り物.家電や衣料品（ファストファッションを含む）などの量販専門店，主に医薬品や化粧品を販売するドラッグストア，均一価格で多様な商品を販売する小売店や格安チケット店.「通信販売（インターネット）」インターネット上で注文を行い，品物を購入またはサービスの提供を受ける形態（いわゆるネットショッピング）.「通信販売（その他）」通信販売（インターネット）以外で，新聞・雑誌，ラジオ・テレビ，カタログ等で広告し，郵便，電話等で注文を行い，品物を購入またはサービスの提供を受ける形態.「その他」上記以外の店，たとえば美容院，クリーニング店，問屋，市場，露店，行商およびリサイクルショップなど.また，飲食店（レストラン，ファストフード，居酒屋等）や自動販売機もここに含める.

（注4）各小売業態の定義は，2014年調査から「一般小売店」「スーパー」「その他」において大きく変更されたため，比較には注意を要する.「一般小売店」2009年調査（スーパー，コンビニエンスストア，百貨店，生協・購買，ディスカウントストア・量販専門店以外の小売店（個人商店など）⇒2014年調査（スーパー，コンビニエンスストア，百貨店，生協・購買，ディスカウントストア・量販専門店以外の小売店.たとえば，個人商店，ガソリンスタンド，新聞小売店，チケットショップなど）.「スーパー」2009年調査（店舗面積が 100m^2 以上あり，食品，家事雑貨を中心に，各種の商品を，全売場面積の2分の1以上でセルフサービス方式を採用して販売する小売店）⇒2014年調査（食品，日用雑貨，衣類，電化製品など，各種の商品を，セルフサービス方式で販売する小売店）.「その他」2009年調査（たとえば，問屋，市場，駅・劇場等の売店，露店，行商，リサイクルショップなど.自動販売機もここに含める）⇒2014年調査（たとえば，美容院，クリーニング店，問屋，市場，露天，行商及びリサイクルショップなど.また，飲食店（レストラン，ファストフード，居酒屋等）や自動販売機もここに含める）.

（注5）総務省「全国家計構造調査」は，1959年以来5年ごとに実施されてきた「全国消費実態調査」を見直し，2019年に初めて実施された.なお，2014年の「全国消費実態調査」との時系列比較が可能となるように，2019年の「全国家計構造調査」の集計方法による2014年の遡及集計結果が公表されているため，2014年の数字は遡及集計結果を用いた.ただし，購入先別統計（小売業態別統計）については，次に示すように2014年の「全国消費実態調査」の結果と遡及集計結果との差はほとんどない.「スーパー」での購入割合，消費支出計2014年「全国消費実態調査」27.1%（遡求集計27.1%），食料計同51.2%（同51.2%），家具・家事用品計同22.0%（同22.0%），被服および履物計同19.5%（同19.2%）.

（出所）総務省（総務庁）『全国消費実態調査（2014年までは全国消費実態調査）』（各年版）より作成.

31.2％に対して，「百貨店」18.3％，「ディスカウントストア・量販専門店」17.9％，「スーパー」14.8％などとなっている．

(2)　一般小売店での購入割合

　表 7 - 2 は，2 人以上の一般世帯について，品目別に「一般小売店」での購入割合の推移を示したものである．食料では，1974年には18品目中13品目において「一般小売店」での購入割合が50％超であったが，1999年には免許制度によって「一般小売店」が保護されていた酒類を除く全品目において30％未満となっている．

　住居では，1994年には 8 品目中 4 品目が50％超であったが，2014年には 8 品目中 6 品目，2019年は全品目が30％未満である．

　被服・履物では，和服や生地・糸類など「一般小売店」が高い割合を占めている品目もあるが，1999年には10品目中 6 品目において30％未満である．

　教養娯楽では，書籍，雑誌，切り花，スポーツ用具・用品，文房具など「一般小売店」が比較的高い割合を占める品目もみられるが，1994年調査以降「一般小売店」での購入割合の減少が目立っている．

　諸雑費でも，「一般小売店」での購入割合が急減し，2014年調査からはすべての品目において30％未満となっている．

　表 7 - 3 は，2 人以上の一般世帯において，2019年調査の「一般小売店」の購入割合20％を基準に，20％以上の品目と20％未満の品目を区分したものである．ちなみに，2 人以上の一般世帯における「一般小売店」の購入割合の平均は，消費支出計で14.6％，食料9.5％，家具・家事用品19.9％，被服及び履物31.2％となっている．

　食料は，菓子類を除く全品目が「一般小売店での購入割合が低い品目（20％未満）」に区分され，逆に被服及び履物は，すべての品目が「一般小売店での購入割合が比較的高い品目（20％以上）」に区分されている．住居，家具・家事用品，その他においても，ほとんどの品目が「一般小売店での購入割合が比較的高い品目（20％以上）」に区分されており，一般小売店が一定の役割を果たしているといえる．

(3)　世帯類型別にみた食料の買物行動

　表 7 - 4 は，「食料」について，1999年および2019年における世帯類型別に小

表7‑2 「一般小売店」購入割合の推移（2人以上の一般世帯）

（単位：%）

			1974年	1984年	1994年	1999年	2004年	2009年	2014年	2019年
食料	米	穀類	83.7	72.4	39.1	24.0	20.5	16.8	14.9	14.5
	パン		68.0	47.2	32.7	25.1	24.0	21.9		
	めん類		48.6	26.2	13.8	9.0	7.3	7.7		
	魚介類		63.5	38.9	24.6	16.5	14.0	12.7	9.5	8.9
	肉類		58.2	33.3	17.0	11.6	9.3	8.1	7.2	6.9
	牛乳	乳卵類	77.2	47.1	31.6	23.2	29.7	22.7	9.9	7.7
	乳製品		45.3	24.2	15.3	20.1	7.7	6.8		
	卵		54.9	31.0	17.2	10.0	8.0	7.7		
	生鮮野菜	野菜・海藻	63.5	38.5	20.7	13.5	11.5	9.3	7.9	7.1
	乾物・海藻		46.5	30.1	21.9	14.7	14.6	14.0		
	大豆加工品		65.6	36.8	20.1	11.1	9.0	7.6		
	果物		65.6	45.8	30.9	20.3	18.6	16.4	13.2	10.8
	油脂・調味料		46.0	28.3	17.9	10.5	8.1	7.9	6.2	6.5
	菓子類		58.4	44.8	36.4	28.6	28.3	27.7	25.5	23.7
	主食的調理食品	調理食品	56.2	57.4	37.4	26.9	20.7	20.6	12.0	12.2
	他の調理食品		—	34.7	21.5	13.6	10.4	10.6		
	茶類	飲料	63.4	53.8	35.9	26.7	22.5	18.2	11.2	11.1
	コーヒー・ココア		29.4	23.8	20.7	13.4	12.4	12.9		
	酒類		92.3	88.7	60.6	37.9	24.4	18.9	13.7	13.0
住居	設備材料		62.6	61.9	63.2	53.5	45.8	53.5	34.6	16.9
	家事用耐久財		80.4	71.7	57.9	49.8	34.8	27.9	24.7	16.2
	冷暖房用器具		72.2	65.6	51.2	42.0	36.2	25.4	24.0	20.3
	一般家具		58.9	54.4	63.0	64.5	38.4	31.9	30.5	16.8
	室内装備・装飾品		51.7	53.3	40.5	37.0	32.2	30.5	28.5	28.4

分類	品目								
	寝具類	55.6	46.0	35.1	36.4	30.1	24.8	26.3	25.1
	家事雑貨	48.4	37.3	27.5	21.9	18.3	18.1	19.7	24.8
	家事用消耗品	35.4	28.9	21.7	16.4	11.5	11.3	11.8	14.6
被服・履物	和服	60.7	53.7	61.9	62.0	53.6	51.9	46.7	54.1
被服・履物（洋服）	男子用洋服	43.9	39.5	36.6	32.2	28.2	30.2		
被服・履物（洋服）	婦人用洋服	39.7	36.3	32.9	28.9	27.7	29.4	28.8	32.4
被服・履物（洋服）	子供用洋服	33.5	33.1	27.0	23.1	23.2	26.3		
被服・履物（シャツ・セーター類）	男子用シャツ・セーター類	36.7	31.5	28.3	24.1	22.2	27.0		
被服・履物（シャツ・セーター類）	婦人用シャツ・セーター類	38.8	37.7	33.4	29.1	28.1	27.8	26.4	32.7
被服・履物（シャツ・セーター類）	子供用シャツ・セーター類	32.8	28.6	24.5	20.6	24.0	28.9		
	下着類	—	—	—	—	—	—	21.2	23.0
	生地・糸類	59.4	61.1	57.5	56.9	50.2	48.1	40.7	48.0
	他の被服	36.5	31.6	27.4	23.5	21.7	23.4	25.9	30.3
	履物類	59.0	48.0	40.0	33.4	30.5	29.4	28.3	33.4
保健医療	医薬品	73.9	68.1	65.6	52.8	41.9	36.5	31.1	17.4
保健医療	眼鏡	—	75.1	73.8	74.6	73.1	67.8	66.3	57.8
保健医療	コンタクトレンズ	—	—	—	68.5	63.8	56.5	39.9	30.0
交通通信	自動車等購入	—	100.0	85.6	86.2	75.7	83.8	54.5	46.2
交通通信	自転車購入	88.2	76.3	57.3	48.4	62.0	55.6	51.8	26.2
交通通信	自動車部品・用品	—	83.5	63.4	57.0	58.5	65.2	—	—
交通通信	自動車部品	—	—	—	—	—	—	49.1	36.1
交通通信	自動車等関連用品	—	—	—	—	—	—	46.3	45.2
交通通信	通信機器	—	—	57.5	50.7	50.9	49.5	—	—
交通通信	携帯電話機	—	—	—	—	—	—	32.1	19.1
	教科書・学習参考教材	—	96.3	78.6	85.3	64.3	60.4	23.5	24.6
	教養娯楽用耐久財	85.0	74.1	57.1	47.0	30.1	26.1	22.8	20.9

		(年)	(年)	(年)	(年)	(年)	(年)	(年)	(年)
娯楽	文房具	62.3	55.2	45.7	37.4	35.3	33.5	33.1	34.3
	運動用具類（スポーツ用具・用品）	60.5	51.2	46.9	47.3	40.2	41.0	35.3	36.9
	玩具	57.0	42.7	39.6	34.8	26.2	28.1	23.0	26.7
	フィルム	75.0	65.9	48.9	41.0	35.1	—	—	—
	レコード・テープ・ディスク	—	61.1	43.6	38.7	32.7	29.7	—	—
	切り花	82.0	78.3	70.7	61.2	57.1	50.8	42.2	34.1
	愛玩動物・ペットフード	96.3	51.6	43.6	25.7	21.6	21.6	—	—
	ペットフード	—	—	—	—	—	—	14.3	15.5
	ペット・他のペット用品	—	—	—	—	—	—	17.0	20.1
	園芸品・同用品	55.9	55.7	45.7	39.5	33.4	30.4	—	—
	園芸用植物	—	—	—	—	—	—	34.6	32.4
	園芸用品	—	—	—	—	—	—	20.7	17.5
	書籍・雑誌	84.1	75.4	68.5	61.2	54.8	51.6	52.6	54.7
	書籍	—	—	—	—	—	—	35.8	37.4
	雑誌	—	—	—	—	—	—	—	—
諸雑費	男子化粧品（整髪・養毛剤）	65.7	60.9	39.8	35.4	23.1	23.6	—	—
	化粧品	68.6	60.1	47.6	36.3	27.7	24.6	20.3	20.8
	理美容品	—	—	—	—	—	—	52.6	54.7
	傘	45.5	34.6	24.5	20.7	19.0	19.6	21.8	22.5
	かばん類	37.2	35.5	36.7	27.9	23.9	28.6	27.5	29.3
	アクセサリー（装身具）	42.7	45.4	40.9	44.8	40.9	43.0	28.3	23.4
	腕時計	77.4	55.0	35.7	30.9	40.6	30.8	29.0	14.9
	他の身の回り品	35.4	39.0	33.8	30.1	27.4	34.0	28.9	25.6
	たばこ	95.7	87.7	68.0	52.4	38.7	22.8	13.6	7.7

（注1）濃い網掛けは「一般小売店」での購入割合が50%以上，薄い網掛けで数字が斜体は同じ30%以上50%未満を示す．
（注2）2014年の「全国消費実態調査」との時系列比較が可能となるように，2019年の「全国家計構造調査」の集計方法による2014年の遡及集計結果が公表されているため，2014年の数字は遡及集計結果を用いた．
（出所）総務省（総務庁）「全国家計構造調査（2014年までは全国消費実態調査）」（各年版）より作成．

表 7 - 3　品目別「一般小売店」購入割合（2 人以上の一般世帯，2019年）

（単位：%）

	一般小売店の購入割合が低い品目（20.0%未満）		一般小売店の購入割合が高い品目（20.0%以上）	
食料	油脂・調味料	(6.5)	菓子類	(23.7)
	肉類	(6.9)		
	野菜・海藻	(7.1)		
	乳卵類	(7.7)		
	魚介類	(8.9)		
	果物	(10.8)		
	飲料	(11.1)		
	調理食品	(12.2)		
	酒類	(13.0)		
	穀類	(14.5)		
住居，家具・家事用品	家事用消耗品（ティッシュ・洗剤等）	(14.6)	室内装備・装飾品（インテリア）	(28.4)
	家事用耐久財（電子レンジ，冷蔵庫等）	(16.2)	寝具類	(25.1)
	一般家具	(16.8)	家事雑貨（食卓用品・台所用品等）	(24.8)
	設備材料（設備器具・修繕材料）	(16.9)	冷暖房用器具	(20.3)
被服・履物			和服	(54.1)
			生地・糸類	(48.0)
			履物類	(33.4)
			シャツ・セーター類	(32.7)
			洋服	(32.4)
			他の被服（ネクタイ，靴下等）	(30.3)
			下着類	(23.0)
保健医療	医薬品	(17.4)	眼鏡	(57.8)
			コンタクトレンズ	(30.0)
交通通信	携帯電話機	(19.1)	自動車等購入	(46.2)
			自動車等関連用品	(45.2)
			自動車部品	(36.1)
			自転車購入	(26.2)
教養娯楽	ペットフード	(15.5)	書籍	(54.7)
	園芸用品	(17.5)	雑誌	(37.4)
			運動用具類（スポーツ用具・用品）	(36.9)
			文房具	(34.3)
			切り花	(34.1)
			園芸用植物	(32.4)
			玩具	(26.7)
			教科書・学習参考教材	(24.6)
			教養娯楽用耐久財（テレビ，パソコン等）	(20.9)
			ペット・他のペット用品	(20.1)
その他	たばこ	(7.7)	かばん類	(29.3)
	腕時計	(14.9)	他の身の回り品	(25.6)
			アクセサリー（装身具）	(23.4)
			傘	(22.5)
			理美容品	(20.8)

（出所）総務省『全国家計構造調査2019年』より作成.

表 7-4　小売業態別世帯類型別購入割合の推移 (食料, 1999-2019年)

(単位：%)

	2人以上の一般世帯	夫婦共働き世帯（世帯主とその配偶者が就業している世帯）	無職世帯（世帯主が就業していない世帯）	高齢者夫婦世帯（夫65歳以上,妻60歳以上）	専業主婦世帯（夫が勤労者で妻が無業の世帯）	若年単身世帯（年齢30歳未満）	高齢単身世帯（年齢60歳以上）
一般小売店	9.5(18.8)	9.8(16.9)	9.5(23.0)	9.7(26.1)	9.0(13.9)	8.2(16.7)	9.5(28.3)
スーパー	53.0(55.4)	51.7(57.0)	54.5(51.7)	52.1(47.5)	52.8(59.7)	29.4(32.1)	47.8(49.7)
コンビニエンスストア	4.1(2.4)	5.1(2.9)	2.2(1.6)	2.0(1.5)	3.8(2.7)	13.6(34.6)	4.1(2.9)
百貨店	2.7(4.9)	2.0(4.0)	3.5(6.4)	4.3(7.1)	2.3(4.4)	0.8(2.5)	3.1(6.6)
生協・購買	5.2(8.8)	3.7(9.6)	7.6(6.6)	8.5(5.9)	5.3(12.7)	0.5(2.5)	5.1(3.2)
ディスカウントストア・量販専門店	4.5(2.5)	5.1(2.6)	3.8(2.1)	3.4(1.9)	4.7(2.8)	1.8(1.7)	3.2(1.8)
通信販売（インターネット）	1.6(0.6)	1.4(0.6)	2.0(0.8)	2.2(1.0)	1.9(0.5)	1.3(0.3)	3.3(0.8)
その他（外食を含む）	19.3(6.7)	21.2(6.3)	16.1(7.8)	17.8(9.0)	20.1(3.3)	43.2(9.5)	23.9(6.7)
小売店向け支出計	100.0(100.0)	100.0(100.0)	100.0(100.0)	100.0(100.0)	100.0(100.0)	100.0(100.0)	100.0(100.0)

　(注)　数字は2019年の割合. カッコ内の数字は1999年の割合.

　(出所)　総務省『全国消費実態調査1999年』, 総務庁『全国家計構造調査2019年』より作成.

表7-5　年齢階層別購入割合（洋服）

（単位：％）

		スーパー	ディスカウントストア・量販専門店	百貨店	通信販売（インターネット）	通信販売（その他）	一般小売店
2人以上の一般世帯	平均　（3258万世帯）	11.0	17.9	22.0	5.9	2.4	33.2
	30歳未満　（96万世帯）	8.4	23.5	11.1	10.1	0.7	38.6
	30歳代　（385万世帯）	6.5	17.5	13.7	7.4	0.5	48.7
	40歳代　（618万世帯）	9.5	19.4	18.2	8.0	0.9	35.8
	50歳代　（590万世帯）	10.5	18.7	24.0	5.9	1.1	33.6
	60歳代　（640万世帯）	13.6	16.7	25.5	4.4	4.5	25.3
	70歳以上　（929万世帯）	15.4	15.4	29.5	3.0	5.6	22.7
単身世帯	平均　（1773万世帯）	5.1	15.0	18.5	13.0	1.6	42.1
	30歳未満　（316万世帯）	0.7	8.8	14.5	14.4	0.2	55.3
	30歳代　（226万世帯）	2.2	22.5	16.1	8.6	0.0	47.0
	40歳代　（234万世帯）	2.1	7.2	14.3	23.4	0.8	48.8
	50歳代　（242万世帯）	3.6	24.1	12.6	18.4	1.4	34.1
	60歳代　（258万世帯）	9.1	20.8	22.2	14.1	1.1	28.8
	70歳以上　（495万世帯）	14.2	7.8	31.6	1.1	6.7	33.7

（注1）購入割合は、「不明」を除く割合。主な小売業態の割合を示しているため、合計は100％にはならない。
（注2）網掛けは平均よりも5ポイント以上高いもの。斜体は平均よりも5ポイント以上低いもの。
（出所）総務省「全国家計構造調査2019年」より作成。

売業態別購入割合をみたものである．2019年調査で特徴的なことは，「若年単身世帯」において，外食を含む「その他」43.2%（2人以上の一般世帯平均19.3%），「コンビニエンスストア」13.6%（同4.1%）の割合が高く，「スーパー」29.4%（同53.0%）の割合は低いことである．

　また，1999年調査では，「一般小売店」での購入割合は，一般世帯平均で18.8%，「一般小売店」での購入割合が高い世帯類型は「高齢単身世帯」28.3%，「高齢者夫婦世帯」26.1%，逆に低い世帯類型は「専業主婦世帯」13.9%，「夫婦共働き世帯」16.9%となっており，高齢者世帯において「一般小売店」での購入割合が高いという傾向がみられた．

　しかし，2019年調査では，「一般小売店」の定義が変更されたことも考慮に入れなければならないが，その購入割合は2人以上の一般世帯平均で9.5%にまで減少，高齢者世帯における購入割合も「高齢者夫婦世帯」9.7%，「高齢単身世帯」9.5%と，一般世帯平均と比べて変わらない水準となっている．すなわち，高齢者世帯において「一般小売店」での購入割合が高いという傾向は，2019年調査ではほとんどみられない．

　品目レベルでみても，2014年調査では高齢単身世帯において「一般小売店」での購入割合が高い品目（2人以上の一般世帯平均と比べて高齢単身世帯の方が5ポイント以上高い品目．ただし，高齢単身世帯において1か月あたりの支出額が500円未満の品目は除く）は，次に示すように5品目存在した[11]．食料では宅配制度が残る「牛乳」，および「魚介類」，コンサルティングサービスやアフターサービスが重要な「家事用耐久財」（電子レンジ，冷蔵庫等），「教養娯楽用耐久財」（テレビ，パソコン等），およびコンサルティングサービスが重要な「化粧品」である．しかし，2019年調査では高齢単身世帯において「一般小売店」での購入割合が高い品目は皆無である．

⑷　年齢階層，世帯年収，世帯類型別にみた洋服の買物行動

　表7-5は，年齢階層別に『洋服』の小売業態別購入割合をみたものである．2人以上の一般世帯では年齢階層が高いほど「スーパー」の割合が高く，50歳代以上では「百貨店」の割合も高い．逆に「一般小売店」「ディスカウントストア・量販専門店」「通信販売（インターネット）」の割合は年齢階層が低いほど高い．特に，30歳代未満では「一般小売店」の割合が高く，「スーパー」「百貨店」の割合は低い．逆に，60歳代以上では「一般小売店」の割合が低く，

表7-6　世帯年収別購入割合（洋服）

(単位：%)

	スーパー	ディスカウントストア・量販専門店	百貨店	通信販売（インターネット）	通信販売（その他）	一般小売店
総世帯平均　　　　（5031万世帯）	11.0	17.9	22.0	5.9	2.4	33.2
500万円未満　　　（2784万世帯）	16.4	19.6	16.2	4.3	3.7	30.4
500～750万円　　（1125万世帯）	12.1	20.6	18.0	6.1	2.6	33.7
750～1,000万円　　（556万世帯）	9.4	17.8	20.4	6.1	2.8	36.6
1,000～1,250万円　（295万世帯）	8.8	20.7	20.5	6.7	0.9	34.8
1,250～1,500万円　（123万世帯）	9.2	16.7	24.9	4.9	1.1	38.6
1,500万円以上　　　（148万世帯）	7.1	9.5	39.0	7.1	1.0	27.7

（注）表7-5と同じ.
（出所）表7-5と同じ.

「スーパー」「百貨店」の割合が比較的高い.

　単身世帯では，年齢階層が高いほど「スーパー」「百貨店」の割合が高く，この傾向は70歳以上において特徴的である．逆に，年齢階層が低いほど「一般小売店」割合が高く，この傾向は40歳代未満で明確である.

　次に表7-6は，世帯年収別に『洋服』の小売業態別購入割合をみたものである．世帯年収が低いほど「スーパー」の割合が高く，逆に世帯年収が高いほど「百貨店」の割合が高くなる傾向がみられる．年収1500万円以上の世帯では，「百貨店」の割合が高く，「スーパー」の割合は低いことが明確である．同階層においては，「ディスカウントストア・量販専門店」の割合も低い.

　表7-7は，世帯年収1000万円以上の世帯の年齢階層別に『洋服』の小売業態別購入割合をみたものである．総世帯平均と比べて，購入割合が高いのは「百貨店」は50歳代以上，「一般小売店」は30歳代，「通信販売（インターネット）」では40歳代である.

　表7-8は，洋服について世帯類型別の小売業態別購入割合をみたものである．高齢夫婦世帯（65歳以上の夫婦のみの世帯）において「百貨店」「スーパー」の割合が高く，「一般小売店」「ディスカウントストア・量販専門店」の割合は低い．高齢単身世帯（60歳以上の単身世帯）でもそれほど顕著ではないが同様の傾向がみられる．無職世帯でも，「スーパー」の割合が高く，「一般小売店」の割合は低い．また，夫婦と未婚の子供のみの世帯（有業者1人）では，「一般小

表7-7　世帯年収1000万円以上年齢階層別購入割合（洋服）　(単位：%)

	スーパー	ディスカウントストア・量販専門店	百貨店	通信販売（インターネット）	通信販売（その他）	一般小売店
総世帯平均（5031万世帯）	11.0	17.9	22.0	5.9	2.4	33.2
30歳代　　　（52万世帯）	*5.6*	14.1	*12.4*	9.5	0.2	54.2
40歳代　　（126万世帯）	8.0	14.5	25.3	14.3	0.7	28.8
50歳代　　（206万世帯）	9.1	17.3	27.5	6.8	0.6	33.7
60歳代　　　（99万世帯）	7.5	13.6	32.9	4.0	1.7	*25.9*
70歳代以上　（67万世帯）	7.6	13.0	48.2	*0.8*	2.6	*21.7*

（注）表7-5と同じ.
（出所）表7-5と同じ.

表7-8　世帯類型別購入割合（洋服）　(単位：%)

	スーパー	ディスカウントストア・量販専門店	百貨店	通信販売（インターネット）	通信販売（その他）	一般小売店
総世帯平均　　　（5031万世帯）	11.0	17.9	22.0	5.9	2.4	33.2
夫婦共働き世帯（世帯主・配偶者ともに就業）（2038万世帯）	8.8	18.7	22.7	6.0	1.7	34.8
夫婦と未婚の子供のみの世帯（有業者1人）　　（382万世帯）	12.2	19.0	*12.4*	7.1	1.5	40.0
夫婦と未婚の子供のみの世帯（有業者2人）　　（946万世帯）	8.6	18.9	20.6	7.4	0.9	35.6
無職世帯（世帯主が無職）（769万世帯）	16.0	16.2	25.1	3.5	5.7	*23.6*
高齢夫婦世帯（65歳以上の夫婦のみの世帯）（529万世帯）	16.6	*11.6*	32.5	3.2	5.7	*21.2*
高齢単身世帯（60歳以上の単身世帯）　　　　（511万世帯）	14.2	13.8	30.4	2.9	6.1	*27.0*

（注）表7-5と同じ.
（出所）表7-5と同じ.

表 7 - 9　　買物時間の推移 (15歳以上男女)

(単位：分)

女	1976年	1981年	1986年	1991年	1996年	2001年	2006年	2011年	2016年	2021年
平日	40	43	35	36	30	30	30	32	30	28
土曜	43	48	42	42	43	44	44	45	45	45
日曜	40	47	40	43	46	46	48	49	49	47

男	1976年	1981年	1986年	1991年	1996年	2001年	2006年	2011年	2016年	2021年
平日	5	7	8	10	7	9	10	12	12	13
土曜	6	10	11	14	18	23	24	28	28	32
日曜	7	14	14	18	27	30	33	34	35	36

(出所) 総務省 (総務庁)『社会生活基本調査』(各年版) より作成.

売店」の割合が高く,「百貨店」の割合は低い.

2.「社会生活基本調査」からみる買物行動

(1)　曜日別買物時間の推移

　表 7 - 9 は, 男女別・曜日別に平均買物時間の推移をみたものである. 女性では, 平日の買物時間は1976年40分, 1986年35分, 1996年30分, 2006年30分, 2016年30分, 2021年28分と, 1996年までは減少, その後は横ばい傾向にある. 一方で, 日曜の買物時間は1976年40分, 1986年40分, 1996年46分, 2006年48分, 2016年49分, 2021年47分と, やや増加傾向にある. なお, 土曜はほとんど変化していない. その結果, 1976年には平日40分, 土曜43分, 日曜40分と, 曜日による買物時間の差はほとんどなかったが, 2021年は平日28分, 土曜45分, 日曜47分となり, 平日から日曜に買物がシフトしている.

　男性では, 平日の買物時間は短く, またその時間もわずかな増加にとどまっているが, 週末の買物時間は明らかに増加傾向にある. 土曜の買物時間は, 1976年 6 分, 1986年11分, 1996年18分, 2006年24分, 2016年28分, 2021年32分, 日曜の買物時間は, 1976年 7 分, 1986年14分, 1996年27分, 2006年33分, 2016年35分, 2021年36分と推移している. すなわち, 女性の買物は日曜にシフトし, 男性も日曜や土曜に買物に出かける傾向が強くなっている.

　次に, 表 7 - 10は女性の買物時間について,「15歳以上計」と, そのうちの「有業者」の買物時間の推移をみたものである. これによると, 1991年調査以

表 7 - 10 買物時間の推移 （15歳以上女性，有業者）

(単位：分)

		1976年	1981年	1986年	1991年	1996年	2001年	2006年	2011年	2016年	2021年
平日	15歳以上計	40	43	35	36	30	30	30	32	30	28
	うち有業者	25	25	23	25	24	25	25	26	25	24
土曜	15歳以上計	43	48	42	42	43	44	44	45	45	45
	うち有業者	31	32	32	37	40	43	43	45	45	48
日曜	15歳以上計	40	47	40	43	46	46	48	49	49	47
	うち有業者	39	42	43	46	47	48	52	52	52	51

（出所）表 7 - 9 と同じ.

降，「有業者」の土曜・日曜の買物時間が増加傾向にある.

(2) 女性の就業と買物時間

表 7 - 11は，女性の買物時間について，「有業者」か「無業者」かによって
みたものである. 平日の買物時間は「有業者」24分，「無業者」34分，休日の
買物時間は「有業者」51分，「無業者」41分であり，平日は無業者，休日は有
業者の買物時間の方が長い. 有業者の就業状態別，無業者の主な状態別に，推
定人口が1000万人以上の 3 区分の買物時間を比べると，平日は「無業者（家
事）」42分，「有業者（家事などのかたわらに仕事）」35分，「有業者（主に仕事）」19
分と，「有業者（主に仕事）」の買物時間はかなり短い. 休日は「有業者（家事な
どのかたわらに仕事）」53分，「有業者（主に仕事）」52分，「無業者（家事）」46分と，
有業者の買物時間の方がやや長い.

表 7 - 12は，女性「有業者」の買物時間について，年齢別，および仕事のあ
る平日・仕事のない日曜別にみたものである. 総計では，「仕事のある平日」
16分，「仕事のない日曜」62分と，仕事のない日曜の買物時間の方がかなり長
い.「仕事のある平日」の買物時間を年齢別にみると，55歳以上では20分を超
え，34歳未満では10分未満となっていることが特徴的である.「仕事のない日
曜」は，どの年齢層でもかなり買物時間が長いが，特に35～64歳では65分を超
えている.

(3) 女性のライフステージと買物時間

表 7 - 13は，相対的に買物時間が長いライフステージ（妻）をあげたもので
ある. 推定人口100万人以上のライフステージで，かつ平日の買物時間が40分

表 7 - 11　有業・無業別買物時間（女性，2021年）

	推定人口（千人）	買物時間（分）	
		平日	休日
総計	55,031	28	47
有業者	30,713	24	51
主に仕事	19,695	19	52
家事などのかたわらに仕事	10,026	35	53
通学のかたわらに仕事	992	14	28
無業者	24,196	34	41
家事	17,164	42	46
通学	2,756	6	35
その他	4,276	21	23

（出所）総務省『社会生活基本調査2021年』より作成.

表 7 - 12　有業者の年齢別，仕事のある平日・仕事のない日曜別の買物時
　　　　　間（女性，2021年）

	推定人口（千人）	買物時間（分）	
		仕事のある平日	仕事のない日曜
総計	22,462	16	62
15～24歳	1,750	7	56
25～34歳	3,645	9	56
35～44歳	4,694	13	66
45～54歳	5,929	18	67
55～64歳	3,847	20	65
65～74歳	2,043	27	57
75歳以上	554	22	43

（出所）表 7 - 11と同じ.

以上（総平均34分より 6 分以上長い），日曜は60分以上（総平均54分より 6 分以上長い）のものを掲載した.

　また，表 7 - 14は 6 歳未満の子供の有無別の妻の買物時間，および 6 歳未満の子供がいる世帯ではその人数と「保育所（園），幼稚園，認定こども園などへの在園状況」（以下，「在園している」「在園していない」と呼ぶ）別の買物時間である. 平日の買物時間は，「 6 歳未満の子供がいる」世帯25分，「 6 歳未満の子供がいない」世帯36分と， 6 歳未満の子供がいる世帯は買物時間にかなりの制約

表 7 - 13　ライフステージ別買物時間（妻，2021年）

				推定人口（千人）	買物時間（分）
平日	総計	夫が有業で妻が無業	計	6,345	45
			うち夫が雇用されている人	4,953	45
			うち夫がフルタイム	4,289	46
		夫が無業で妻も無業		5,695	42
	子供のいない妻	夫が有業で妻が無業	計	2,644	47
			うち夫が雇用されている人	1,934	48
			うち夫がフルタイム	1,478	49
		夫が無業で妻も無業		3,998	42
	45〜64歳	夫が有業で妻が無業	計	1,071	46
	65歳以上	総計		6,782	42
		夫が有業で妻が無業	計	1,306	47
		夫が無業で妻も無業	計	3,685	42
	子育て期の妻	夫が有業で妻が無業	計	2,464	43
			うち夫が雇用されている人	2,144	42
			うち夫がフルタイム	2,123	42
	子供（無業の30歳未満の子供以外）と同居の妻	夫が有業で妻が無業	計	1,237	44
日曜	総計	夫が有業で妻も有業（共働き）	うち夫も妻も雇用されている人	10,752	62
			うち夫も妻も雇用されている人（夫も妻もフルタイム）	5,980	62
			うち夫も妻も雇用されている人（夫がフルタイムで妻が短時間勤務）	4,217	63
		夫が有業で妻が無業	うち夫が雇用されている人（夫がフルタイム）	4,456	60
	子育て期の妻	総計		9,968	61
		夫が有業で妻も有業（共働き）	計	7,295	62
			うち夫も妻も雇用されている人	5,951	63
			うち夫も妻も雇用されている人（夫も妻もフルタイム）	3,259	61
			うち夫も妻も雇用されている人（夫がフルタイムで妻が短時間勤務）	2,618	64
	末子が小学生	総計		2,736	64
		夫が有業で妻も有業（共働き）	計	2,102	65
			うち夫も妻も雇用されている人	1,707	67
	末子が中学生	総計		1,303	65
		夫が有業で妻も有業（共働き）	計	1,077	64
	末子が高校生	総計		1,153	61
	子供（無業の30歳未満の子供以外）と同居の妻	夫が有業で妻も有業（共働き）	計	2,460	60
			うち夫も妻も雇用されている人	1,551	68
		夫が有業で妻が無業	計	1,233	61

（出所）総務省『社会生活基本調査2021年』より作成.

表 7 - 14　6 歳未満の子供の有無・人数・在園状況別の妻の平均買物時間 （2021年）

（単位：分）

	平日	日曜
総計	34	54
6 歳未満の子供はいない	36	53
6 歳未満の子供がいる	25	58
1 人いる	27	59
保育所（園），幼稚園，認定こども園などに在園していない	35	56
保育所（園），幼稚園，認定こども園などに在園している	23	61
2 人以上いる	23	54
全員が保育所（園），幼稚園，認定こども園などに在園していない	20	58
何人かが保育所（園），幼稚園，認定こども園などに在園している	31	56
全員保育所（園），幼稚園，認定こども園などに在園している	16	52

（出所）表 7 - 13と同じ.

を受けている．逆に，日曜の買物時間は，「6 歳未満の子供がいる」世帯58分，「6 歳未満の子供がいない」世帯53分と，6 歳未満の子供がいる世帯の買物時間の方が長い.

　そこで，特に買物時間の制約を受けているライフステージを明らかにしたい．「6 歳未満の子供がいない世帯」の買物時間の平均よりも10分以上短い（平日は26分以下，日曜は43分以下）ライフステージは，「平日」では，「6 歳未満の子供が1 人おり，在園している」23分，「6 歳未満の子供が 2 人いる」23分（うち，全員が在園していない20分，全員が在園している16分）となっている．「日曜」は，特に買物時間が短いライフステージはみられない.

(4)　自家用車保有と買物時間

　表 7 - 15から2016年における自家用車保有と買物時間との関係をみると，平日では特徴を見出すことはできないが，週末は自家用車保有世帯の買物時間が長い傾向がある．買物時間の推移をみると，自家用車保有世帯の週末の買物時間は増加傾向にあるが，自家用車非保有世帯の買物時間は平日，週末ともにやや減少傾向にある[12]．

　表 7 - 16は，女性の年齢別に買物における交通手段が主として自動車（自ら運転に加えて同乗も含む）の割合をみたものである．「三大都市圏」では，「平日」は各年齢層とも約 3 分の 1 （「20〜29歳」は約 4 分の 1 ）であるが，「休日」では50

表7-15　自家用車保有と曜日別買物時間の推移（妻）

（単位：分）

自家用車あり	1986年	1991年	1996年	2001年	2006年	2011年	2016年
平日	36	37	38	37	36	37	37
土曜	44	47	49	50	51	54	53
日曜	47	51	53	54	56	58	58

自家用車なし	1986年	1991年	1996年	2001年	2006年	2011年	2016年
平日	42	45	44	38	40	42	35
土曜	50	48	51	47	48	45	50
日曜	50	51	49	46	52	52	47

（注）2021年調査では，自家用車保有状況は調査されていない.
（出所）総務省『社会生活基本調査』（各年版）より作成.

表7-16　買物の代表的な交通手段が自動車（運転および同乗）の割合（女性，2015年）

（単位：%）

	三大都市圏		地方都市圏	
	平日	休日	平日	休日
20〜29歳	23.5	53.4	52.9	74.3
30〜39歳	37.5	54.2	71.4	83.0
40〜49歳	34.7	61.9	68.8	80.0
50〜59歳	37.4	56.7	64.4	79.9
60〜69歳	34.0	43.8	59.9	70.9

（出所）国土交通省『全国都市交通特性調査（全国都市パーソントリップ調査）2015年』より作成.

〜60％程度となっている（「60〜69歳」は約44％）.「地方都市圏」では，「平日」は「30〜39歳」は70％を超え，他の年齢層でも50〜60％台,「休日」はどの年齢層でも70％を超え，30〜49歳の年齢層では80％を超えている.「三大都市圏」「地方都市圏」ともに，平日よりも休日の方が自家用車を用いた買物の割合が高くなっている.

(5) 時間帯別買物行動者率の推移（東京都・大阪府比較）

　これまで，「大阪では新鮮な生鮮食品を購入するために午前中に買物のピークがあり，東京では夕方に買物のピークがある」と言われてきた. 表7-17は，このことを検証するため東京都と大阪府の時間帯別買物行動者率の推移をみたものである. 調査時点としては，時間帯別買物行動者率の調査が開始された

1986年調査（30分間隔の行動者率），15分間隔の行動者率が集計されている2001年調査および2016年調査，そして最新の2021年調査をとった．なお，2021年調査はコロナ禍の中で実施された調査であり，新規感染者数は比較的落ち着いた状況にはあったが，混雑する時間帯を避けて買物するなど，時間帯別買物行動者率に影響を与えた可能性がある．

　表 7 - 17に基づいて，平日の買物行動者率をみると，1986年の大阪府では「11時〜11時30分」の買物行動者率が10.43％とピークであり，夕方の買物行動者率（夕方のピークは「16時〜16時30分」の9.23％）よりも高い．一方，東京都のピークは「16時〜16時30分」12.06％，「16時30分〜17時」11.40％，「17時〜17時30分」11.20％と，明らかに夕方に買物のピークがみられる．

　2001年でも，大阪府では，10時30分〜11時30分の買物行動者率が 9 ％前後と夕方よりも高くなっているのに対して，東京都では15時〜17時30分に 8 〜 9 ％程度の買物行動者率となり，夕方に買物のピークがみられる．

　2016年では，大阪府では10時〜12時の買物行動者率が 5 ％を超え，11時から11時30分には 7 ％を超えて夕方の買物行動者率を上回っているものの，午前中のピークは明らかに縮小している．東京都では午前中に 5 ％を超える時間帯は「10時45分〜11時」のみで，午後から夕方にかけては14時15分から17時45分に買物行動者率が 5 ％を超え，15時15分から16時には 7 ％前後とピークになっている．

　コロナ禍の2021年をみると，大阪府では2021年と同じく10時〜12時に買物行動者率が 5 ％を超え，11時から11時45分には 7 ％を超えて夕方の買物行動者率を上回り，2016年とほぼ同様の傾向を示している．東京都では買物行動者率が 5 ％を超える時間帯は午前中では10時30分〜11時45分，午後から夕方にかけては16時30分〜17時15分と大きく縮小し，買物時間帯の分散化が進んだといえる．

　次に，日曜における買物行動者率をみると，10％を超える時間帯は，1986年は東京都，大阪府ともに14時〜17時30分の時間帯，2001年でも東京都，大阪府ともに，1986年と全く同じ時間帯であり，両者の差異はみられない．2016年は10％を超える時間帯が1986年および2001年と比べてやや縮小傾向にあるとはいえ，それほど大きな変化ではない．しかし，コロナ禍の2021年は買物行動者率10％を超える時間帯は東京都では14時30分〜16時15分，大阪府では13時45分〜15時，および15時15分〜15時30分となっており，平日と同様に日曜日においても買物時間帯の分散化が進んだといえる．

表7-17　時間帯別買物行動者率の推移（東京都・大阪府比較）

（単位：％）

| | 平日 | | | | | | | | 日曜 | | | | | | | |
| | 1986年 | | 2001年 | | 2016年 | | 2021年 | | 1986年 | | 2001年 | | 2016年 | | 2021年 | |
	東京都	大阪府	東京都	大阪府	東京都	大阪府	東京都	大阪府	東京都	大阪府	東京都	大阪府	東京都	大阪府	東京都	大阪府
9：00- 9：15	0.43	0.90	0.57	0.62	0.98	1.38	0.69	1.43	0.56	1.31	1.47	0.95	1.46	1.98	1.27	1.40
9：15- 9：30			0.83	0.69	1.36	1.68	1.05	1.98			1.82	1.29	1.56	2.52	1.27	2.55
9：30- 9：45	0.61	1.87	0.88	1.32	1.77	2.76	1.30	2.96	1.05	2.30	2.33	1.46	2.33	3.30	1.93	3.43
9：45-10：00			1.09	1.97	1.98	3.52	1.29	3.53			2.56	1.58	2.52	3.72	2.47	3.46
10：00-10：15	2.26	5.72	3.02	6.27	3.79	5.54	3.33	5.05	3.14	5.90	4.44	5.39	4.83	7.05	5.06	7.41
10：15-10：30			3.27	7.33	4.22	5.22	4.07	5.33			5.39	7.02	5.54	7.70	5.82	8.53
10：30-10：45	3.63	8.14	4.30	9.22	4.76	6.02	5.82	6.43	4.20	7.67	5.76	8.41	6.01	9.11	6.18	8.82
10：45-11：00			4.68	9.12	5.02	6.23	6.29	6.61			6.14	9.03	5.87	9.26	6.42	9.05
11：00-11：15	5.98	10.43	5.46	8.90	4.87	7.16	6.29	7.14	5.67	8.86	7.31	9.72	7.44	8.54	7.33	9.42
11：15-11：30			5.82	8.94	4.99	7.06	6.25	7.11			7.78	9.72	7.74	8.10	7.07	9.85
11：30-11：45	5.04	8.18	5.49	7.57	4.38	6.55	5.09	7.19	5.98	8.42	7.23	8.93	7.23	7.75	6.89	8.56
11：45-12：00			5.08	7.42	4.57	6.11	4.58	6.70			6.98	8.39	7.73	7.12	6.27	8.27
12：00-12：15	3.43	3.98	4.31	5.05	3.50	4.05	3.51	4.41	5.43	5.40	6.44	6.19	5.74	5.15	5.72	7.23
12：15-12：30			3.92	4.10	3.07	3.41	3.77	4.16			6.38	5.52	5.64	5.76	6.24	7.06
12：30-12：45	3.64	3.03	3.33	4.56	2.80	3.19	3.15	4.11	5.95	5.24	6.33	5.39	5.71	6.42	5.89	7.23
12：45-13：00			3.18	4.35	2.78	2.85	2.85	4.00			6.09	5.80	5.77	5.72	6.19	7.44
13：00-13：15	4.22	3.54	3.21	4.38	2.81	3.52	3.81	4.02	7.46	6.26	6.37	6.97	6.77	7.62	6.33	8.42
13：15-13：30			3.91	4.98	3.20	3.77	4.49	3.65			6.66	7.35	7.70	7.99	6.52	9.25
13：30-13：45	4.81	4.73	4.32	5.56	4.41	4.13	4.26	4.43	8.61	7.72	7.46	8.03	8.50	8.54	7.48	9.73
13：45-14：00			3.95	5.84	4.13	4.40	3.96	4.75			7.84	8.43	8.96	8.52	7.81	10.23

時間帯																
14 : 00-14 : 15	10.78	8.41	9.21	9.85	9.83	10.36	10.14	10.93	5.67	4.48	4.42	4.73	6.48	5.95	5.57	6.56
14 : 15-14 : 30	10.66	9.18	10.10	10.74	10.23	10.78			5.43	4.42	5.04	5.07	6.70	6.56		
14 : 30-14 : 45	10.51	10.46	10.36	10.80	10.25	11.72	11.52	11.33	5.05	4.61	5.23	5.15	6.96	7.21	6.15	6.58
14 : 45-15 : 00	10.46	10.47	10.16	10.91	10.16	11.94			4.94	4.36	4.89	5.64	6.84	7.11		
15 : 00-15 : 15	9.66	10.31	10.57	9.96	10.62	11.82	12.97	13.86	5.39	4.14	5.79	6.56	7.35	9.26	6.85	8.40
15 : 15-15 : 30	10.10	11.04	10.80	9.74	11.64	12.35			5.36	4.44	6.25	6.83	7.79	9.95		
15 : 30-15 : 45	9.42	10.80	11.53	10.07	11.96	12.26	13.67	14.72	5.19	4.78	5.72	7.11	7.73	8.99	6.50	9.53
15 : 45-16 : 00	9.50	11.57	12.42	9.49	12.02	12.72			5.11	4.53	5.53	6.98	7.22	8.79		
16 : 00-16 : 15	8.50	10.03	12.97	10.41	11.68	15.49	15.43	16.85	4.93	4.54	6.07	6.34	6.96	8.77	9.23	12.06
16 : 15-16 : 30	8.53	9.71	12.75	11.31	12.01	15.82			5.24	4.36	6.01	6.38	7.36	9.08		
16 : 30-16 : 45	7.80	9.48	11.32	11.09	11.58	15.17	14.14	15.98	4.04	5.66	5.50	5.75	6.92	8.63	8.71	11.40
16 : 45-17 : 00	7.40	8.73	10.27	10.35	10.73	13.00			4.41	5.09	5.40	5.79	6.56	8.34		
17 : 00-17 : 15	6.43	8.16	8.86	8.88	10.39	11.51	10.78	12.41	4.22	5.02	4.29	6.12	7.17	7.81	7.37	11.20
17 : 15-17 : 30	5.69	7.12	8.96	8.89	10.91	11.09			4.19	4.58	4.87	6.10	7.17	7.84		
17 : 30-17 : 45	5.19	5.64	8.19	7.94	9.17	9.17	7.66	9.42	3.84	3.66	4.28	5.23	6.57	6.13	6.20	8.73
17 : 45-18 : 00	5.51	5.27	7.82	6.86	8.63	8.50			3.99	3.64	4.59	4.53	5.98	5.38		
18 : 00-18 : 15	3.83	4.08	5.95	5.94	6.69	6.59	3.58	4.63	2.61	4.05	3.85	3.03	5.62	5.26	3.82	5.15
18 : 15-18 : 30	4.83	2.26	4.90	5.12	5.51	5.58			2.57	3.56	4.18	3.25	5.06	4.95		
18 : 30-18 : 45	3.13	1.59	4.01	3.78	4.10	4.29	2.59	2.49	2.09	2.57	4.47	3.63	3.39	4.14	2.04	3.15
18 : 45-19 : 00	3.13	1.49	3.87	3.83	3.30	4.21			1.88	2.39	3.38	2.88	2.60	2.99		
19 : 00-19 : 15	2.18	1.32	2.47	3.31	2.39	2.91	0.73	0.88	1.75	2.52	2.14	1.84	1.86	2.06	0.95	1.38
19 : 15-19 : 30	1.63	1.07	1.72	2.82	1.96	2.55			1.86	1.86	1.64	1.95	1.71	2.15		
19 : 30-19 : 45	1.35	0.92	1.21	1.76	1.55	2.00	0.49	0.64	1.07	2.25	0.85	1.86	1.44	1.75	0.62	0.94
19 : 45-20 : 00	1.19	1.19	0.76	1.46	1.04	2.09			1.07	2.17	0.63	1.81	1.02	1.93		

(注) 濃い網掛けは買物行動率が10%以上、薄い網掛けは同 5 %以上10%未満の時間帯を示す。
(出所) 総務省「社会生活基本調査」(各年版) より作成。

む　す　び

　本章では，小売業態別購入割合，および買物行動について分析した．「全国家計構造調査（全国消費実態調査）」によると，「一般小売店」での購入割合は，食料をはじめとして大きく減少し，「スーパー」での購入割合が大きく増加している．世帯類型別に「食料」の購入割合をみると，2019年調査において特徴的なことは，「若年単身世帯」において，外食を含む「その他」および「コンビニエンスストア」の割合が高く，「スーパー」の割合は低いことである．また，1999年調査では，高齢者世帯において「一般小売店」での購入割合が高いという傾向がみられた．しかし，高齢者世帯で「一般小売店」での購入割合が高いという傾向は，2019年調査ではほとんどみられない．

　次に，「洋服」の購入先として百貨店が占める割合は，「世帯年収1500万円以上の世帯」「高齢夫婦世帯（65歳以上の夫婦のみの世帯）」「高齢単身世帯（60歳以上の単身世帯）」において高い．他方，「2人以上の一般世帯（世帯主30歳未満）」「夫婦と未婚の子供のみの世帯（有業者1人）」「2人以上の一般世帯（世帯主30歳代）」「30歳未満単身世帯」「30歳代単身世帯」では百貨店での購入割合は低い．

　さらに，「社会生活基本調査」に基づいて，女性の買物時間の推移（1976～2021年）をみると，平日は1996年までは減少，その後は横ばい傾向にある．一方で，日曜の買物時間はやや増加傾向にある．なお，土曜はほとんど変化していない．その結果，1976年には平日40分，土曜43分，日曜40分と，曜日による買物時間の差はほとんどなかったが，2021年は平日28分，土曜45分，日曜47分となり，女性の買物は平日から日曜にシフトしている．男性も日曜や土曜に買物に出かける傾向が強くなっている．

　女性の就業と買物時間との関係について，女性「有業者」の買物時間の推移（1976～2021年）をみると，1991年調査以降，土曜・日曜の買物時間が増加傾向にある．女性「有業者（主に仕事）」の平日の買物時間は相対的にかなり短く，逆に休日の買物時間はやや長い．ライフステージ別にみた女性の週平均買物時間（2021年）は，子育てを終えた妻，あるいは子供のいない妻の買物時間が長い．また，6歳未満の子供の有無別に妻の買物時間をみると，6歳未満の子供がいる世帯は平日の買物時間にかなりの制約を受けている．逆に，日曜の買物時間は，6歳未満の子供がいる世帯の方が長い．

　自家用車保有と買物時間との関係（1986〜2016年）について，平日は特徴を見出すことはできないが，週末の買物時間は自家用車保有世帯の方が長い傾向がある．自家用車保有世帯の週末の買物時間は増加傾向にあるが，自家用車非保有世帯の買物時間は平日，週末ともにやや減少傾向にある．年齢や所得水準なども関係していると思われるが，近隣の商業施設の衰退によって買物機会が奪われている影響とみることもできる．

　東京都と大阪府を比較する形で，平日における時間帯別買物行動者率の推移（1986〜2021年）をみると，1986年には大阪府では午前中に，東京都では夕方に買物時間帯のピークがみられ，2001年にもその傾向は継続していたが，2016年には大阪府における午前中の買物時間帯のピークは明らかに縮小している．コロナ禍の2021年には，大阪府では午前中に買物時間帯にピークがある傾向は残っているが，東京都では午後から夕方にかけての買物時間帯のピークは縮小し，買物時間帯の分散化が進んでいる．

注

1 ）　中小小売業に焦点をあてた研究に，番場博之『零細小売業の存立構造研究』白桃書房，2003年，坂本秀夫『日本中小商業問題の解析』同友館，2004年，馬場雅昭『日本の零細小売商業問題』同文舘出版，2006年，坂本秀夫『現代流通の理論と実相』同友館，2021年，南方建明『日本の小売業と流通政策』中央経済社，2005年，南方建明『流通政策と小売業の発展』中央経済社，2013年，南方建明『日本の小売業態構造研究』御茶の水書房，2019年などがある．

2 ）　矢野眞和編『生活時間の社会学』東京大学出版会，1995年，久米礼子「女性の社会参加と生活時間」『統計』第52巻第 7 号，2001年 7 月，松田茂樹・鈴木征男「夫婦の労働時間と家事時間との関係」『家族社会学研究』第13巻第 2 号，2002年 3 月，上田貴子「家族形態と家事時間」『早稲田政治経済学雑誌』第350・351号，2002年 7 月，水野谷武志『雇用労働者の労働時間と生活時間――国際比較統計とジェンダーの視角から――』御茶の水書房，2005年，佐藤香「生活時間にみる日本人の性別役割分業」『統計』第62巻第 7 号，2011年 7 月，樋田勉「社会生活基本調査による買い物行動の検討」『統計』第64巻第 3 号，2013年 3 月，渡辺洋子「男女の家事時間の差はなぜ大きいままなのか――2015年国民生活時間調査の結果から――」第66巻第12号，2016年12月，高橋雅夫「夫婦の労働時間と家事時間の近年の動向」『長野大学紀要』第45号第 1 巻，2023年 7 月などがある．筆者も，南方建明「家事の外生化と生活支援サービス」南方建明・堀 良『IT 革命時代のサービス・マーケティング』ぎょうせい，2002年，91-120ページ，南方建明「生活行動と生活支援サービス」「生活支援サービスの成長性と今後の可能性」東京都商工指導所『生活支援サービスビジネスの事業化戦略』，1998年，15-43ページなどにおいて，家事の外生化を受けとめる生活支援サービスという視点から分析している．

3） 時子山ひろみ『フードシステムの経済分析』日本評論社, 1998年, 尾高恵美「高齢者の食料消費行動の特徴——食の外部化の現状と高い安全志向——」『農林金融』第54巻第9号, 2001年9月, 時子山ひろみ「『全国消費実態調査』による小売業態別飲食料品の購入実態」『家政経済学論叢』第38号, 2002年5月, 塩原秀子「高齢者世帯の消費構造」『帝京経済学研究』第36巻第1号, 2002年12月, 山崎泰弘「2009年全国消費実態調査から見られる高齢者の業態使い分け」『流通情報』第42巻第5号, 2011年1月, 荒木万寿夫「全国消費実態調査に見る高齢単身世帯の消費行動」『統計』第65巻第11号, 2014年7月などがある. 筆者も, 南方建明「統計による消費者購買行動の分析」『大阪商業大学論集』第137号, 2005年6月, 南方建明「食品小売構造の日英比較」『大阪商業大学論集』第153号, 2009年7月, 南方建明「コンビニエンスストアの成長による食品小売市場の変化」『大阪商業大学論集』第155号, 2010年1月などにおいて分析している.

4） 2020年までは総務省『国勢調査報告』, 将来予測は国立社会保障・人口問題研究所「日本の人口の将来推計2023年推計」.

5） 総務省『労働力調査年報』, 同『国勢調査報告』による.「労働人口比率」は, 人口に占める労働力人口（就業者と完全失業者の合計）の割合.

6） 乗用車保有台数は財団法人自動車検査登録協力会「わが国の自動車保有動向」, 総務省（総務庁）『国勢調査報告』による.

7） 「全国家計構造調査（全国消費実態調査）」を用いた分析は, 南方建明『日本の小売業態構造研究』御茶の水書房, 2019年, 210-219ページ, および南方建明『現代小売業の潮流』晃洋書房, 2023年, 64-70ページをもとにした.

8） 「社会生活基本調査」は, 1976年の第1回調査以来, 総務省（総務庁）によって5年ごとに実施されている. 1日の生活時間配分については, 2021年調査では調査区ごとに10月16日（土）から10月24日（日）までの9日間のうち指定された連続する2日間について行われた. なお, 1日の生活時間配分に関する同様の調査としてNHKが実施している「国民生活時間調査」があり, 1960年以来5年ごとに行われている. しかし, 1995年よりアフターコード方式からプリコード方式に切り替えられたため, 過去の調査との比較はできない. 社会生活基本調査の最新の2021年調査は, 同年10月20日現在で調査が実施された. この時期は, コロナウイルス感染症が第5波として拡大した後, 各地に発出されていた「緊急事態宣言」等が同年9月末をもって全ての地域で解除された直後である.

9） 「全国消費実態調査」は, 1959年の第1回調査以来, 総務省（総務庁）によって5年ごとに実施されており, 2014年に第12回調査が実施された. その後2019年に「全国家計構造調査」と名称が変更され, 第13回調査が実施された. 2019年調査は, 同年10〜11月に実施された. 購入先調査は, 1964年から開始され, 1989年調査を除いて継続して実施されている.

10） 供給側の統計である経済産業省『商業統計表（業態別統計編）』に基づいて, 2014年における小売販売額に占める小売業態別の割合をみると,「総合スーパー」（衣・食・住にわたる商品を小売し, それぞれが小売販売額の10%以上70%未満, 従業者数が50人以上, セルフ方式の商店：売場面積の50%以上についてセルフサービス方式を採用している商店）4.9%,「専門スーパー」（売場面積250㎡以上, 衣・食・住のいずれ

かの販売額が70％以上で，セルフ方式の商店）18.3％，「その他のスーパー」（総合スーパー，専門スーパー，コンビニエンスストア以外のセルフ方式の商店）3.7％，「コンビニエンスストア」（飲食料品を扱い，売場面積30 m^{2}以上250 m^{2}未満，営業時間14時間以上，セルフ方式の商店）5.3％，「百貨店」（衣・食・住にわたる商品を小売し，それぞれが小売販売額の10％以上70％未満，従業者数が50人以上，非セルフ方式の商店）4.0％となっている．他方，2014年に調査された「全国消費実態調査」における小売業態別購入割合をみると，「スーパー」27.1％，「ディスカウントストア・量販専門店」7.9％，「コンビニエンスストア」2.0％，「百貨店」4.5％となっている．

11)　一般小売店での購入割合は，「牛乳」（高齢単身世帯30.0％，2人以上の一般世帯17.5％），「家事用耐久財」（同35.1％，同22.8％），「化粧品」（同30.6％，同22.1％），「教養娯楽用耐久財」（同29.6％，同23.5％），「魚介類」（同14.9％，同9.9％）となっている（総務省『全国消費実態調査2014年』）．

12)　『社会生活基本調査2016年』の詳細行動分類（調査票B）に基づいて，世帯の家族類型別に自家用車の有無別の日曜の買物時間をみると，夫婦と子供の世帯において「自家用車あり」世帯の妻で63分，「自家用車なし」世帯の妻で50分と，かなり大きな差異がみられる．

終章 小売業における集積効果の行方と，アフターコロナの小売業

　本書は，次の3点について考察した．1）「集積効果」を発揮してきた中心市街地商業とSCの動向，2）コロナ禍において顕在化した小売業の動向，3）消費者の買物行動の変化である．

　第一は，「集積効果」を発揮してきた中心市街地商業とSCの動向についてである．

　第1章「中心市街地活性化政策の変遷とその成果——中心市街地商業に着目して——」では，中心市街地商業に着目して，中心市街地活性化政策の変遷とその成果，今後の中心市街地商業活性化の可能性について考察した．

　中心市街地商業においては，限定的とはいえ「依存と競争のメカニズム」が機能してきた．しかし，郊外型大型店やSCとの競争のもとで廃業が増加，そのあとに新規出店がなされないため空き店舗が増加している．そのため，「依存と競争のメカニズム」が有効に機能しなくなり，中心市街地商業の集積効果が低下している．

　中心市街地商業が少なくとも「縮小均衡モード」に陥らないためには，核店舗機能を果たしていることが多い「総合スーパー」や「食品スーパー」の存在が不可欠といえる．しかしながら，中心市街地商業に立地している「総合スーパー」の商店数は大きく減少しており，また売場効率からみてもその優位性は失われている．「食品スーパー」においては特に駅周辺型商業集積の売場効率が大幅に低下しており，駅周辺型商業集積は売場効率だけからみるとむしろ不利な状況となっている．

　中心市街地商業活性化は，多くの地域において遅きに失した感がある．しかし，限定的とはいえ「依存と競争のメカニズム」が機能し，少なくとも「縮小均衡モード」に陥っていない中心市街地商業活性化を進めるためには，可能な限りフリーライダーを排除する形での自主財源の確保が課題となる．フリーライダーを排除する自主財源の確保策として，日本版BIDといわれる「地域再生エリアマネジメント負担金制度」が2018年に導入されたが，同制度の活用は

非常に難しいといわざるを得ない．しかし一方では，都市再生推進法人制度や指定管理者制度など自主財源を確保するための制度も整備されてきている．

　さらに，2020年になって，歩行者空間を整備し，賑わいを創出しうる制度が導入された．「ほこみち」では，公募により占用者を決定する場合は，最長で20年間の占用が可能であり，テラス付きの飲食店など初期投資の大きな施設も参入しやくなっている．さらに，「まちなかウォーカブル区域」では，行政による公共施設整備や，民間によるオープンスペースの提供，建物低層部のガラス張り化等の事業に，様々な特例や，予算・税制面での支援がなされている．

　これらのエリアマネジメント手法を用いた中心市街地商業活性化に改めて焦点をあてる必要がある．

　第2章「SCの特性とその動向―― SCとそのテナントの動向，売場効率の分析――」では，SCの特性とその動向について考察した．

　1990年代以降に，郊外立地を中心に急速に成長してきたSCは，2007年に施行された改正都市計画法により，郊外への出店が大きく制約されることになり，その総数も2019年以降は減少に転じている．小売業売上高に占めるSCの割合は，1980年に6.6％，1990年に10.1％，2000年に19.5％，コロナ禍前の2019年は23.9％となった．コロナ禍においては売上高が大きく減少し，2023年になってもコロナ禍前の水準を回復するには至っていない．中心市街地商業が衰退を続ける一方で，SCは大きく成長してきたが，その増勢に陰りがみられるようになっている．

　SCの既存店売上高増加率について，総合スーパーや食品スーパーが多い「キーテナント」と，「一般テナント」を比較すると，「キーテナント」は，コロナ禍で大きく落ち込んだ2020年の反動でわずかに増加した2021年を除いて，すべてがマイナスである．逆に，「一般テナント」の売上高増加率は，コロナ禍を除いて「キーテナント」よりも高い．「キーテナント」がSCの集客の核となるという構図から，一部の有力専門店チェーンが集客を牽引する構図へと変化しつつある．

　SCテナントの業種別割合の推移をみると，「飲食」割合は横ばい傾向にあるが，「物販」割合の減少，「サービス」割合の増加傾向，いわばSCのサービス化が進んでいる．

　第3章「大規模小売店と小規模小売店・商店街の動向――大規模小売店舗の出店と商店街における零細小売店の減少――」では，中心市街地商業やSCに

おいて集客の核となっている大規模小売店舗，および中心市街地商業や商店街など自然発生的に形成された地域商業において，その集積効果の下で存続してきた小規模小売店に焦点をあてて考察した．

2000年代以降の大店立地法下における大規模小売店舗の開店数は，総数では大きな変化はないものの，店舗面積規模別には「1000 m² 超2000 m² 未満」という比較的規模の小さな店舗の開店が多くを占めている．小売業態別にみると，近年はその多くが「ドラッグストア」と「食品スーパー」となっている．

「小売業計」の商店数は，1982年の172万1000店から2021年には88万店へと，ほぼ半減しているが，零細小売店の大幅な減少によるものである．さらに，商店街形成地区の販売割合，および商店街形成地区の小規模小売店の販売割合も低下の一途をたどり，また売場効率からみた商店街形成地区に立地する優位性も失われつつある．

商店街形成地区における零細小売店の大幅な減少，さらには商店街立地の優位性が失われていく中で，商店街の景況は著しく悪化し，商圏範囲の狭い商店街ほど，また人口規模の小さい地域に立地する商店街ほど衰退傾向が強い．衰退の要因としては，「大型店との競合」よりも，「後継者問題」や「店舗等の老朽化」など商店街内部の問題の方が強く意識されている．

第二は，コロナ禍において顕在化した小売業の動向についてである．

第4章「コロナ禍の小売・外食業態の動向――コロナ禍からアフターコロナまで――」では，コロナ禍における小売・外食業態の動向について考察した．

コロナ禍による悪影響を大きく受けたのは，「百貨店」「外食」であるが，両者ともに2022年10月頃からコロナ禍前の水準程度，あるいはコロナ禍前の水準をやや上回るまでに回復している．「コンビニエンスストア」は，コロナ禍前からやや停滞傾向にあったが，コロナ禍によるオフィス街立地店の売上高の落込みなどの影響を受けたものの，コロナ禍3年目になってコロナ禍前の水準を回復している．

逆に，「食品スーパー」は，コロナ禍前までは停滞傾向にあったが，内食回帰傾向による食事材料の売上高増加に加えて，コロナ禍2年目からは家庭内での調理が不要な中食商品の売上高増加が続き，コロナ禍による好影響を受けている．「ドラッグストア」はコロナ禍前から成長を続けていたが，コロナ禍でさらに成長を加速させている．

「ホームセンター」「家電大型専門店」は，コロナ禍前には停滞傾向にあった

が，巣ごもり需要やテレワークの進展を受けて，コロナ禍1年目は売上高が増加したものの，コロナ禍2年目には減少に転じ，同3年目になるとコロナ禍前をやや上回る水準にとどまっている．

　次に，小売業態別の営業利益割合をみると，コロナ禍前までは「専門店チェーン」「ドラッグストア」が増加傾向，逆に「百貨店」「総合スーパー」「コンビニエンスストア」は減少傾向にあった．コロナ禍においては，「専門店チェーン」「ドラッグストア」「食品スーパー」「ホームセンター」「家電大型専門店」の営業利益割合が増加，逆に「百貨店」の営業利益割合は大きく減少した．また，上場外食企業の売上高・利益額は，コロナ禍により「売上高」「営業利益」ともに減少（特に200億円未満企業では大きく減少）している．「税引前利益」では，2021年度はコロナ関連の協力金や助成金により多額の営業外利益や特別利益を計上された結果，コロナ禍前の2018年度よりも増益となったが，2022年度の「税引前利益」では2018年度の水準を回復できていない．

　さらに，ドラッグストア（ウエルシアHD），食品スーパー（ヤオコー），ファーストフード（マクドナルド），コンビニエンスストアについて，売上高の動向を客数と客単価に分解する形で分析した．コロナ禍における共通した動向は，客数の減少（ウエルシアHDは横ばい），客単価の増加（客単価を分解できるヤオコーでは買上点数の増加）である．

　第5章「加工食品をめぐる小売業態間競争――ドラッグストアの成長に着目して――」では，近年最も成長力が高い小売業態であり，かつコロナ禍でもその成長を加速させたドラッグストアにおいて，急速に売上高を増やしている加工食品に着目し，加工食品をめぐる小売業態間競争について考察した．

　主な食品取扱い小売業態における加工食品の売上高動向をみると，「ドラッグストア」が急速に増加を続けているのに対して，「コンビニエンスストア」はコロナ禍前まではやや増加傾向にあったものの，コロナ禍の2020年に減少，2022年現在でもコロナ禍前の水準には戻っていない．「スーパー」はコロナ禍前までは微増であったが，コロナ禍の2020年に大きく増加，現在でも増加傾向は続いている．「ドラッグストア」の加工食品売上高の増加は，必ずしも「スーパー」の需要を奪う形ではなく，売上高全体の増加に加えて，売上高に占める加工食品割合が増加したためである．

　「ドラッグストア」が食品部門を強化するのは，ヘルス＆ビューティケア分野では成長の限界がみえてきたために，新たな需要の獲得が必要とされること

が背景にある．「ドラッグストア」は，粗利益率が高い「医薬品」の販売であげた利益を，「食品」の値下げ原資に充てることができ，価格競争力をもちうる．食品部門は交差比率が高く，在庫額に対して効率よく粗利益を生み出す部門となっている．

　消費者が加工食品を購入する業態をみると，すべての商品部門で「ドラッグストア」の購入割合が大きく増え，「スーパー」は，酒類および清涼飲料では購入割合がやや増加しているものの，その他の品目では減少している．

　第6章「加工食品市場における冷凍食品の動向」では，コロナ禍の中で急速に市場を拡大した「冷凍食品」に焦点をあてて考察した．

　まず，供給側からみた「冷凍食品」の動向をみると，家庭用冷凍食品の生産額は増加基調にあったが，コロナ禍はその増加傾向を加速させた．逆に，業務用冷凍食品の生産額は減少基調にあったが，コロナ禍によりさらに大きな減少となった．

　「冷凍調理済み食品」の売上高をみると，コロナ禍前までは「中食」および「外食（飲食店）」の増加傾向には及ばなかったものの，コロナ禍で内食回帰傾向が進む中で一気に売上高を拡大している．また，調理済み食品市場における動向をみると，「冷凍調理済み食品」はコロナ禍前の2019年まではほぼ一貫して増加傾向，これに対して「チルド調理済み食品」は横ばい傾向が続いていたものの2017年からは増加傾向，「その他調理済み食品」は微増ないしは横ばい傾向にあった．しかし，コロナ禍の2020年以降は，「チルド調理済み食品」および「その他調理済み食品」は横ばい傾向であったのに対して，「冷凍調理済み食品」はそれまで増加傾向が加速され，大きく増加している．

　第三は，消費者の買物行動の変化についてである．

　第7章「統計からみる消費者の買物行動——全国家計構造調査，社会生活基本調査より——」では，「全国家計構造調査（全国消費実態調査）」を用いた小売業態別購入割合，「社会生活基本調査」を用いた買物行動について分析した．

　「全国家計構造調査（全国消費実態調査）」によると，「一般小売店」での購入割合は，「食料」をはじめとして大きく減少し，「スーパー」での購入割合が大きく増加している．世帯類型別に「食料」の購入割合をみると，2019年調査で特徴的なことは，「若年単身世帯」において，外食を含む「その他」および「コンビニエンスストア」の割合が高く，「スーパー」の割合は低いことである．また，1999年調査では，高齢者世帯において「一般小売店」での購入割合が高

いという傾向がみられたが，その傾向は2019年調査ではほとんどみられない．

　次に，「社会生活基本調査」を用いて買物行動について分析すると，女性の買物行動は平日から日曜にシフトしている．男性も日曜や土曜に買物に出かける傾向が強くなっている．

　女性の社会進出が進む中で，女性「有業者」の買物時間の推移をみると，土曜・日曜の買物時間が増加傾向にある．女性「有業者（主に仕事）」の平日の買物時間は相対的にかなり短く，逆に休日の買物時間はやや長い．

　自家用車保有と買物時間との関係について，自家用車保有世帯の週末の買物時間は増加傾向にあるが，自家用車非保有世帯の買物時間は平日，週末ともにやや減少傾向にある．年齢や所得水準なども関係していると思われるが，商店街など近隣の商業施設の衰退によって買物機会が奪われている影響とみることもできる．

　東京都と大阪府を比較する形で，平日における時間帯別買物行動者率の推移（1986～2021年）をみると，1986年には大阪府では午前中に，東京都では夕方に買物時間帯のピークがみられ，2001年にもその傾向は継続していたが，2016年には大阪府における午前中の買物時間帯のピークは明らかに縮小している．コロナ禍の2021年には，大阪府では午前中に買物時間帯のピークがある傾向は残っているが，東京都では午後から夕方にかけての買物時間帯のピークは縮小し，買物時間帯の分散化が進んでいる．

　最後に，本書で明らかにしたことを改めて確認したい．「所縁型組織」である中心市街地商業や商店街が「縮小均衡モード」に陥らないためには，総合スーパーや食品スーパーなど核店舗機能の存在が必要といえるが，総合スーパーや食品スーパーにとって，中心市街地商業地区や商店街形成地区への立地は，売場効率からみると，むしろ不利な状況になっている．そのため，中心市街地商業地区や商店街形成地区では総合スーパーや食品スーパーの閉店が進み，それらの大型店の集客力に依存して集客してきた小規模小売店が大きく減少している．

　他方で，SCは「仲間型組織」として成立し，核店舗機能を果たすキーテナントと専門店が相乗効果を発揮して集客することにより成長してきた．しかし，キーテナントの売上高は近年下降傾向にあり，一部の有力専門店チェーンが集客の核となってきている．また，SCの立地は郊外が中心であったが，郊外立地のSCは週末こそ賑わうとしても，平日は客数が大きく低下するという問題

があり，採算面で難しい状況に陥ることも多く，閉店もみられる状況となっている．消費者の買物行動の分析からも，就業女性の増加に伴う週末への買物の集中傾向，週末は家族とともに自家用車で買物という傾向が明確になってきている．

　近年の大規模小売店舗の出店は，ドラッグストアと食品スーパーが多くを占め，コロナ禍でその傾向が加速されている．食品スーパーは，購入頻度の高い生鮮食品を中心とした商品構成であり，その購入頻度の高さから来店頻度も高く，比較的小さな商圏でも存立しうる小売業態である．ドラッグストアも以前のような「ヘルス＆ビューティケア」を中心とした商品構成では来店頻度がそれほど高くはならないものの，近年は加工食品の取扱いに力を入れるようになり，来店頻度も高くなっている．これら2つの小売業態は，必ずしも商店街形成地区やSCという商業集積に立地する必要はなく，単独でも十分に集客しうるという特性をもっており，ますます商業集積立地の優位性や商業集積の集積効果を低減させることとなっている．

　コロナ禍を経て，食品スーパーやドラッグストアなど単独立地でも集客しうる小売業態が成長している．さらに，電子商取引での購入が加速され，リアル店舗での購入割合の減少が進み，商業集積の集積効果が低減しつつある．このような環境変化の下で，一部の大手小売業では店舗小売と電子商取引との融合を図るOMO（Online Merged with Offline）の取組みを本格化させている．店舗小売や商業集積においては，「モノ消費」から「コト消費」へ，また「体験型消費」への対応が求められていることは確かである（OMO，コト消費については，南方建明『現代小売業の潮流——統計データによる検証——』晃洋書房，2022年，第2章「電子商取引の進展と店舗立地」，第3章「コト消費の態様と統計からみる動向」を参照のこと）．

主要参考文献

ア行

荒木万寿夫「全国消費実態調査に見る高齢単身世帯の消費行動」『統計』第65巻第11号，2014年7月．

池澤威郎『小売業と不動産業の境界領域に関する研究——百貨店とショッピングセンターのビジネスシステム——』同友館，2023年．

————「ショッピングセンターにおける一体性マネジメントと組織能力の獲得プロセス」『都市経営』第13号，2021年2月．

————「ショッピングセンターにおける食物販・飲食集積の一体性獲得プロセス」『都市経営』第14号，2022年3月．

池田康二・臂徹・佐藤大基「官民連携のまちづくり『キャッセン大船渡』にみるディベロッパーの役割とは」『SC Japan today』第513号，2018年11月．

石橋忠子「需要爆発が引き起こす未体験の胃袋争奪戦」『激流』第47巻第4号，2022年4月．

石原武政『商業組織の内部編成』千倉書房，2000年．

————『小売業の外部性とまちづくり』有斐閣，2006年．

————「中小小売商の組織化——その意義と組織形態——」『中小企業季報』1985年第4号，1986年2月．

————「大店法規制緩和後の商業集積」『流通政策（流通政策研究所）』第46号，1991年12月．

————「地域商業の動向と行政の役割」『マーケティングジャーナル』第11巻第3号，1992年1月．

伊藤伸一・海道清信「中心市街地活性化基本計画における目標指標の特徴と達成状況」『日本都市計画学会 都市計画論文集』第47巻第3号，2012年10月．

伊藤孝紀・大矢知良・三宅航平「都市再生推進法人によるエリアマネジメントの実態」『日本建築学会計画系論文集』第81巻第730号，2016年12月．

上田貴子「家族形態と家事時間」『早稲田政治経済学雑誌』第350・351号，2002年7月．

上田誠「黙認される政策実施のギャップ——中心市街地活性化における2つの相克——」（同志社大学大学院総合政策科学研究科 博士論文），2009年3月．

植松宏之「次の時代のエリアマネジメント」『新都市』第76巻第4号，2022年3月．

大熊省三『商業・まちづくり組織の役割に関する実証研究——活性化事業の形成プロセスと「新しい組織」——』（横浜国立大学大学院環境情報学府 博士論文），2010年9月．

（一社）大阪梅田エリアマネジメント「大阪駅周辺地区地域来訪者等利便増進活動計画」2022年6月．

大阪市「大阪市地域再生エリアマネジメント計画」2020年3月．

————『大阪市エリアマネジメント活動促進制度 活用ガイドライン（第4版）』，2021年11月．

大阪市立大学商学部編『流通』有斐閣，2002年．

大阪府立産業開発研究所『商業集積の活力について調査報告書』，2003年3月．

大甕聡&未来 SC 研究会『変貌する SC ビジネス』繊研新聞社，2021年．

大野喜久之輔・加藤司編『商業施設賃料の理論と実務』中央経済社，2015年．

尾高恵美「高齢者の食料消費行動の特徴——食の外部化の現状と高い安全志向——」『農林金融』第54巻第9号，2001年9月．

カ行

梶原ちえみ・今佐和子「道路空間活用を日常の景色に——実践者から見る『ほこみち制度』解説——」『新都市』第75巻第8号，2021年8月．

加藤司「『所縁型』商店街組織のマネジメント」加藤司編著『流通理論の透視力』千倉書房，2003年．

清原和明「今年最も需要拡大が予測される冷凍食品」『食品商業』第52巻第5号，2023年5月．

金大一・姫野由香・小川孝俊・中渡康太「地方都市における中心市街地活性化基本計画事業の組み合わせ傾向と目標未達成の要因に関する研究」『日本都市計画学会 都市計画論文集』第54巻第1号，2019年4月．

久保知一「小売の輪はどのように回転したのか？——小売業態イノベーションのマルチレベル分析——」『流通研究』第20巻第2号，2017年12月．

久米礼子「女性の社会参加と生活時間」『統計』第52巻第7号，2001年7月．

栗原知己「商業施設におけるエリアマネジメントの動向と実践」『SC Japan today』第555号，2023年1月．

小泉尭史「地域再生エリアマネジメント負担金制度『日本版 BID』の活用状況とその要因に関する考察」『政策研究』2020年第8号，2020年11月．

小林重敬・森記念財団編『まちの価値を高めるエリアマネジメント』学芸出版社，2018年．

————『エリアマネジメント効果と財源』学芸出版社，2020年．

駒木伸比古「業種構成からみた中心市街地活性化基本計画認定都市における商業集積状況」『E-journal GEO（日本地理学会)』第13巻第1号，2018年．

サ行

ザイマックス不動産総合研究所「ショッピングセンターのテナントはどれくらい入居し続けるか？——平均入居期間と経年による入居継続率の変化について——」2016年3月23日．

————「商業店舗の出退店に関する実態調査2022年（出店編）——出退店の実態と課題を明らかにする——」2022年8月18日．

坂本秀夫『日本中小商業問題の解析』同友館，2004年．

————『現代流通の理論と実相』同友館，2021年．

坂本光英・松岡里奈「『居心地が良く歩きたくなる』まちなかづくり」『交通工学』第57巻第1号，2022年1月．

佐々祐太「まち・ひと・しごとの好循環による地方創生の更なる深化——企業の地方拠点強化税制の拡充，地域再生エリアマネジメント負担金制度の創設——」『時の法令』2061号，2018年11月15日．

札幌駅前通まちづくり㈱ HP（https://sapporoekimae-management.jp，2024年6月30日アクセス）．

札幌大通まちづくり㈱HP（https://sapporo-odori.jp/works/，2024年6月30日アクセス）．

佐藤香「生活時間にみる日本人の性別役割分業」『統計』第62巻第7号，2011年7月．

塩原秀子「高齢者世帯の消費構造」『帝京経済学研究』第36巻第1号，2002年12月．

自動車検査登録協力会「わが国の自動車保有動向」（各年版）．

渋谷正明「中心市街地活性化の新しい評価方法による『賑わい創出施設』のまちづくりへの貢献度とその可能性──その賑わい創出にかかる費用──」『東洋大学PPP研究センター紀要』第14巻，2022年3月．

角谷嘉則『まちづくりのコーディネーション──日本の商業と中心市街地活性化法制──』晃洋書房，2021年．

────「中心市街地活性化法における政策実施過程とコーディネーション分析─長浜市の株式会社黒壁を事例として─」『桃山学院大学経済経営論集』第62巻第4号，2021年3月．

全国スーパーマーケット協会『スーパーマーケット白書』（各年版）．

全国スーパーマーケット協会・日本スーパーマーケット協会・オール日本スーパーマーケット協会「スーパーマーケット販売統計調査」（各月版）．

園田康貴「いかにエリアマネジメントを持続可能なものにしていくか──財源と人材などの課題を乗り越える──」『SC Japan today』第555号，2023年1月．

タ行

『ダイヤモンド チェーンストア エイジ』第38巻第12号（2007年7月1日），同第44巻第12号（2013年7月1日），『ダイヤモンド・チェーンストア』第48巻第12号（2017年7月1日），同第49巻第12号（2018年7月1日），同第50巻第12号（2019年7月1日），同第51巻第12号（2020年7月1日），同第52巻第12号（2021年7月1日），同第53巻第12号（2022年7月1日），同第54巻第12号（2023年7月1日）．

ダイヤモンド・チェーンストア編「冷凍食品が核売場になる日（日本生活協同組合連合会）」『ダイヤモンド・チェーンストア』第53巻第21号，2022年12月1日．

『ダイヤモンド・ドラッグストア』第83号（2018年7月），同第95号（2020年7月），同第113号（2023年7月）．

田尾亮介「租税を使わない国家(3)── BIDとエリアマネジメント──」『法学会雑誌（東京都立大学法学会）』第63巻第1号，2022年7月．

高嶋克義・高橋郁夫『小売経営論』有斐閣，2020年．

高田剛司「商店街における新たな商業者グループによる効果」『流通』第51号，2022年12月．

高橋雅夫「夫婦の労働時間と家事時間の近年の動向」『長野大学紀要』第45号第1巻，2023年7月．

田村正紀『立地創造』白桃書房，2008年．

────『業態の盛衰──現代流通の激流──』千倉書房，2008年．

中小企業基盤整備機構編『英国中心市街地実態調査報告書─にぎわい維持の要因を探るために─』中小企業基盤整備機構，2020年2月．

筒井光康「ショッピングセンターの革新性とその変容」『小売業の業態革新』中央経済社，2009年．

鶴指眞志・深沢瞳・田中和氏・兼元雄基「道路空間活用事例調査研究（中間報告）──官・

民・学の連携による活用に着目して——」『国土交通政策研究所紀要』第81号，2023年8月.

土肥健夫『改正・まちづくり三法下の中心市街地活性化マニュアル』同友館，2006年.

東洋経済新報社『全国大型小売店総覧2002年』，『同2004年』，『同2007年』，『同2012年』.

時子山ひろみ『フードシステムの経済分析』日本評論社，1998年.

————「『全国消費実態調査』による小売業態別飲食料品の購入実態」『家政経済学論叢』第38号，2002年5月.

都市計画・中心市街地活性化法制研究会編『詳説 まちづくり三法の見直し』ぎょうせい，2007年.

鳥羽達郎訳・解説『「小売の輪」の循環＝Wheel of Retailing ——アメリカ小売業の発展史に潜むダイナミクス——』同文舘出版，2022年.

ナ行

中西信介「中心市街地活性化政策の経緯と今後の課題——中心市街地の活性化に関する法律の一部を改正する法律案——」『立法と調査』第351号，2014年4月.

新島裕基『地域商業と外部主体の連携による商業まちづくりに関する研究』（専修大学大学院商学研究科 博士論文），2017年3月.

西尾茂紀「エリアマネジメント財源確保の仕組み」小林重敬・森記念財団編著『エリアマネジメント効果と財源』学芸出版社，2020年.

西山貴仁「サービステナントの増加に見るSCの存在意義と未来」『SC Japan today』第550号，2020年7月.

日刊経済通信社編『酒類食品統計月報』（各月版）.

日経産業新聞編『日経市場占有率』（2000〜2011年版）.

————『日経シェア調査』（2012〜2014年版）.

日経流通新聞編『大型店新規制時代の小売業』日本経済新聞社，1982年.

————『流通経済の手引き1977年』日本経済新聞社，『同1983年』，『同1985年』，『同1990年』，『同2002年』.

日本ショッピングセンター協会『SC白書』（各年版）.

————『SC賃料・共益費2023年』.

————「SCの定期借家契約の契約期間について（2012年度賃料・共益費調査）」『SC Japan today』第447号，2012年4月.

日本ショッピングセンター協会編『JCSC40年の記録』日本ショッピングセンター協会，2013年.

日本生活協同組合連合会ニュースリリース「冷凍食品事業 2021年度実績」2022年4月12日，同「冷凍食品事業 2022年度実績」2023年4月20日，同「冷凍食品事業 2023年度実績」2024年4月24日.

日本惣菜協会『惣菜白書』（各年版）.

日本たばこ協会「販売実績（数量・代金）推移一覧」.

日本たばこ協会・全国たばこ販売協同組合連合会「『成人識別たばこ自動販売機システム（taspo)』の今後の運営について」2023年4月1日.

日本百貨店協会「百貨店売上高」（各月版）.

日本フードサービス協会「外食産業市場規模」（各年版）.

―――――「外食産業市場動向調査」（各月版）.

日本フランチャイズチェーン協会『コンビニエンスストア統計調査月報』（各月版）.

日本ホームセンター研究所『ドラッグストア経営統計』（各年版）.

日本マクドナルド編『日本マクドナルド「挑戦と変革」の経営』東洋経済新報社，2022年.

日本冷凍食品協会「冷凍食品の生産・消費について」（各年版）.

―――――『"冷凍食品の利用状況"実態調査』（2022年2月調査，2023年2月調査）.

―――――「冷凍食品Q&A」Q1，Q4，Q11，Q16（https://www.reishokukyo.or.jp/frozen-foods/qanda/qanda1/，2024年6月30日アクセス）.

丹羽由佳里「エリアマネジメント活動の財源の実際」小林重敬・森記念財団編著『エリアマネジメント効果と財源』学芸出版社，2020年.

丹羽由佳里・園田康貴・御手洗潤・保井美樹・長谷川隆三・小林重敬「エリアマネジメント組織の団体属性と課題に関する考察――全国エリアマネジメントネットワークの会員アンケート調査に基づいて――」『日本都市計画学会 都市計画論文集』第52巻第3号，2017年10月.

農林物資規格調査会「調理冷凍食品の日本農林規格に係る規格調査の概要」2013年3月22日.

ハ行

馬場雅昭『日本の零細小売商業問題』同文舘出版，2006年.

蜂尾美也子「参入退出店舗数」東伸一・三村優美子・懸田豊・金雲鎬・横山斉理編『流通と商業データブック』有斐閣，2022年.

番場博之『零細小売業の存立構造研究』白桃書房，2003年.

樋田勉「社会生活基本調査による買い物行動の検討」『統計』第64巻第3号，2013年3月.

臂徹「小都市で求められるエリアマネジメントとは――キャッセン大船渡の挑戦――」『造景2021』，2021年8月.

―――――「独自の分担金制度を用いたエリアマネジメント事業の推進」『土地総合研究』第30巻第4号，2022年秋号.

広井良典編『商店街の復権―歩いて楽しめるコミュニティ空間―』筑摩書房（ちくま新書），2024年.

深沢瞳・鶴指眞志・酒井聡佑・田中和氏「地方自治体による公共空間活用の実施状況――アンケート調査結果に基づく報告と分析――」『国土交通政策研究所紀要』第81号，2023年8月.

福田敦「外部組織との連携に向けた商店街の組織戦略」『関東学院大学経済論集』第241集，2009年10月.

―――――「ポストコロナ時代の商店街プラットフォーム戦略」『関東学院大学経済経営研究所年報』第44集，2022年4月.

―――――「商店街におけるSDGsの戦略統合に向けた展望」『関東学院大学経済経営研究所年報』第45集，2023年3月.

富士経済編『食品マーケティング総覧2014年（品目編 No. 2）』富士経済，2013年10月，『同2016年（品目編 No. 2）』富士経済，2015年10月.

―――――『化粧品業態別販売動向とインバウンド実態調査2020年』富士経済，2020年.

洞澤秀雄「エリアマネジメントと法——都市再生特別措置法における都市再生推進法人，占用許可特例を中心に——」『南山法学』第45巻第3・4号，2022年11月.

堀越智・渡辺守監修『食品の冷凍・解凍技術と商品開発』エヌ・ティー・エス，2023年.

Flash Freezer「冷凍技術の種類」（https://flash-freeze.net/ja/freeze-technology/freeze.html，2024年6月30日アクセス）.

マ行

松下佳広・泉山塁威・小泉秀樹「公民連携による公共空間の維持管理及び利活用手法としての都市利便増進協定に関する研究」『日本都市計画学会 都市計画論文集』第53巻第3号，2018年10月.

————「都市連携増進協定を活用した，公民連携による公共空間マネジメントの可能性と課題に関する研究」『日本都市計画学会 都市計画論文集』第54巻第3号，2019年10月.

松田茂樹・鈴木征男「夫婦の労働時間と家事時間との関係」『家族社会学研究』第13巻第2号，2002年3月.

丸岡務・星卓志「都市再生推進法人の制度と運用実態の関係に関する研究」『日本建築学会技術報告集』第24巻第57号，2018年6月.

水野谷武志『雇用労働者の労働時間と生活時間——国際比較統計とジェンダーの視角から——』御茶の水書房，2005年.

溝口萌・池田采可・泉山塁威・宇於﨑勝也「中心市街地活性化における中心市街地活性化制度の課題と可能性——認定基本計画・独自基本計画の達成度評価の分析を通して——」『日本都市計画学会 都市計画報告集』第21巻第2号，2022年9月.

御手洗潤「Business Improvement District 制度論考——我が国での導入を念頭に置いて——」『土地総合研究』第25巻第4号，2017年秋号.

南方建明『小売業の戦略診断』中央経済社，1995年.

————『日本の小売業と流通政策』中央経済社，2005年.

————『流通政策と小売業の発展』中央経済社，2013年.

————『日本の小売業態構造研究』御茶の水書房，2019年.

————『現代小売業の潮流——統計データによる検証——』晃洋書房，2023年.

————「生活行動と生活支援サービス」「生活支援サービスの成長性と今後の可能性」東京都商工指導所『生活支援サービスビジネスの事業化戦略』，1998年.

————「流通システムにおける小規模小売店の役割——大型店と差別化された商業機能の必要性と可能性——」『大阪商業大学論集』第112・113号，1999年2月.

————「家事の外生化と生活支援サービス」南方建明・堀良『IT 革命時代のサービス・マーケティング』ぎょうせい，2002年.

————「統計による消費者購買行動の分析」『大阪商業大学論集』第137号，2005年6月.

————「食品小売構造の日英比較」『大阪商業大学論集』第153号，2009年7月.

————「中心市街地活性化と大型店立地の都市計画的規制」日本経営診断学会編『マイクロファームによる地域産業振興（日本経営診断学会論集⑨）』日本経営診断学会，2010年1月.

————「コンビニエンスストアの成長による食品小売市場の変化」『大阪商業大学論集』第155号，2010年1月.

────「統計から見る食品流通構造の変化」『消費経済研究（日本消費経済学会）』第 6 号，2017年 6 月．

────「商店街は再生可能か」『日本商業施設学会第15回研究発表論集（平成28年度全国大会）』，2017年 8 月．

────「生産性からみる小規模小売業の存立可能性」『商工金融（商工総合研究所）』第68巻第 4 号，2018年 4 月．

────「食品消費の構造変化──外食，中食，内食に着目して──」『日本商業施設学会第17回研究発表論集（平成30年度全国大会）』，2018年12月．

────「ドラッグストアの成長過程──小売業態間競争に着目して──」『大阪商業大学論集』第15巻第 2 号，2019年 6 月．

────「小売・外食業態，主要企業の営業利益の動向」『日本商業施設学会第21回研究発表論集（令和 4 年度全国大会）』，2023年 3 月．

────「『社会生活基本調査』からみる買物動向」『日本商業施設学会第21回研究発表論集（令和 4 年度全国大会）』，2023年 3 月．

────「戦後百貨店の復興──1930年代から1950年代の動向分析を通して──」『大阪商業大学商業史博物館紀要』第22号，2024年 2 月．

────「地域商業集積の集積効果の現状と再生の可能性」『日本商業施設学会第22回研究発表論集（令和 5 年度全国大会）』，2024年 3 月．

────「中心市街地活性化政策の変遷とその成果──中心市街地商業に着目して──」『消費経済研究（日本消費経済学会）』第13号，2024年 6 月．

南良一「SC 機能の多様化と新たな全体最適の模索」『SC Japan today』第553号，2022年11月．

門傳藍香「Studies on Rent System of Retailers in Shopping Center（ショッピングセンターにおける小売企業の賃料システムに関する理論的研究）」（神戸大学大学院経営学研究科 博士論文），2018年 3 月．

ヤ行

矢澤則彦「観光地におけるエリアマネジメント財源確保の方策──川越・佐原・富田林にビジネス活性化地区（BID）を想定して──」『東京国際大学論叢 商学・経営学研究』第 5 号，2021年 3 月．

矢作敏行「小売事業モデルの革新論──分析枠組の検討──」『マーケティングジャーナル』第33巻第 4 号，2014年春号．

山﨑泰弘「2009年全国消費実態調査から見られる高齢者の業態使い分け」『流通情報』第42巻第 5 号，2011年 1 月．

────「ドラッグストア成長機会の考察」『流通情報』第54巻第 1 号，2022年 5 月．

山田賢一「法規制の変遷と SC 開発への影響」『SC Japan today』第525号，2020年 1 月．

山田義夫「冷凍食品専門店『TOMIN FROZEN』」『SC Japan today』第550号，2020年 7 月．

山本純一郎・砂川誠治・富永伊久「SC における専門店のトレンド」『SC Japan today』第550号，2022年 7 月．

山本隆司「『新たな地方組織』と BID」『地方自治』第847号，2018年 6 月．

山本晴菜・中野茂夫「都市再生推進法人の活動内容と運営状況からみるエリアマネジメントの実態」『日本都市計画学会　都市計画報告集』第20巻，2021年5月.
矢野眞和編『生活時間の社会学』東京大学出版会，1995年.

ラ行
リゾーム SC トレンド研究所編『ショッピングセンター出店・退店動向レポート2019年』2019年10月.

ワ行
若杉優貴『大型店の撤退による地方都市の中心商業地変容に関する地理学的研究』（久留米大学大学院比較文化研究科　博士論文），2021年4月.
渡辺達朗『流通政策入門（第4版）』中央経済社，2016年.
渡辺洋子「男女の家事時間の差はなぜ大きいままなのか——2015年国民生活時間調査の結果から——」第66巻第12号，2016年12月.

【政府資料】
会計検査院「中心市街地活性化プロジェクトの実施状況に関する会計検査の結果について」2006年10月.
————「中心市街地の活性化に関する施策に関する会計検査の結果について」2018年12月.
観光庁「訪日外国人の消費動向2019年」.
経済産業省「大規模小売店舗立地法新設届出の概要」（各年度版）.
————『商業動態統計年報』（各年版），『商業動態統計月報』（各月版）.
————『商業統計表（業態別統計編）（産業編）（品目編）（立地環境別統計編）』（各年版）.
厚生労働省「調剤医療費の動向」（各年度版）.
————「患者のための薬局ビジョン—「門前」から「かかりつけ」，そして「地域」へ—」2015年10月23日.
————「2016年度診療報酬改定について」2016年3月4日.
————「2024年度診療報酬改定について」2024年3月5日.
————「今後の薬局の在り方（イメージ）」（https://www.mhlw.go.jp/file/05-Shingikai-11121000-IyakushokuhinkyokuSoumuka/0000153586.pdf，2024年6月30日アクセス）.
国土交通省『官民連携まちづくりの進め方——都市再生特別措置法に基づく制度の活用手引き——』2021年3月.
————『中心市街地活性化ハンドブック2023年』.
————『全国都市交通特性調査（全国都市パーソントリップ調査）2015年』.
————「都市再生推進法人等」（https://www.mlit.go.jp/toshi/pdf/seido/s_toshisaisei suishinhojin.pdf，2024年6月30日アクセス）.
————「歩行者利便増進道路（ほこみち）制度の詳細説明」（https://www.mlit.go.jp/road/hokomichi/pdf/detail.pdf，2024年6月30日アクセス）.
————「ウォーカブル推進都市一覧」（https://www.mlit.go.jp/toshi/content/0017522 74.pdf，2024年6月30日アクセス）.
国土交通省　都市の多様性とイノベーションの創出に関する懇談会報告「『居心地が良く歩き

たくなるまちなか』からはじまる都市の再生」2019年 6 月26日.

国立社会保障・人口問題研究所「日本の人口の将来推計2023年推計」2023年.

財務省「新しい注意文言に関するアンケート調査結果」(財政制度等審議会第15回たばこ事業等分科会資料, 2009年 3 月26日).

産業構造審議会流通部会・中小小企業政策審議会流通小委員会合同会議「中間とりまとめ」1997年 8 月21日.

総務省「家計消費状況調査」(各月版).

―――『家計調査年報』(各年版), 『家計調査月報』(各月版).

―――(総務庁)『国勢調査報告』(各年版).

―――『社会生活基本調査』(各年版).

―――『消費者物価指数年報』(各年版), 「消費者物価指数月報」(各月版).

―――『全国家計構造調査』(2019年版).

―――(総務庁)『全国消費実態調査』(各年版).

―――『労働力調査年報』(各年版).

―――「小売物価統計調査関連分析 民間データを用いた店舗形態別価格等に関する分析結果2019年」2021年 6 月18日, 「同2020年」2022年 4 月28日, 「同2021～2022年」2022年10月26日, 「同2022～2023年」2023年11月30日.

総務省・経済産業省『経済センサス活動調査 産業別集計(卸売業, 小売業に関する集計, 同品目編) 2021年』.

中小企業庁『商店街実態調査報告書』(各年度版).

―――「地域商店街活性化法　よくある質問と回答」2012年 7 月.

中心市街地活性化本部「中心市街地活性化促進プログラム」2020年 3 月.

―――「中心市街地の活性化を図るための基本的な方針」2020年 3 月.

通商産業大臣官房商務流通審議官通達「(大規模小売店舗) 法第 7 条第 1 項及び第 4 項のおそれの有無の審査基準について」1994年 4 月 1 日.

通商産業省『商業統計表(大規模小売店舗統計編)』(各年版).

―――「大規模小売店舗の届出状況」(各年度版).

通商産業省・通商産業政策史編纂委員会編『通商産業政策史第11巻』通商産業調査会, 1993年.

―――『通商産業政策史第13巻』通商産業調査会, 1991年.

通商産業省産業政策局編『これからの大店法』通商産業調査会, 1994年.

内閣官房まち・ひと・しごと創生本部事務局, 内閣府地方創生推進事務局『地域再生エリアマネジメント負担金制度ガイドライン』2020年 3 月.

内閣府政策統括官(経済財政分析担当)『地域の経済2006年』.

内閣府地方創生推進事務局「中心市街地活性化施策について」(中心市街地再生方策検討会第 2 回資料, 2020年10月11日).

―――「地方の状況(2023年度アンケート結果の分析)」(中心市街地活性化評価・推進委員会第 1 回資料, 2023年 5 月11日).

―――「中心市街地活性化基本計画認定市町村一覧」
(https://www.chisou.go.jp/tiiki/chukatu/pdf/01_chukatu_ichiran.pdf, 2024年 3 月31日アクセス).

234

内閣府地方創生推進事務局編（2015年1月までは内閣府地域活性化統合事務局編）「中心市街地活性化基本計画最終フォローアップ報告」（各年度版）.
農林水産省「調理冷凍食品の日本農林規格の見直しについて」2013年3月22日.
農林水産省告示第155号（1968年8月25日），第1367号第2条（2008年8月29日），第2774号（2013年11月12日）.

【企業資料】
イオンリテールニュースリリース「イオンリテールが展開する新業態『@FROZEN』」2022年8月30日.
ウエルシアHD「決算説明会補足資料」「月例報告」.
コスモス薬品「決算短信」.
セブン＆アイHD「決算補足資料」.
セブン‐イレブン「損益計算書」.
髙島屋「決算説明会資料」「決算短信」.
出前館「決算説明会資料」.
日本マクドナルドHD「月次IRニュース」「IR資料」.
ファーストリテイリング「決算短信」.
マツキヨココカラ＆カンパニー「決算補足説明資料」「決算説明資料」.
三越伊勢丹HD「決算説明資料」.
ヤオコー「月次営業情報」.
ライフコーポレーション「決算説明会資料」.
ローソンニュースリリース「コロナ禍の需要の変化に対応 冷凍食品のメニューを拡大」2021年11月25日.
ユナイテッド・スーパーマーケットHD「決算説明会資料」「決算参考資料」.
コンビニエンスストア各社「月次統計資料」.
ドラッグストア各社「月次営業情報」.

【新聞】
『朝日新聞』1981年10月2日.
『日経流通新聞』1980年1月10日，『日経MJ』2022年1月19日，2023年1月18日，2024年1月31日.
『日本経済新聞』1972年10月27日，1997年3月25日．1999年3月1日（夕刊），2023年2月20日.

【英文】
Azuma, N., Yokoyama, N. & Kim, W. (2022) "Revisiting the *Big Middle*: An fsQCA approach to unpack a large value market from a product specialist retailer's perspective," *International Journal of Retail & Distribution Management*, 50(8/9).
Bonfrer, A., Chintagunta, P. & Dhar, S. (2022) "Retail store formats, competition and shopper behavior: A systematic review," *Journal of Retailing*, 98(1).
Burns, J., McInerney, I. & Swinbank, A. (eds.) (1983) *The Food Industry: Economics*

and Politics, William Heineman.

Flath, D. (1990) "Why are there so many retail stores in Japan," *Japan and the World Economy,* 2(4).

Gauri, D. K., et, al. (2021) "Evolution of retail format: Past, present, and future," *Journal of Retailing,* 97(1).

Haas, Y. (2019) "Developing a generic retail business model–A qualitative comparative study," *International Journal of Retail & Distribution Management,* 47(10).

Kahn, B. E. (2018) *The Shopping Revolution: How Successful Retailers Win Customers in an Era of Endless Disruption,* Wharton Digital Press.

Koschmann, A. & Isaac, M. S. (2018) "Retailer categorization: How store-format price image influences expected prices and consumer choices," *Journal of Retailing,* 94 (4).

Krowicki, P. & Maciejewski, G. (2024) *Shopping Centre Marketing,* Routledge.

Levy, M., Grewal, D., Peterson. R. A. & Connolly, B. (2005) "The concept of the 'Big Middle'," *Journal of Retailing,* 81(2).

McNair, M. P. (1931) "Trends in large-scale retailing," *Harvard Business Review,* 10(6). （鳥羽達郎訳・解説 『「小売の輪」の循環＝Wheel of Retailing ——アメリカ小売業の発展史に潜むダイナミクス——』同文舘出版，2022年）.

———— (1958) "Significant trends and developments in postwar period," in Smith, A. B. (ed.), *Competitive Distribution in a Free High-Level Economy and Its Implications for the University,* University of Pittsburg Press. （鳥羽達郎訳・解説 『「小売の輪」の循環＝Wheel of Retailing ——アメリカ小売業の発展史に潜むダイナミクス——』同文舘出版，2022年）.

McNair, M. P. & May, E. G. (1976) *The evolution of retail institutions in the United States,* Marketing Science Institute. （清水猛訳 『"小売の輪"は回る——米国の小売形態の発展——』有斐閣，1982年）.

Reutterer, T. & Teller, C. (2009) "Store format choice and shopping trip types," *International Journal of Retail & Distribution Management,* 37(8).

Roggeveen, A. L. & Sethuraman, R. (2020) "How the COVID-19 pandemic may change the world of retailing," *Journal of Retailing,* 96(2).

Sethuraman, R., Gázquez-Abad, J. C. & Martínez-López, F J. (2022) "The effect of retail assortment size on perceptions, choice, and sales: Review and research directions," *Journal of Retailing,* 98(1).

Sheroy, E. (2023) *Shopping Centers Unveiled,* Noble Publishing.

索　　引

《著者紹介》

南 方 建 明（みなかた　たつあき）

　　1955年　和歌山県生まれ
　　1979年　早稲田大学大学院理工学研究科修士課程修了，博士（経済学）
　　現　在　大阪商業大学総合経営学部教授

主な著書

　　『現代小売業の潮流──統計データによる検証──』（晃洋書房，2023年）
　　　　（日本消費経済学会 学会賞（奨励賞），日本商業施設学会 学会賞（優
　　　　秀著作賞））
　　『日本の小売業態構造研究』（御茶の水書房，2019年）（日本消費経済学会
　　　　学会賞（優秀賞），日本商業施設学会 学会賞（優秀著作賞））
　　『流通政策と小売業の発展』（中央経済社，2013年）（日本経営診断学会 学
　　　　会賞（優秀賞），日本商業施設学会 学会賞（優秀著作賞））
　　『日本の小売業と流通政策』（中央経済社，2005年）（日本経営診断学会 学
　　　　会賞（研究奨励賞），日本商業施設学会 学会賞（優秀著作賞），商工総
　　　　合研究所 中小企業研究奨励賞（経営部門準賞））
　　『小売業の戦略診断』（中央経済社，1995年）
　　『サービス業のマーケティング戦略』（共著）（中央経済社，2015年）
　　『サービス産業の構造とマーケティング』（共著）（中央経済社，2006年）
　　　　（日本経営診断学会 学会賞（優秀賞），商工総合研究所 中小企業研究
　　　　奨励賞（経営部門本賞））
　　『IT 革命時代のサービス・マーケティング』（共著）（ぎょうせい，2002年）
　　『サービス・マーケティング戦略の新展開』（共著）（ぎょうせい，1992年）

商業集積と小売業の動態
──2000年代からアフターコロナまで──

2024年12月20日　初版第 1 刷発行		＊定価はカバーに 　表示してあります

　　　　　　　　　　　著　者　　南　方　建　明ⓒ

　　　　　　　　　　　発行者　　萩　原　淳　平

　　　　　　　　　　　印刷者　　江　戸　孝　典

　　　　　　　発行所　株式会社　晃　洋　書　房

　　　　〒615-0026　京都市右京区西院北矢掛町 7 番地
　　　　　　　　　　電話　075（312）0788番㈹
　　　　　　　　　　振替口座　01040-6-32280

　　装丁　神田昇和　　　　　　印刷・製本　共同印刷工業㈱

ISBN978-4-7710-3890-5